国际资本流动对中国企业投资效率的影响及机制研究

葛伟 著

中国社会科学出版社

图书在版编目（CIP）数据

国际资本流动对中国企业投资效率的影响及机制研究/葛伟著.—北京：中国社会科学出版社，2021.12
ISBN 978 - 7 - 5203 - 9526 - 7

Ⅰ.①国⋯ Ⅱ.①葛⋯ Ⅲ.①国际资本—资本流动—影响—企业—投资效率—研究—中国Ⅳ.①F831.7 ②F279.23

中国版本图书馆 CIP 数据核字（2022）第 012004 号

出 版 人	赵剑英
责任编辑	李庆红
责任校对	王　龙
责任印制	王　超

出　　版	中国社会科学出版社
社　　址	北京鼓楼西大街甲 158 号
邮　　编	100720
网　　址	http：//www.csspw.cn
发 行 部	010 - 84083685
门 市 部	010 - 84029450
经　　销	新华书店及其他书店
印　　刷	北京君升印刷有限公司
装　　订	廊坊市广阳区广增装订厂
版　　次	2021 年 12 月第 1 版
印　　次	2021 年 12 月第 1 次印刷
开　　本	710 × 1000　1/16
印　　张	17.5
插　　页	2
字　　数	287 千字
定　　价	96.00 元

凡购买中国社会科学出版社图书，如有质量问题请与本社营销中心联系调换
电话：010 - 84083683
版权所有　侵权必究

目 录

导 论 1

第一章 国际资本流动对企业投资效率影响的理论分析 22

第一节 国际资本流动的内涵及动因 22
第二节 国际资本流动的微观经济效应 28
第三节 国际资本流动和企业投资理论 35

第二章 中国国际资本流动历史回顾与现状分析 47

第一节 中国国际资本流动管理体制的历史回顾 47
第二节 中国国际资本流动现状分析 66
第三节 中国资本账户改革前景展望 74

第三章 国际资本流动对中国企业投资效率的影响 80

第一节 中国企业投资效率的典型事实 80
第二节 实证模型设定 93
第三节 实证结果分析 101
本章小结 131

第四章 国际资本流动对中国企业投资效率的影响机制 135

第一节 国际资本流动影响机制的典型事实 135
第二节 国际资本流动影响机制的理论分析 159
第三节 国际资本流动影响机制的实证分析 166
本章小结 208

第五章　国际资本流动对上市公司融资行为的影响 …… 211

第一节　上市公司融资行为的典型事实 …… 212

第二节　实证模型设定 …… 219

第三节　实证结果分析 …… 226

本章小结 …… 241

第六章　研究结论与政策探讨 …… 244

第一节　研究结论、研究局限与展望 …… 245

第二节　政策探讨 …… 251

参考文献 …… 261

后　记 …… 273

导　论

2020 年年初新冠肺炎疫情暴发以来，美欧等西方发达国家经济停摆，为了应对疫情造成的冲击而采取了超常规的刺激和救助政策，导致美元泛滥成灾。自 2019 年下半年以来，美联储共降息 5 次，将联邦基金目标利率再次降到 2008 年金融危机后的记录低点 0.25%，且维持低利率至 2022 年。此次降息历经 277 天，而 2008 年国际金融危机时降息历经 455 天，自 1982 年美联储公开联邦基金目标利率以来，此次降息的频率和力度远超历史水平。除了超常规的货币政策外，自 2020 年以来，美国政策实施了三轮共计 5 万多亿美元的财政刺激计划，而且拜登政府还欲推出高达 3 万亿美元的基础设施建设计划。超常规的货币政策和财政政策导致美联储总资产和美国国债急剧膨胀，2020 年 2 月美联储总资产规模还仅有 4.16 万亿美元，到 2021 年 2 月，资产总规模已达 7.59 万亿美元，1 年内增加了 3.43 万亿美元，接近翻倍，美联储资产负债表扩展速度和力度也远超 2008 年国际金融危机时期。为了应对新冠肺炎疫情采取的超级刺激计划，不可避免导致美元泛滥，对通胀预期导致美国 10 年期国债收益率持续走高，于 2021 年 3 月 18 日升至 1.75%，考虑到美联储采取平均通胀目标制，对核心通胀率的容忍程度增加，故 10 年期美国国债收益率有望突破 2%。作为全球资产定价基础的美债，其收益率的上升将对全球资产价格产生更大范围和更加深刻的影响，发展中国家经济稳定压力加大，需要提防大规模国际资本流出带来的冲击。

一　国际资本流动的"危"与"机"：问题提出

受新冠肺炎疫情影响，2020 年中国 GDP 为 101.60 万亿元，同比增长 2.3%，四季度增长率为 6.5%，显示中国经济复苏势头良好，经济发展的稳定性和可持续性增强。但经济下行风险犹存，据中国人民银行公布的《2020 年金融机构贷款投向统计报告》显示，2020 年新增贷款中流向房地产为 5.17 万亿元，占贷款增量总额的 26.1%，同比增长 11.7%，而 2017 年新增贷款中流向房地产为 5.56 万亿元，占贷款增量总额的 41.1%，同比增长 20.9%。相较于 2017 年，中国金融脱实向虚、脱实成虚的现象和问题有所缓解，但尚未得到有效根治。而且家庭债务的持续攀升和流动性风险也不容小觑，中国住户部门贷款余额已从 2008 年的 5.7 万亿元增长到 2020 年的 63.2 万亿元，以住户部门贷款余额与名义 GDP 比值衡量的中国家庭杠杆率，已由 2008 年的 17.86% 上升到 2017 年的 48.97%，2020 年更高达 62.21%。内忧未平，外忧又起，自 2008 年金融危机以来，国际贸易处于持续低迷状态。据世界贸易组织统计，2016 年全球贸易仅增长了 1.3%，这是自 2008 年金融危机以来的最低增速，连续 5 年低于世界经济增长率。2018 年 3 月 1 日，美国宣布将对进口钢铁征收 25% 的关税，对进口铝材征收 10% 的关税，对进口钢铝征收新的重税，拜登政府仍未取消经多轮贸易摩擦产生的新增关税。面临日益严峻的内外部环境，中国需要构建更加开放的经济体系，促进中国产业结构和实体经济转型升级。

为了促进产业结构升级和经济转型，增强经济发展新动力，中国需要进一步深化经济开放，构建开放、活力、包容的中国经济。2017 年 10 月 18 日，习近平总书记在党的十九大报告中，重点强调要推动形成全面开放格局，促进资本市场稳健有序对外开放。事实上，自中国加入 WTO 后，经常账户已按照承诺完全对外开放，资本与金融账户也在有序实现对外开放。按照 IMF《汇兑安排与汇兑限制年报》的分类，资本与金融项目指标可分为 7 类 11 大项 40 子项。目前，中国已实现 7 大类中的直接投资汇兑环节，正有序推进投资双向开放，构建宏观审慎外债监管体系，中国已经实现 40 个子项目中的 85% 对外开放。[①] 中国在建立和完善跨境资本流动的宏观审慎监管框架下，继续深化资本账户开放，有序推动重点资本项目可兑换：第一，自贸区内先行试点人民币资本项目开放，2013 年 8 月，国务院正式批准设立中国（上海）自由贸易试验区，在上海自贸区内率先试点人民币资本项目开放，也可分步骤逐步推进人民币可自由兑换；第二，中国股市开启互联互通，中国证监

---

① 郭斐、王崇锋、郭鸿帅、王佳：《我国资本账户开放现状及国际经验借鉴》，《江苏商论》2006 年第 4 期。

会于 2014 年 4 月 10 日正式批复沪港通互联互通机制试点，于 2016 年 12 月 5 日正式启动深港通互联互通机制，于 2018 年 12 月 14 日正式启动沪伦通互联互通机制，标志着中国资本市场在法治化和国际化方向上又迈出了坚实一步；第三，中国政府出台了一系列扩大开放积极利用外资的政策措施，不断扩展对外开放的广度和深度，正形成更高水平的双向开放格局，如 2017 年 1 月出台的《关于扩大对外开放积极利用外资若干措施的通知》，8 月出台的《关于促进外资增长若干措施的通知》。

对外开放政策的不断出台，将促使中国经济由经常账户向资本与金融账户加速开放。这将减少国际资本流动障碍，扩大国际资本流动规模。从 2010 年以来，中国短期国际资本流动（热钱）不仅流动规模变大，而且波动剧烈，2015 年第四季度流出 4031 亿美元。[①]

随着沪港通、深港通和沪伦通相继开通，内地证券市场与香港等国际证券市场互联互通，更加便利国际资本流动，未来国际资本通过股权投资进出内地证券市场的规模和频率将更大。据证券时报数据中心统计显示，通过沪港通、深港通渠道流入内地证券市场规模逐月增加，2017 年 8 月达到 270 亿元，2020 年全年净流入额超 2000 亿元。并且截至 2021 年 2 月 26 日，借助沪股通和深股通流入内地的资金持有 A 股当日市值规模达 2.3 万亿元，约占 A 股总市值的 2.63%，而 2017 年 8 月 31 日持有 A 股当日市值规模仅为 4039.58 亿元，约占 A 股总市值的 0.74%。这些北上资金分布在沪港通、深港通所有标的行业，而且行业差异越来越大，主要集中在食品饮料、家用电器和非银金融等行业。

面对全球经济曲折复苏、经济下行风险加剧等困境，中国经济需要进一步开放，形成全面开放格局。开放经济背景下，资本账户将进一步开放，国际资本流动无论是规模还是波动幅度都将变大。国际资本流动加剧了国际资本与国内资本竞争，改变了企业所面临的融资环境，本书以微观主体企业为研究视角，分析国际资本流动冲击对不同类型企业的投资效率冲击，具有重要的现实研究意义和价值。具体研究问题可细分为以下三点。

---

① 短期国际资本流动采用间接法衡量，即外汇储备增量与贸易顺差和外商直接投资之和的差值，外汇储备数据来源于中国人民银行，贸易顺差数据来源于中国统计局，FDI 数据来源于国泰安研究服务中心数据库。

第一，企业融资环境变化是否能影响企业的投资效率，该影响是否会因地域、行业不同而产生差异？从宏观视角来看，国际资本流动对整个国家经济增长和投资具有正的影响，资本账户开放能从多方面促进国家经济增长和投资：资本资源重新在国家间进行有效配置，由资本丰裕国家流入资本匮乏国家，增加资本富裕国家资本收入，同时解决资本匮乏国家的资金需求；分散单一国家政治经济不稳定导致的投资损失风险；促进国际资本和国内资本整合深化等。但经济开放和资本账户开放也加剧了资本流动的不稳定性。面对国际资本流动剧烈波动，不同类型的企业会做出何种投资抉择，投资机会多的企业是否会投资更多？现有宏观视角分析国际资本流动对资本接受国的总量影响，但宏观分析忽略了行业、企业差异，极易产生内生性问题。为了克服上述问题，本书将采用上市公司数据综合研究国际资本流动对企业投资效率的影响，并分析不同地域、不同技术水平、不同企业类型的上市公司的投资效率差异。

第二，国际资本流动能否降低企业融资成本，进而提高企业的投资效率，这种影响机制是否因地域、行业特征而变化？融资约束将降低企业的投资效率，已有研究发现非国有企业投资效率低于国有企业，尤其是外部融资依赖度越高的行业，该现象越来越明显。这主要是因为国有企业能获得信贷支持，而非国有企业因日益严重的信贷融资约束而导致投资效率下降。那么资本账户逐渐开放带来的国际资本流动冲击能否缓解不同地区的企业融资约束，提升该企业的投资效率？从投资者非理性视角来看，处于落后产能行业的企业投资增加，投资效益下降，进而导致进一步增加投资，形成恶性循环，降低了该类型企业投资效率。国际资本流动主要通过银行存款进入我国银行账户，影响当地银行系统的流动性。国有企业具有银行融资渠道优势，国际资本流动能改善融资环境。但国有企业机制僵化，缺乏活力，投资效率较低。那么资本账户逐渐开放带来的国际资本流动冲击能否提高不差钱的国有企业投资效率，是否会加剧具有银行融资渠道劣势的民营企业融资约束问题，进而恶化本就缺少资本的民营企业投资不足问题？

第三，国际资本流动能否影响资本在不同行业、企业间的配置，使资本由低效率的行业和企业流向高效率的行业和企业，资本配置效率的提高将改善企业投资效率低下问题，这种影响机制是否因地域、行业特征而变化？企业所处行业、发展阶段不同，其融资渠道差异较大，成立时间较短的小企业只能通过银行借款为其投资融资，而创新型大企业可以向国外风投等机构投资者直接融资。资本账户开放带来的国际资本流动，将使银行可以较低成本获得国外资金。国际资本流动可以使成立时间短的优质小企业间接利用国际资本，促进其投资。这意味着国际资本流动降低了企业间的资本错配，提高了整体的投资效率。那么哪些地区、行业的企业可因资本配置改善而提高投资效率？

从国际经验来看，资本账户开放导致国际资本流动巨大波动，进而会对宏观经济乃至微观企业投资产生影响。发展中国家缺少发展经济的资本，需借助国际资本解决国内发展紧缺的资本问题。但也正因国内经济处于发展阶段，抗风险能力较低，在资本账户管理中偏向"宽流入严流出"政策。发达国家资本市场健全，资本充足，为了充分利用全球资源最大化收益，资本账户开放程度较高，大部分发达国家基本实现资本账户完全放开。发达国家和发展国家资本账户开放模式差异，对国家经济发展和企业影响差异较大，经验教训具有借鉴意义。

发达经济体拥有比较成熟的经济和金融体制，故除日本外，资本账户开放大部分比较成功，不仅实现了资本全球配置，且对企业、银行等微观个体冲击较小。而且发达经济体企业具有技术、资本优势，国际资本流动冲击了不具有竞争优势的落后企业，资本资源重新配置反而有利于企业、产业的转型升级。而且英、德、法、日等发达经济体资本账户开放具有以下经验教训：其一，资本账户开放成功与否，与开放时间无关，英国半年一步到位完成开放，法国用了近10年，日本花了近20年，反而日本不成功。其二，即使开放策略相同，但结果有可能不同。法国和日本均先放松对FDI限制，再放松对证券投资限制，最后放松对银行信贷限制，但法国和日本资本账户开放结果完全不同。其三，资本账户开放成功与否，关键在于其对微观实体企业的冲击，国际资本流动要能促进优秀企业投资，而淘汰落后产能、落后企业。

发展中国家经济发展起步晚，故资本账户开放时间总体比发达国家晚，而且过程更为曲折。有些国家为了吸引外资，初期采用激进式放开管制，当经济出现危机时，又恢复了管制，危机过后，根据本国国情，采用渐进式放开管制。同属发展中国家的中国在资本账户开放过程中需要吸取这些国家经验教训，力图减少因开放导致国际资本流动大幅波动进而对企业投资的负面冲击，经验借鉴意义如下：其一，健全有效的金融体系是资本账户顺利开放的坚强保证。健全的金融体系意味着资金价格真实反映了资金供需情况，资本账户管制解除后，资金价格遭受波动冲击可能性较低。而且健全的金融体系拥有现代化风险监控预警体系，能增强应对国际资本流动波动的能力。其二，资本账户改革不能损害企业、银行等微观主体的竞争能力和抵御风险能力。韩国在20世纪60年代构建了政府、银行和企业"铁三角"关系，政府指导银行给某些产业优惠贷款，优先发展大型企业集团。但1997年亚洲金融危机席卷韩国，导致韩国三美、起亚等大企业集团纷纷破产。因此，发展中国家在资本账户开放过程中应引导长期资本流入本国具有比较优势的优秀行业和企业，限制投机性短期资本流入落后行业和企业，增强企业竞争力和抵御风险能力。

综上所述，发达经济体拥有比较成熟的经济和金融体制，资本账户开放大部分比较成功。发展中国家由于经济基础薄弱，资本账户开放时间长，过程曲折，失败风险较高，但如果发展中国家拥有健全有效的金融体系和具有竞争能力、抵御风险能力的企业、银行等微观主体，能大幅降低失败风险。因此，无论是发达经济体还是发展中国家，资本账户开放成功与否，与开放时间、开放策略无关，关键在于其对微观实体企业的冲击，国际资本流动能否促进优秀企业投资，进而淘汰落后产能、落后企业。中国在资本账户开放过程中应引导长期资本流入本国具有比较优势的优秀行业和企业，限制投机性短期资本流入落后行业和企业，增强企业竞争力和抵御风险能力。故本书主要从微观主体企业的视角来研究国际资本流动对企业投资效率的冲击，并重点研究国际资本流动是否通过缓解企业面临的融资约束和资本错配问题来影响企业的投资效率，并在理论和实证研究中重点关注地区、行业和企业类型差异。

二 国内外研究现状及述评

本书研究的核心问题为国际资本流动对企业投资效率的冲击及影响机制，该问题源于前人对经济开放的增长效果研究。新古典经济学家认为，经济开放尤其是资本账户开放增加了发展中国家资本来源渠道，提升投资水平。很多学者利用宏观经济数据对上述理论进行了实证验证，但相关实证结果差异较大。在后续的研究中，有学者将该差异归因于发展中国家的结构特征，如资本市场欠发达、制度质量低下等。但在实证研究中加入上述控制变量，实证结果仍然有差异。实证结果与理论预测的不一致引发了对相关问题更深入的讨论。国际资本流动和宏观投资受多种因素影响，在实证过程中容易遗漏变量，带来严重内生性问题。①本书根据对相关文献的总结和归纳，将有关文献按研究内容分为三类：国际资本流动对宏观经济增长影响；国际资本流动对企业投资效率的影响；国际资本流动对企业投资效率的影响机制。

（一）国际资本流动对宏观经济影响

在"后金融危机"时代，中国长期依赖的粗放型、外向型经济发展模式也受到了很大程度的抑制，经济增长从高速转为中高速增长。中国经济"新常态"的实质是实现国家的全面经济转型，经济结构不断优化升级，增长动力由要素和投资驱动转向创新驱动，即实现高质量经济增长。中国经济"新常态"背景下，经济发展保持有序稳健的经济增长状态，需要中国进一步深化改革，将经济开放领域由贸易逐渐延展到金融领域，增加经济发展动力。资本账户开放导致国际资本流动剧烈波动成为学者重要的研究方向，但大部分研究主要集中在国际资本流动对宏观经济环境的影响。

1. 国际资本流动扩大了经济波动风险

随着资本账户进一步开放，加在国际资本头上的"紧箍咒"随之消失，将促使资本丰裕的国家净资本呈流出态势。国际资本为了利益最大化，总是从低利率国家流向高利率国家，促进了世界利率市场趋同，但也增加了各国经济不稳定风险，如资本账户开放后资本大幅外逃，进而演变成经济危机。②经济发展过程中，由于存在经济追赶效应，发展程度较低的国家发展前景较低，因此这些国家在资本账户开放进程中，较高的发展前景和投资收益会吸引国际资本大量流入，国际资本流入促进经济发展，同时导致经济过热；而一旦国家开始进行经济过热调控，国际资本大幅流出，导致发展中国家长达数年甚至数十年的经济动荡和低水平发展。③而且国际资本流动对经济不稳定影响还可放大经济周

---

① 韩乾、袁宇菲、吴博强：《短期国际资本流动与我国上市企业融资成本》，《经济研究》2017年第6期。

② 戴淑庚、胡逸闻：《资本账户开放风险指数的构建与测度》，《经济与管理研究》2016年第1期。

③ 陈雨露：《国际资本流动的经济分析》，中国金融出版社1997年版，第20—38页。

期，当一国经济进入景气期，国际资本大幅流入，降低了利率水平，导致经济发展进一步过热；而一旦经济进入衰退期，国际资本流出将进一步减少这些国家经济发展需要的紧缺资本，延长经济衰退期间。[①]

2. 国际资本流动与经济增长的关系

目前学者关于资本流动与经济增长效应的研究存在促进论、无关论和不定论三种观点。第一，促进论认为，国际资本流动可在不同经济发展程度国家间实现利率平衡，发达国家因早年发展积累了大量资本，闲置资本外流有助于发达国家共享发展中国家的经济发展红利，而发展中国家可借助发达国家流入的资本平衡物价水平，促进经济的快速增长，因此国际资本流动均能促进发展中国家和发达国家的经济发展，实现双赢局面。资本账户开放对人均GDP具有非常强的正效应。[②] 第二，无关论认为，并未发现资本账户开放国家和资本管制国家的经济增长速度差异，即国际资本流动并不能促进一国经济水平的提高。[③] 第三，不定论认为，资本流动对经济增长的影响与国家的经济发展水平和资本类别等因素有关。有学者发现国际资本流动对发达国家经济影响的总效应为正，但对发展中国家经济影响的总效应为负[④]，说明国际资本流动对经济增长的影响程度与方向受国家经济发展水平制约。也有学者认为国际资本流动的经济增长效应因资本类别不同而有所差异。[⑤] 中国学者关于国际资本流动问题的学术研究多集中在国际资本流入的原因分析。[⑥] 针对资本流入的经济效应分析，大部分文献强调资本流入对实体经济正效应，[⑦] 但近年来有关资本流入对宏观经济的负效应也受到越来越多的关注。

---

① 韩剑：《国际资本流入的易变性及其对策研究》，《国际金融研究》2012年第5期。

② Quinn D., "The Correlates of Change in International Financial Regulation", *American Political Science Review*, Vol. 91, No. 3, 1997.

③ Edison H J, Klein M W, Ricci L A, et al, "Capital Account Liberalization and Economic Performance: Survey and Synthesis", *IMF Staff Papers*, Vol. 51, No. 2, 2004.

④ Edwards S, "Capital mobility and Economic Performance: Are Emerging Economies Different?" *National Bureau of Economic Research*, No. w8076., 2001.

⑤ Levine R, "International Financial Liberalization and Economic Growth", *Review of International Economics*, Vol. 9, No. 4, 2001.

⑥ 王成岐、张建华：《外商直接投资、地区差异与中国经济增长》，《世界经济》2002年第4期。

⑦ 王子博：《国际资本流动冲击有利于经济增长吗》，《统计研究》2015年第7期。

(二) 国际资本流动对企业投资效率的影响

随着中国资本账户的逐渐开放,越来越多的国内外学者研究国际资本流动的宏观经济影响,尤其集中在分析国际资本流动的产生原因①、国际资本流动对经济增长和经济稳定的冲击②、国际资本流动对产业的影响③等宏观问题。但现有宏观视角研究存在以下问题:第一,不能揭示宏观国际资本流动对企业投资效率的影响途径,即很难找到微观影响机制;第二,忽略了不同行业、不同企业的横截面差异;第三,采用总量数据做实证存在内生性问题,由于国际资本流动和宏观投资受多种因素影响,在实证过程中容易遗漏变量,带来严重内生性问题。因此,近年来关于国际资本流动宏观政策冲击对微观个体企业影响的研究逐渐增多。

虽然现有文献主要集中在开放经济下国际资本流动的驱动因素及其影响。但随着微观数据可获得性及实证方法改进,逐渐有文献开始研究国际资本流动对微观个体企业的影响,如已有学者采用上市公司的财务数据发现国际资本流动对资本接受国,尤其是新兴市场国家的影响更加重要,国际资本流动能够显著地降低企业的融资成本,并且降低的幅度与该企业所处地区的贸易量成正比。④ 也有学者采取一致性方法测度企业投资效率时发现,近年来非国有企业的投资效率相对国有企业更低。⑤ 利用东欧10国的企业数据研究发现,资本账户开放能够降低企业间的回报率差异,进而优化企业间的最优资本资源配置,增加了高生产边际企业的资本供给,使原先受困融资约束的企业能够投资更多,大幅提高其要素生产率。⑥ 由异质投资者资产定价调整模型可知,国际资

---

① 郑璇:《流入驱动型与流出驱动型国际资本流动突然中断的影响因素分析——以新兴市场国家为例》,《国际金融研究》2014年第1期。

② 李芳、卢璐:《资本流动突然中断对不同负债结构国家的经济影响》,《国际金融研究》2017年第3期。

③ 陈创练、庄泽海、林玉婷:《金融发展对工业行业资本配置效率的影响》,《中国工业经济》2016年第11期。

④ 韩乾、袁宇菲、吴博强:《短期国际资本流动与我国上市企业融资成本》,《经济研究》2017年第6期。

⑤ 喻坤、李治国、张晓蓉、徐剑刚:《企业投资效率之谜:融资约束假说与货币政策冲击》,《经济研究》2014年第5期。

⑥ Larrain M, Sebastian S, "Capital Account Liberalization and Aggregate Productivity: The Role of firm Capital Allocation", *The Journal of Finance*, Vol. 72, No. 4, 2017.

本流动在股市和外汇市场上具有明显的机制效应，国际资本流入基础设施投资可抑制股价暴涨或暴跌，而国际资本流入投机性行业将加速股价暴涨暴跌。房地产在中国资产价值中具有重要地位，故房价能吸引国际资本投资，反之国际资本流入也能助推房价上涨，即国际资本流动和中国房价具有相互促进作用。[①]

虽然基于微观企业视角的这些文献研究了国际资本流动对企业融资成本及企业间资本资源配置的影响，但并未结合企业投资效率影响因素，深入研究分析国际资本流动对企业投资效率的影响及其背后机制。因此，本书将在前人研究的基础上，综合研究分析经济开放背景下国际资本流动对企业投资效率的影响，以及从融资约束和资本资源错配视角分析该影响背后的机制，并研究企业经济开放环境下的融资行为。

（三）国际资本流动对企业投资效率的影响机制

企业能进行投资的先决条件是其有资本可供其投资。那些不能从外部获得资本的企业将因融资约束而影响到企业投资。即使资本充裕，由于信息不对称，资本未必能配置到高收益、高风险的新兴产业和企业，也就是说，资本在不同行业、不同企业间的配置也将影响企业融资规模和成本。

1. 国际资本流动改善企业融资环境

国际资本流动改变了国内资本构成，抑制资本市场投机行为，改善资本市场资本配置功能。从现有文献来看，国际资本流动能改善企业面临的融资约束问题，促进企业进行高效率投资和经营活动。

第一，国际资本流动缓解了企业的融资约束问题。Hubbard（1998）通过调查发现发展中国家融资约束对企业投资的不利情况更严重。[②] 发展中国家资本市场不完善，资金交易渠道少且交易风险较大，故发展中国家信用较低，导致外部融资的成本很高。随后，学者将金融发展纳入研究框架中，Dimirguc – Kunt 和 Maksimovic（1998）发现在经

[①] Su C W, Wang Z F, Nian R, Zhao Y, "Does International Capital Flow Lead to a Housing Boom? A Time – varying Evidence from China", *Journal of International Trade & Economic Development*, Vol. 26, No. 7, 2017.

[②] Hubbard R G, "Capital – Market Imperfections and Investment", *Journal of Economic Literature*, Vol. 36, No. 1, 1998.

济发达国家，仅能利用内部融资的企业发展得更快，①而 Rajan 和 Zingales（1998）发现在资本市场发达的国家，外部资本需求越大的企业发展得越快，② Love（2003）认为在经济发达国家，企业投资对内部资金来源并不敏感③。从发达国家的研究结果来看，企业投资受其内部融资约束较少，而更多的受外部融资渠道的影响。这说明经济开放，尤其是资本账户开放，会影响到不同国家企业的融资约束情况，并传导到企业投资活动，尤其对小企业的影响更大。金融自由化后，股权融资的成本首先会显著下降。④ 然而这些文献并未考虑国际资本流动对企业融资约束的影响，以及进一步研究对企业生产经营行为的影响。韩乾等（2017）利用上市企业的财务数据发现国际资本流动对资本接受国，尤其是新兴市场国家的影响更加重要，国际资本流动能够显著地降低企业的融资成本，并且降低的幅度与该企业所处地区的贸易量成正比。⑤

第二，国际资本流动缓解了资本资源错配问题。国际资本流动缓解了资本资源错配问题。自从 Bekaert 等（2005）发现资本开放导致的国际资本流动能促进经济发展，⑥ 许多学者试图从不同角度论证该影响背后的机制，如 Bonfiglioli（2008）、Bekaert 等（2011）发现金融开放能够提高企业的全要素生产率，进而提高企业的投资效率。⑦ 但国际资本流动又是通过什么机制影响企业的全要素生产率呢？Wurgler（2000）研究发现，处于快速发展行业的企业投资增长更快，而处于衰退行业的

---

① Dimirguc‐Kunt A, Maksimovic V, "Law, Finance, and Firm Growth", *Journal of Finance*, Vol. 53, No. 6, 1998.

② Rajan R G, Zingales L, "Financial Dependence and Growth", *American Economic Review*, Vol. 88, No. 3, 1998.

③ Love I, "Financial Development and Financing Constraints: International Evidence from the Structural Investment Model", *The Review of Financial Studies*, Vol. 16, No. 3, 2003.

④ Henry P B, "Do Stock Market Liberalization Cause Investment Booms?" *Journal of Financial Economics*, Vol. 58, No. 2, 2000.

⑤ 韩乾、袁宇菲、吴博强：《短期国际资本流动与我国上市企业融资成本》，《经济研究》2017 年第 6 期。

⑥ Bekaert G, Harvey C R, Lundblad C, "Does Financial Liberalization Spur Growth?" *Journal of Financial Economics*, Vol. 77, No. 1, 2005.

⑦ Bonfiglioli A, "Financial Integration, Productivity and Capital Accumulation", *Journal of International Economics*, Vol. 76, No. 2, 2008. Bekaert G, Harvey C R, Lundblad C, "Financial Openness and Productivity", *World Development*, Vol. 39, No. 1, 2011.

企业投资逐渐萎缩。① 这说明国际资本流动能通过提高投资资金的分配效率，来提高企业的全要素生产率，进而增加企业产出。② 随后，更多的文献关注资本账户开放与资本资源错配间的关系，Gopinath 等（2017）研究发现金融自由化降低了资本资源错配，提高了南欧国家的生产率。③ Bai 等（2018）研究发现美国银行放松管制后，劳动力资源流向具有高边际产出的小企业。④ Varela（2018）发现匈牙利解除资本管控后，国际资本流动改善了企业的融资环境，提高了原先受困于融资约束情况企业的投资规模，进而改善了企业的全要素生产率。⑤ Larrain 和 Stumpner（2017）利用东欧 10 国的企业数据，研究发现资本账户开放能够降低企业间的回报率差异，进而优化企业间的资本资源配置，增加了高生产边际企业的资本供给，使原先受困融资约束的企业能够增加投资，大幅提高其要素生产率。⑥

2. 融资约束、资本配置对企业投资效率的影响

由委托代理理论可知，作为企业的管理者有强烈动机扩大投资规模，期望在短期内提高公司业绩进而获得更多个体利益。但企业的投资既受宏观的资金总量约束，也受微观同行企业的资金竞争影响，尤其是一些企业擅于包装，蹭社会热点以吸引投资者。故如果企业不能从外部获得资本，将因融资约束而影响企业的投资活动，因此资本在不同行业、不同企业间的配置将影响企业融资规模和成本。

第一，融资约束制约了企业的投资效率。现有研究在自由现金流理

---

① Wurgler J, "Financial Markets and the Allocation of Capital", *Journal of Financial Economics*, Vol. 58, No. 2, 2000.

② Galindo A, Schiantarelli F, Weiss A, "Does Financial Liberalization Improve the Allocation of Investment?: Micro – evidence from Developing Countries", *Journal of Development Economics*, Vol. 83, No. 2, 2007. Levchenko A A, Rancière R, Thoenig M, "Growth and Risk at the Industry Level: The Real Effects of Financial Liberalization", *Journal of Development Economics*, Vol. 89, No. 2, 2009.

③ Gopinath G, Kalemli – Özcan S, Karabarbounis L, "Capital Allocation and Productivity in South Europe", *The Quarterly Journal of Economics*, Vol. 132, No. 4, 2017.

④ Bai J, Carvalho D, Phillips G M, "The Impact of Bank Credit on Labor Reallocation and Aggregate Industry Productivity", *The Journal of Finance*, Vol. 73, No. 6, 2018.

⑤ Varela L, "Reallocation, Competition and Productivity: Evidence from a Financial Liberalization Episode", *The Review of Economic Studies*, Vol. 85, No. 2, 2018.

⑥ Larrain M, Stumpner S, "Capital Account Liberalization and Aggregate Productivity: The Role of Firm Capital Allocation", *The Journal of Finance*, Vol. 72, No. 4, 2017.

论和融资约束理论基础上,研究分析了企业投资和现金流间的关系。自由现金流理论认为,拥有过多现金流的企业,投资规模较大,且偏向于过度投资。① 但融资约束理论认为,企业内部融资成本虽然更低,但企业内部资金有限,如果依赖外部融资成本将导致企业融资存在门槛效应,这样的后果会导致融资约束低的企业能获得外部融资,而小型民营企业因过高的外部融资约束门槛而投资不足,企业投资效率低下。② 关于融资约束与企业投资效率之间的反向作用,研究最广的是国有企业与非国有企业投资效率的反转问题,即企业投资效率之谜。政府通过信贷扶持手段补贴国有企业,进而降低国有企业面临的融资压力。③ 当银行收紧银根时,国有企业的融资优势显现出来,在民营企业的债权融资明显放缓的同时,国有企业的债权融资却不受该融资环境的影响。喻坤等(2014)采取一致性方法测度企业投资效率时发现,近年来民营企业的投资效率逐渐下降,主要是因为货币政策冲击强化了国有企业和非国有企业的融资约束差异,进而导致非国有企业的信贷资源被挤出,融资环境的恶化降低了民营企业的投资效率。④

第二,资本资源错配制约了企业的投资效率。融资约束降低了企业的投资效率,那么是否意味着能获得外部资本的企业一定能促进投资效率提升,而不能获得外部资本的企业一定不能促进投资效率提升?企业通过投资实现企业内部资源的价值实现和增长,只要企业投资与研究能力较强,能将企业资本配置到较高投资回报率的项目,那么源源不断的投资收益将给企业带来丰厚的资金流,为企业的未来发展成长奠定确定性基础。⑤ Modigliani 和 Miller(1958)在其构建的完美世界模型中,公司的投资是有效率的,投资机会多的企业将进行更多投资,即资本资源

---

① Jensen F H, "Recent Developments in Corporate Finance", *Federal Reserve Bulletin*, Vol. 72, No. 11, 1986.

② Myers S C, Majluf N S, "Corporate Financing and Investment Decisions when Firms Have Information that Investors do not Have", *Journal of Financial Economics*, Vol. 13, No. 2, 1984.

③ 林毅夫、李志赟:《政策性负担、道德风险与预算软约束》,《经济研究》2004 年第 2 期。

④ 喻坤、李治国、张晓蓉、徐剑刚:《企业投资效率之谜:融资约束假说与货币政策冲击》,《经济研究》2014 年第 5 期。

⑤ 陈德球、李思飞、钟昀珈:《政府质量、投资与资本配置效率》,《世界经济》2012 年第 3 期。

配置处于最优状态。① 但现实世界中，存在多种摩擦使资本配置偏离最优配置状态，如信息不对称、代理人道德问题、政府质量、所有制结构等。② 信息不对称导致的逆向选择会使企业减少投资，而代理人道德风险会使代理人为了自身利益而进行过度投资行为，最终导致投资机会少的企业多投资。张彬、葛伟（2017）研究发现，投资者情绪等非理性因素会使企业为了增加未来收益率而进行过度投资，导致供给侧过剩产能为了维持自身利益而进行投资，"有意为之"导致"饮鸩止渴"现象很好解释了供给侧落后产能难以在短期内得到解决的原因。③

从上述研究可以看出来，企业投资效率会受到融资约束和资本配置影响。如果资本资源配置处于最优状态，那么投资机会多的企业其融资能力越强，投资也越有效率。但由于存在信息不对称和代理人道德问题等多种摩擦，导致资本配置偏离最优配置状态，投资机会少的企业可能获得资本青睐进而过度投资，而投资机会多的企业可能因难以获得足够资金而投资不足。

3. 国际资本流动促进了企业融资积极性和融资规模

国际资本流动增加了企业融资渠道，缓解了企业面临的融资约束和资本错配问题，进而改善了企业所处的融资环境，影响企业的融资行为。但异质性企业面临的融资约束程度不同，利用外资能力不同，因此资本市场开放对不同类型企业的融资行为影响也不同。邓可斌和曾海舰（2014）发现由于政府金融政策干扰了金融资本市场的资产定价功能，导致融资渠道不受市场力量调控而受人为影响的现象较为严重，从而导致企业融资行为出现差异化对待问题。④ 而且相较于大企业而言，中小企业以及民营企业规模小，信誉较低，面临着更高的融资约束问题。⑤ 那么资本市场开放后，外资流入能否改善上市公司和上市小公司面临的

---

① Modigliani F, Miller M H, "The Cost of Capital, Corporation Finance and the Theory of Investment", *American Economic Review*, Vol. 48, No. 3, 1958.
② 覃家琦、邵新建:《交叉上市、政府干预与资本配置效率》,《经济研究》2015 年第 6 期。
③ 张彬、葛伟:《总投资和未来收益率的长期关系及影响机制：基于贝叶斯估计方法的实证分析》,《经济理论与经济管理》2017 年第 7 期。
④ 邓可斌、曾海舰:《中国企业的融资约束：特征现象与成因检验》,《经济研究》2014 年第 2 期。
⑤ 魏志华、曾爱民、李博:《金融生态环境与企业融资约束——基于中国上市公司的实证研究》,《会计研究》2014 年第 5 期。

融资约束问题，进而提升其股权融资和债权融资能力吗？有学者认为金融障碍（国际投资壁垒）限制了小企业的发展，而资本市场开放可深化本国金融市场，有助于提高本国上市小公司利用外资的能力，缓解上市小公司受困于融资成本的难题。① 大量研究认为国际外资净流入对小企业的融资影响取决于该国产权保护水平。Lee 和 Mansfield（1996）发现美国产权保护水平决定了美国 FDI 的数量和来源地。② Chhibber 和 Majumdar（1999）发现印度投资公司的盈利能力与印度产权保护水平呈正相关关系。③ Claessens 和 Laeven（2003）认为产权保护水平可以帮助企业避开恶性竞争，改善小公司的生存环境，增强外国投资者投资小公司的意愿，有助于扩宽小公司的融资渠道。④ Eun 等（1995）发现交叉上市企业国内资产价值增加较快，有利于该类企业融资，因为随着金融市场开放，资产价格溢出效应将增加上市企业对外资的吸引力。⑤ 但 Miller 和 Puthenpurackal（2002）认为资产价格溢出效应取决于该国的产品保护水平，即产权保护水平决定了上市小公司利用国际资本的程度。⑥ 与此同时，Johnson 等（2002）认为弱的产权保护水平无法保证小公司资产安全，因此即使小公司有能力利用银行融资，也不愿意进行投资。⑦ Knill（2013）、Knill 和 Lee（2014）基于产权保护程度，将国家分为发达的产权国家和欠发达的产权国家，分别实证研究外国证券投资对上市小公司融资行为影响，实证结果显示外国证券投资增加了发达

---

① Beck T, Demirguec – Kunt A, Maksimovic V, "Financial and Legal Constraints to Growth: Does Firm Size Matter?" *The Journal of Finance*, Vol. 48, No. 3, 2005.

② Lee J Y, Mansfield E, "Intellectual Property Protection and US Foreign Direct Investment", *The Review of Economics and Statistics*, Vol. 78, No. 2, 1996.

③ Chhibber B P K, Majumdar S K, "Foreign Ownership and Profitability: Property Rights, Control and the Performance of Firms in Indian Industry", *Journal of Law & Economics*, Vol. 42, No. 1, 1999.

④ Claessens S, Laeven L, "Financial Development, Property Rights, and Growth", *The Journal of Finance*, Vol. 58, No. 6, 2003.

⑤ Eun C S, Claessens S, Jun K W, "Pricing Externalities in the World Financial Markets: Theory and Policy Implications", *Pacific – Basin Finance Journal*, Vol. 3, No. 1, 1995.

⑥ Miller D, Puthenpurackal J, "The Costs, Wealth Effects, and Determinants of International Capital Raising: Evidence from Public Yankee Bonds", *Journal of Financial Intermediation*, Vol. 11, No. 4, 2002.

⑦ Johnson S, McMillan J, Woodruff C, "Property Rights and Finance", *American Economic Review*, Vol. 92, No. 5, 2002.

和欠发达产权国家的上市小公司股权融资概率，增加了发达产权国家的上市小公司债权融资概率。[①]

（四）国内外研究述评

随着国际贸易、国际投资等全球经济活动往来日益频繁，国际资本流动对宏观经济的影响备受学者关注。国际资本流入一般由资本丰裕的国家流向资本稀缺的国家，为后者经济发展提供国际资本和技术支持，提高资本稀缺国家的发展速度，降低国家间发展不平衡。但国际资本的极速流出也冲击了一国金融经济稳定，甚至诱发大规模的经济危机。已有研究较多从宏观视角研究国际资本流动的原因及造成的危害，研究成果较为丰富。但微观企业和居民个体对国际资本流动反映最为灵敏：第一，微观企业和居民个体是市场经济活动的最主要的直接参与者，其对资金敏感度较高，当即将面临由国际资本流出导致的融资约束压力，企业和居民个体会通过甩卖资产来偿还债务或维持生产经营，资产价格大幅波动进而引来国家政策干预；如果国家政策干预失败，则导致更加快速的资本外逃，进而诱发经济危机。第二，随着全球经济往来的日益频繁，无论一国是否愿意，其资本账户都将对外开放，国际资本的流入流出会改变企业面临的资金环境，影响企业生产经营行为，如果国际资本进入该国具有比较优势或新兴产业，能提高企业投资效率，改善企业盈利能力，投资回报带来的持续现金流足以降低国际资本短期大幅外流的可能性，增强企业、行业乃至国家的风险抵抗能力。但如果国际资本流入投机性或落后产能行业，会加速经济泡沫化，大量热钱流出会冲击国家的经济金融安全。

因此从微观企业视角分析国际资本流动的影响，越来越受到学者的关注。现有研究虽分析了国际资本流动的微观影响，但鲜有研究深入分析该影响的机制路径。然而不同区域、不同行业、不同类型的企业，其面临的融资环境差异较大，即使资本资金较为充足，如果资金难以由低效率企业流向高效率企业，资本资源错配也将限制企业的投资效率和盈利能力。而且已有研究还呈现显著的国别差异，如国际资本流动对小企

[①] Knill A M, "Does Foreign Portfolio Investment Reach Small Listed Firms?" *European Financial Management*, Vol. 19, No. 2, 2013; Knill A M., Lee B S., "The Volatility of Foreign Portfolio Investment and the Access to Finance of Small Listed Firms", *Review of Development Economics*, Vol. 18, No. 3, 2014.

业融资影响，国际资本流动与产权保护强的国家的小企业融资规模呈正比，而弱产权保护的国家，一方面小企业的发展受到限制，难以有动力借助国际资本发展壮大；另一方面，小企业信用较差，违约风险较高，弱产权保护使国际资本难以青睐小企业。故本书从微观企业视角，深入分析国际资本流动能否通过缓解企业面临的融资约束和资本资源错配难题，进而提高不同区域、行业、类型的企业投资效率。再者中国资本市场对外开放力度逐渐加强，沪港通、深港通和沪伦通互联互通机制的开通也为相关研究提供了类自然实验。本书将分析资本账户开放对大企业和小企业的股权融资、债券融资的影响。

三 研究思路与方法

（一）研究思路

本书研究国际资本流动对企业投资效率的影响及影响机制：（1）介绍本书研究背景，提出研究问题，并从国际资本流动对宏观经济影响、微观企业投资效率的影响及机制方面评述已有研究。（2）阐述国际资本流动理论和企业投资理论的发展脉络和主要观点，构建多区域多行业国际资本流动对企业投资效率的理论模型。（3）从中国的资本管制措施观察中国的资本账户开放进程，分析中国国际资本流动、企业投资效率、融资约束、资本配置效率现状，并比较分析国际资本流动与企业投资效率的关系。（4）测算企业投资效率，采用面板数据分析方法实证分析国际资本流动对不同区域、不同行业的企业投资效率的影响，并以企业融资行为视角实证分析国际资本流动影响的合理性。（5）以融资约束和资本资源错配为视角，实证分析国际资本流动对不同区域、不同行业的企业投资效率的影响机制；（6）总结主要研究结论，提出相关政策建议。

（二）研究方法

1. 文献归纳法。本书按照国际资本流动和企业投资效率现有研究文献脉络，梳理国内外关于国际资本流动与企业投资效率的主要研究观点及研究现状。本书归纳了国际资本流动的宏观经济影响，描述了国际资本流动对企业投资效率的微观影响，再转而集中分析国际资本流动的影响机制，即融资约束和资本配置效率对企业投资效率的影响。

2. 定性分析和定量分析结合的方法。本书建立多区域、多行业的理论模型，在严格的数量理论分析基础上构建实证模型深入研究分析国际资本流动对企业投资效率的影响及影响机制。由于国际资本流动属于宏观研究问题，而企业投资效率属于微观研究问题，且受到诸多因素影响，那么对于国际资本流动是如何影响企业投资效率，以及融资约束机制和资本配置效率机制在影响过程中产生的作用本质上是一个实证性命题，需要运用大量经验事实数据去验证才能得到科学分析结果。因此本书运用定性分析方法，为实证分析验证因果关系提供现实基础，故通过综合运用定性分析和定量分析，能较为全面、深入地分析本书主要研究问题。

四 研究框架与创新之处

（一）研究框架

本书共有六章，按照"提出问题—理论分析—现状分析—实证研究—政策建议"的整体思路，对研究问题逐一深入分析。各章安排如下：

导论部分，主要介绍本书的选题背景和研究主题，然后对相关领域的研究文献进行回顾述评，在此基础上指出本书的研究思路与方法，以及研究框架与创新之处。受新冠肺炎疫情影响，全球主要大国均采用积极的货币财政政策来刺激经济增长，对全球资产价格产生更大范围和更加深刻的影响，加大宏观经济波动性。资本账户改革开放增加经济发展新动力，但也增加了宏观经济波动性。从国际经验来看，资本账户改革开放是危险还是机遇，取决于国际资本流动对微观企业的影响。

第一章为国际资本流动对企业投资效率影响的理论分析，将首先介绍国际资本流动的内涵及动因，其次分析国际资本流动的微观经济效应，最后阐述国际资本流动和企业投资效率的相关理论。随着全球经济联系加深，国家间的贸易、投资与金融往来逐渐频繁，国际资本流动在此过程中的特点和内涵均有所发展。故结合国际资本理论和企业投资理论，有助于解释国际资本流动冲击的微观影响，即国际资本流动通过影响企业面临的融资约束和资本资源错配问题，进而影响企业的投资决策，为引导国际资本进入发展中国家实体经济部门提供理论基础。

第二章为中国国际资本流动历史回顾与现状分析，主要在回顾我国外汇管理体制和资本开放历史进程的基础上，描述国际资本流动现状，展望中国资本账户改革的发展趋势。为了稳步推进资本账户开放改革，中国应以金融服务实体经济为根本原则，保持外汇储备稳定，同时提高企业的投资效率。还应与国内资本市场改革协调推进，继续按照供给侧结构性改革的要求，加大减税清费力度，加快推进国内市场化改革，改善投资环境，为国内企业和私人投资者提供更多的投资机会，提高投资边际收益和对国内外资本的吸引力。

第三章为国际资本流动对中国企业投资效率影响的实证分析，立足于中国资本账户渐进式开放，利用面板数据分析方法实证分析国际资本流动对不同区域、不同行业、不同企业类型的企业投资效率的影响。国际资本流动既能提高欠发达地区企业的投资效率，促进区域均衡发展，还能提高民营企业的投资效率，促进民营经济发展。但国际资本流动是通过资本流入解决企业面临的融资约束问题，还是通过资本竞争提高资本市场配置效率，进而提高企业的投资效率？

第四章为国际资本流动对中国企业投资效率影响机制的实证分析，首先描述企业融资约束、资本资源配置效率现状，并构建多区域、多企业的理论模型来分析国际资本流动通过影响企业面临的融资约束和资本资源配置环境来影响企业的投资效率，最后再利用系统广义矩估计方法和贝叶斯估计方法来实证分析国际资本流动对企业投资效率的影响机制，即融资约束机制和资本资源配置机制。国际资本流动也未降低民营企业面临的融资约束问题，作为国民经济重要组成部分的民营经济，难以从资本市场中获得资金资产，国际资本流出甚至会进一步恶化民营企业融资难、融资贵问题。而比民营企业融资能力更差的小微企业，也可能会面临相同问题，需要探究资本账户改革开放对小微企业融资能力的影响。

第五章为国际资本流动对上市公司融资行为的影响，首先描述上市公司的融资概率和规模，再利用沪港通政策这一近似自然实验，系统地探讨了沪港通政策实施后对上市公司融资行为的影响，尤其是对上市小公司融资行为的影响，以验证国际资本流动能通过融资约束机制影响企业的投资效率。国际资本流动恶化了小微企业的融资约束环境，将导致小微企业的萎缩，而小微企业作为中国经济的毛细血管，在解决就业、增加税收、经济增长中发挥了重要的作用，国际资本流动对小微企业不利影响将威胁到中国经济稳固的基石。因此中国内地资本市场制度与政策仍存在进一步改善空间。

第六章为本书的研究结论和政策探讨，对主要的研究结论进行详细总结和类比，然后结合国际资本流动和中国企业投资现状，科学严谨地提出关于中国进一步深化资本账户开放以及提高企业投资效率的政策建议。

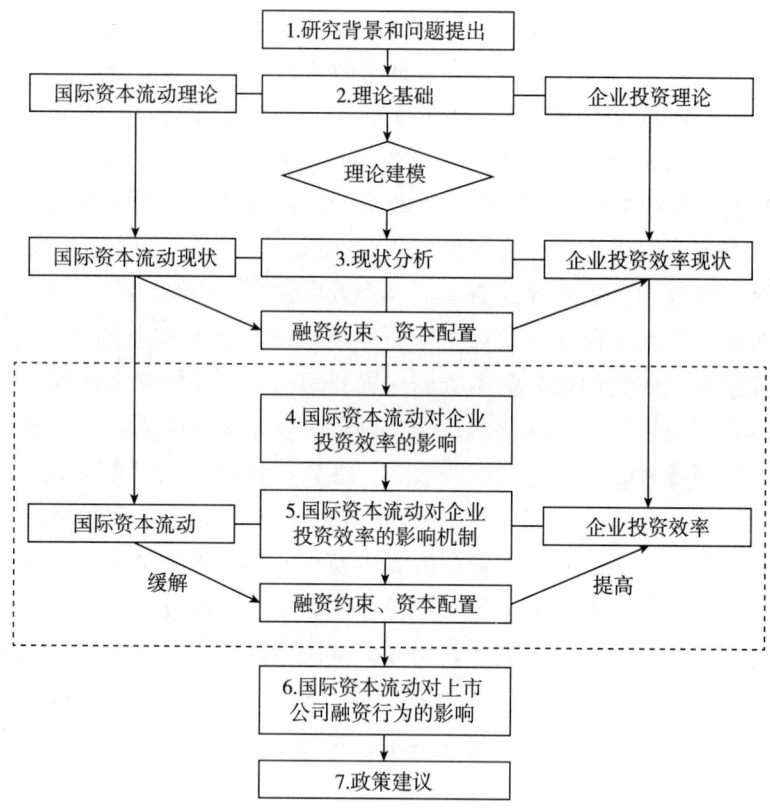

图 0-1　本书研究框架

（二）创新之处

已有研究主要从宏观视角研究国际资本流动对经济增长的影响，鲜有文献研究国际资本流动对资本接受国微观主体企业的影响。采用总量数据研究国际资本流动的宏观经济影响，存在忽略行业、个体差异等缺陷，在实证过程中容易遗漏变量，带来严重内生性问题。为了克服上述问题，本书将采用上市公司数据综合研究国际资本流动对企业投资效率的影响，并从融资约束和资本配置效率视角揭示相关影响机制。本书的创新点主要体现在：

第一，本书以上市公司为研究对象，研究国际资本流动对微观经济的影响，突破了以往研究大多集中于国际资本流动的宏观经济危机层面。还考虑企业所处的区域、行业、企业性质差异，定量分析了国际资本流动影响中国企业投资效率的区域效应、行业效应、企业类型效应，为评价资本账户开放政策效果提供了中微观视角。

第二，本书以融资成本、资本配置效率为中间桥梁，将宏观的国际资本流动冲击与微观企业主体的投资行为联系起来，解析国际资本流动对中国企业投资效率的影响机制，为提高企业投资效率，促进企业转型升级提供了经验依据。

第三，为了克服内生性问题对实证结果的不利影响，本书采用广义矩估方法和贝叶斯估计方法来做定量研究，同时利用美国季度通胀率作为工具变量做稳健性检验。本书还从企业融资行为视角采用双重差分方法进一步定量验证本书的实证逻辑，提高实证结果的可靠性。

第一章　国际资本流动对企业投资效率影响的理论分析

改革开放以来，中国经济逐渐由封闭经济走向开放经济，通过利用国际产业大转移和升级的有利时机，以及国内劳动力成本优势，积极发展劳动密集型工业带动了经济的快速发展。2001年12月，中国成功加入世界贸易组织，改善了国际贸易环境，通过合理利用多边贸易体制，促进了中国对外贸易的快速发展。同时促进了中国实现全方位、多层次的对外开放，使中国经济保持高速增长。受新冠肺炎疫情影响，2020年国务院《政府工作报告》是自改革开放以来第四次、近十余年来首次未明确年度增长预期目标。与非典对经济冲击不同，新冠肺炎疫情对经济冲击面更广、持续时间也更久，全球持续性经济衰退将对我国对外贸易和供应链地位带来极大不确定性。在面临前所未有的复杂国内外经济格局下，"十四五"规划提出立足于我国超大规模市场优势和内需潜力，构建以国内大循环为主体、国内国际双循环相互促进的新发展格局。欲构建国内国际双循环的新发展格局，关键在于实现经济循环流转和产业关联畅通，经济和产业的循环畅通又离不开国际资本流动带来的国外资本和技术。本章将首先介绍国际资本流动的内涵及动因，其次分析国际资本流动的微观经济效应，最后阐述国际资本流动和企业投资效率的相关理论。

第一节　国际资本流动的内涵及动因

随着全球经济联系加深，国家间的贸易、投资与金融往来逐渐频繁，国际资本流动在此过程中的特点和内涵均有所发展。国际资本流动既受全球性因素也受一国国内因素影响，即国际资本流动动因可分为推动因素和拉动因素两类。为更好地开展研究，本书清晰界定了国际资本流动的内涵及动因。

一 国际资本流动的内涵

国际资本流动是指资本在国家间的流动（单向、双向或多向流动），即资本从一个国家或地区输出到另一个国家和地区，具体包括贷款、援助、投资、债务债券等流动形式。国际资本流动与商品、劳动国际流动的主要区别在于，国际资本流动不涉及所有权转移，仅为使用权的转移。长期国际资本流动指使用期限在一年以上或未规定使用期限的资本流动，包括国际直接投资、国际证券投资和国际贷款三种。短期国际资本流动指使用期限在一年以内的资本流动，包括贸易融资、短期投放、保值性资本流动和投机性资本流动等。

随着全球经济运行中的不确定性和不稳定性因素增多，2016年国际资本流动呈现出以下特点：第一，地区不平衡趋势仍然存在，发达经济体整体表现为资本净流出，新兴经济体表现为资本净流入；第二，2016年全球国际资本流动规模呈现缩减态势，据IMF发布的《世界经济展望》报告指出，2016年全球国际资本流动规模为1.33万亿美元，较2015年同比下降5.6%；第三，短期国际资本流动仍将占据主导地位。而且相较于FDI等长期国际资本流动，短期国际资本具有波动性强、流动规模变化较大、流动方向易变化等特点，对一国实体经济造成影响更突出。[①]

由于短期国际资本流动波动性强、规模大，对企业投资造成的冲击更大。长期国际资本流动分为FDI流、证券流和借贷流三种，这三种长期国际资本流动类型不同，对企业投资效率影响也不同，难以对比分析。因此根据上述国际资本流动特点，本书将国际资本流动内涵界定为，不同于以所有权转移为特征的商品劳务流动，而是以使用权转让为特征的，由国际经济交往活动引起的一年以内的资本资金流动。

（一）从资本输入输出角度理解

资本输入输出是资本流动的一种方式，但资本输入输出一般与投资、借贷等金融活动相关，且以营利为目的，与国际资本流动有交集，

---

① 张明：《中国面临的短期国际资本流动：不同方法与口径的规模测算》，《世界经济》2011年第2期。

但有较大差异，二者不能等同。当一国在国际收支上支出大于收入，需要用外汇储备或黄金来弥补国际收支逆差，外汇储备或黄金流失并不是以营利为目的，而是作为国际支付手段以维持国际收支平衡，属于国际资本流动范畴，而非资本输入输出。

（二）从资金流动角度理解

资金流动与国际资本流动一样，也是资本使用权的转让，而非所有权转移。但资金流动一般指资金一次性、不可逆的流转，而国际资本流动是资本资金在不同国家间的多次且可逆的流动，比如对外直接投资产生的资本外流，随后会伴随利润和投资资本收回而回流母国。而且现有国际资本流动周期较短，以1年期以内的短期流动为主。

（三）从国内资本流动角度理解

国内资本流动是资本所有者和使用者均在一国国内，未出现分离情况，而国际资本流动的资本所有者和使用者出现跨越国境的分离情况。再者国内资本流动一般会导致商品和服务的流动，即实际资本在国家内的流动，而国际资本流动主要是资本资金的跨国流动，鲜有涉及实际资本的跨国流动。

二 国际资本流动的动因

随着布雷顿森林体系瓦解，国际货币体系逐渐从固定汇率走向浮动汇率制度，资金跨国套利逐渐有利可图。而且随着经济全球化在全球逐渐展开，国际贸易和国际投资规模增长迅速，资金跨国流动需求越来越大，故越来越多国家开始放弃资本项目管制实行金融开放政策，进一步促使资金跨国流动更加频繁和活跃。国际金融环境变化带来的国际资本流动方向和规模的变化，促使学者深入研究国际资本流动的驱动因素。

（一）国际资本流动的推动因素

随着技术的进步和经济的发展，资本累积速度越来越快。尤其是冷战结束后，全球经济融合与一体化，国际关系迅速改善，国际贸易和国际投资规模快速膨胀，货物和劳动力的跨国流动也加大了资本的跨国流动。尤其是发达资本主义国家，资本累积过剩，收益率过低。国际资本在追逐利润最大化的本性驱使下，从低收益率的发达国家流向高收益率的发展中国家。国际经济活动日益紧密诱发资本跨国流动，故国际资本流动的推动因素，是指全球性因素驱动的资本流动。受资本逐利影响，国际资本追求的是高收益，而利率和汇率是影响国际资本收益的重要因素，也是国际资本流动的重要推动因素。

第一，利率。各国因发展程度不同而呈现差异较大的利率水平。利率水平的高低不仅决定了资本跨国流动的收益率，也直接影响资本跨国流动的方向。各国经济发展水平不同，而产生利差，驱使资本由低收益率的国家流向高收益率的国家，促进了资本分布的再平衡，有助于缓解欠发达地区的资金短缺问题。国际利率水平下降是 1989 年后资本跨国流入中等收入国家的重要因素，① 尤其是美国利率在流向新兴市场经济体的债券市场中发挥了重要作用，② 在与全球资产市场互联互通的国家，全球股票投资回报率与本国股票投资回报率之差推动了高频跨国股权资本流动。③

第二，汇率。自布雷顿森林体系瓦解以来，各国普遍实行浮动汇率制度，汇率波动浮动较大，而汇率的稳定也决定了资本流动，尤其是短期国际资本流动。如果一些国家人为抬高本币比值，或该国汇率较为不稳定，那么本币持有者有很强的本币贬值预期，从而将本币兑换为汇率稳定国的货币资产，资金在不同国家货币间兑换进而导致资本跨国流出，更为严重的则产生资本外逃。在国际金融危机期间，投资者的风险偏好会显著影响国际资本流动，当投资者普遍对未来持悲观态度，则资本流入会突然中止甚至出现反转现象；当投资者恢复信心后，资本流入也将逐渐恢复。④ 这表明，汇率导致的对该国预期差异，会传导到国际资本流动规模和方向上。

资本跨国流动存在监管、信息不对称等问题，故在国际资本流动中，追逐收益并不是唯一目的，还需要考虑资本安全性。当某国或某地区风险逐渐累积到投资者所不能承受的程度，投资者宁愿亏损也会卖出资产，导致资本外流。而风险因素主要受国内因素影响。

---

① Fernandez – Arias E, "The New Wave of Private Capital Inflows: Push or Pull?" *Journal of Development Economics*, Vol. 48, No. 2, 1996.

② Taylor M P, Sarno L, "Capital Flows to Developing Countries: Long – and Short – term Determinants", *The World Bank Economic Review*, Vol. 11, No. 3, 1997.

③ Griffin, J M, Nardari F, Stulz R M, "Are Daily Cross – border Equity Flows Pushed or Pulled?" *Review of Economics and Statistics*, Vol. 86, No. 3, 2004.

④ Milesi – Ferretti G M, Tille C, "The Great Retrenchment: International Capital Flows during the Global Financial Crisis", *Economic Policy*, Vol. 26, No. 66, 2011.

(二) 国际资本流动的拉动因素

经济发展程度决定了对资本需求程度,经济发展越成熟,其对资本需求越低。大多数发展中国家原始资本积累不足,国内储蓄难以支持经济发展所需的资本投资。为了开发本国资源,充分利用本国富裕的劳动力、自然资源等生产要素,发展中国家普遍需要利用国外资本来弥补经济发展所需资金缺口,以便扩大产品生产能力或引进先进技术和管理经验来研发新产品。故发展中国家普遍有吸引外资流入的政策,而这些政策是影响国际资本收益的重要因素,也是国际资本流动的重要拉动因素。

第一,经济政策。一国宏观经济政策会显著影响国际资本流动,尤其是发展中国家受困于本国储蓄不足问题,为了鼓励外资流入,往往愿意放松对金融的管制,意味着政府对资本的流入流出不加过多干预,资本流动便利化增加了国际资本流动的频率和规模。诸如放松金融管制等国家经济政策,有助于促进国家经济增长,而国内经济增长变化则是资本流动剧烈变化的最主要决定因素。①

第二,通货膨胀。一国如发生严重通货膨胀,持有者为了避免资产缩水,通常会卖出通货膨胀严重的货币资产,导致资本外流。对于发展中国家而言,严重通货膨胀往往由财政赤字引起,发展中国家的财政政策普遍缺乏弹性,财政赤字难以通过加税或缩小政府支出来弥补,故只能通过发行货币来弥补,加大通货膨胀压力。总之,财政赤字或通货膨胀会给予本币资产持有者财富缩水预期,增加国际资本外流压力,诱发经济不稳定,进一步加压国际资本外流。

第三,风险损失。文化、制度等差异使跨国资本流动存在显著的信息不对称及信息延迟问题。故潜在的政治、经济和战争风险均会导致货币资产持有者恐慌,甚至产生恐慌性资本外逃。政治风险主要包括被投资国的政局不稳定、法律不健全以及政治态度不友好等方面;经济风险主要包括被投资国的经济状况变差、经济前景黯淡、基础设施老旧等方面;战争风险主要包括被投资国存在爆发战争的可能性。无论是政治风险、经济风险还是战争风险,均会短期因恐慌情绪而产生大量挤兑,进而导致本币资产大幅贬值,进一步诱发资金挤兑外逃,甚至诱发经济危机。

---

① Forbes K J, Warnock F E, "Capital Flow Waves: Surges, Stops, Flight, and Retrenchment", *Journal of International Economics*, Vol. 88, No. 2, 2012.

(三) 推动因素和拉动因素的对比分析

推动因素和拉动因素作为国际资本流动的主要影响因素，究竟谁发挥主导作用仍未有定论。国际货币基金组织曾指出，1980 年至 2010 年，拉动作用显著高于推动作用，但之后推动因素对新兴市场经济体国际资本流动的作用显著上升，且高于对发达经济体国际资本流动的作用。[①] 2008 年国际金融危机爆发后，国际资本流动对新兴市场经济体的影响逐渐引起学者注意，危机爆发前及过程中，推动因素是国际资本流动的主导动因，而从 2009 年起，拉动因素逐渐取代推动因素成为国际资本流动的主导动因。[②] 也有学者认为推动因素促使拥有过剩资本的发达经济体开始对外进行资本输出，是触发新兴市场经济体资本流入激增的主要因素，但国家发展程度差异又决定了对国际资本流动吸引能力的差异，即拉动因素决定了资本流动的规模。[③]

综合来看，推动因素和拉动因素作用大小虽无定论，但二者均对国际资本流动有重要作用，尤其是对发展中国家而言，推动因素是导致资本由发达国家流向发展中国家的主要驱动力，而拉动因素是决定流入发展中国家资本规模的主要驱动力。国际货币基金组织在推动因素和拉动因素基础上，进一步细分了周期性因素和结构性因素。周期性因素包括全球流动性、投资者风险偏好等全球经济和国别经济周期性因素，而结构性因素包括人口老龄化、潜在增长率差异、金融市场信息技术变革等全球经济和国别经济制度性因素，如表 1-1 所示。

表 1-1　　　　　　　　国际资本流动的动因分类

	周期性因素	结构性因素
推动因素	美国十年期国债收益率较低 国际投资者偏好高风险投资	发达国家经济增长率普遍较低 国际资产投资组合多元化较高
拉动因素	资本流入国的利息收益较高 资本流入国的通货膨胀较低	资本流入国的经济增长率较高 资本流入国的贸易开放度较高

资料来源：IMF, *International capital flows: reliable or fickle?* World Economic Outlook, April 7, 2011.

[①] IMF, *The Fund's Role Regarding Cross-border Capital Flows*, the Strategy, Policy and Review and Legal Department, November 15, 2010.

[②] Fratzscher M, "Capital Flows, Push Versus Pull Factors and the Global Financial Crisis", *Journal of International Economics*, Vol. 88, No. 2, 2012.

[③] Ghosh A R, Qureshi M S, Kim J I, Zalduendo J, "Surges", *Journal of International Economics*, Vol. 92, No. 2, 2014.

推动因素和拉动因素作用大小无统一结论，也与研究者所采用数据有关，以国际资本总流动构成的宏观数据的风险敏感程度，与采用企业层面资产组合的微观数据差异较大。而且随着全球一体化推进以及信息技术发展，微观企业层面数据越来越重要，信息流动加快意味着微观企业对国际资本流动的感知和反应越来越敏捷。而且无论愿意与否，各国间的金融联系越来越紧密，资本跨国流动既能促进资本资源在全球的均衡分布，解决发展中国家经济发展缺乏资金和技术难题，但资金跨国流动也给经济稳定性带来了巨大压力。发展中国家要想既利用跨国资本发展本国经济，又减少对本国经济稳定的冲击，关键在于微观企业，流入的跨国资本不能进入投机行业，形成热钱吹大泡沫，而应流入急缺资金的新兴产业，提高企业的生产经营效率。企业利用跨国资本提高投资效率，进行研发新产品，能增强企业盈利能力和风险抵抗能力，良好的盈利能力一方面能增加资本吸引力；另一方面也能有效对冲资本外流风险。故就发展中国家而言，怎样借助国际资本发展本国产业和企业，增强自身拉动因素，才是吸引国际资本流动的有效驱动力。

第二节　国际资本流动的微观经济效应

国际资本流动对资本流入、流出国家乃至整个全球经济系统都有广泛的影响。国际贸易和国际投资增加了跨国资本需求，而国际资本流动也便利了国际贸易和国际投资，国际投资加速了生产国际化进程，跨国公司在世界各地组织生产，国家间的产品自由贸易推动了贸易自由化，而以出口信贷形式存在的国际贸易流动，也在贸易自由化过程中解决了贸易商资金周转与支付难题，推动了国际贸易规模的扩大。国际资本可借助现代化的通信和交易手段迅速从一国流向另一国，有效满足国际金融市场资金需求，增加了国际金融市场流动性，并降低国际金融交易成本。国际资本流动增加的流动性，有助于缓解发展中国家的资本欠缺困境，借助外部资本累积投资资本，促进经济增长。与此同时，国际资金在各国金融市场间流动也能使发达国家通过保有发展中国家的股票、债券等资产，共享发展中国家的发展成果，共同推动全球经济的繁荣。国际资本流动虽然能够为世界各国和国际金融市场带来便利与繁荣，但也会产生外汇、利率等种种风险，国际资本流动通过汇率的不正常波动，加大企业成本和收益核算难度，增加对外业务不确定性，也能通过改变企业外债的外汇价值，增加企业偿债负担，进而影响企业的发展战略。故本书将详述国际资本流动影响企业的经济效应及机制。

一 国际资本流动的企业投资效率效应

投资是企业正常运作成长的核心驱动力。现实中，企业需要把握成长机会，将企业资金投入需要投资领域，即投资要与自身发展情况相匹配，超过自身承受能力将导致投资过度。企业实际投资与合理投资如果存在偏差，将导致企业投资效率下降。企业投资的目的是获得更大利润，狭义的投资指的是非生产领域的投资，即投资人购买各种债券，如股票、企业债券、政府债券等。广义的投资包括企业的扩大再生产，即企业运用资金购买设备、原材料等用于扩大再生产的投资活动。企业运用资金进行的广泛投资，具有以下特点：第一，企业投资具有领域广泛、投资复杂等特点。企业投资不仅涉及收益核算，还要评估投资成本，需要在大量收集信息的基础上运用多种技术方法全面研究与投资项目有关的投资环境、风险、组织管理等系列环节，并且企业投资与其他类型投资具有很强的关联性，这些特点决定了企业做出投资决策过程中的复杂性。第二，企业投资周期较长，投资复杂性决定了投资具有长周期特点，投资者不仅需要花大量时间协调内外部关系，还需要在融资、投资、回收等环节投入大量时间和心血。企业做出投资决策后，还要面临经营管理、投资回收等环节，耗时较长且极易出现难以预料的风险。第三，企业投资具有连续性和波动性，企业投资周期长决定了投资不可能一蹴而就，需要根据投资项目进展，连续不断持续投资。第四，企业投资受大量风险和未知影响因素的影响和支配。即使企业的投资方向是对的，仍可能因为管理、内外部关系未处理好，导致整个项目失败。如果企业投资决策者非理性投资，注定了投资项目失败的命运。总体而言，企业投资具有周期长、波动大、风险大等特点，需要投资者具有非凡的投资经验和决策能力，且能根据现实情况灵活调整投资规模和策略。

基于不同的研究目的和视角，企业投资效率的定义并未统一。Richardson（2006）认为企业投资效率指企业偏离最优投资水平的程度，企业投资效率越高，偏离程度越低。① Myers 和 Majluf（1984）从净现值的视角界定企业投资效率，认为企业投资净现值为负的投资项目，则为过度投资。② Jensen（1986）首次提出从自由现金流的角度研究企业投资。③ Lang 和 Lizenberger（1989）利用托宾 Q 衡量未来收益，认为投向托宾 Q 值小于 1 的项目，为过度投资。④ 王成秋（2006）由收入、成本入手，用企业投资收入和成本比率衡量企业投资效率，⑤ 但该方法并未清晰界定投资成本和收入。牟小丽和杨孝安（2012）从资源配置效率视角，认为企业投资如能增加企业的价值，则投资是有效的，应该继续追加投资。⑥ 综合企业投资效率定义，企业投资效率应具有以下特点：第一，过度投资或投资不足均会导致企业实际投资偏离资源最优配置情况下的有效投资，即导致投资非效率。企业投资具有投资领域广，投资复杂等特点，面对如此复杂的投资决策，即使投资者是理性的，也可能因为对项目理解判断出错，导致过度投资或投资不足。而且根据非理性人假设可知，企业经理的投资决策是非理性的，与投资者情绪相关，决策者虽然能预期到未来收益率下降，但出于自身利益考虑而做出增加投资的决策。⑦ 非理性投资往往使企业投资难以达到最优状态。第二，企业投资效率易受外部环境影响，政治关系通过干预企业投融资活动扭曲企业生产经营业务，导致投资支出和投资机会敏感度较低，人为扭曲资源配置进而导致投资效率下降。第三，企业投资效率也易受内部环境影响，如自由现金流水平高的企业，管理者为了短期个人利益，往往利用企业充裕的资金而进行非必要投资，降低了企业的投资效率。

---

① Richardson S, "Over-investment of Free Cash Flow", *Review of Accounting Studies*, Vol. 11, No. 2, 2006.

② Myers S C, Majluf N S, "Corporate financing and Investment Decisions when Firms have Information that Investors do not have", *Journal of Financial Economics*, Vol. 13, No. 2, 1984.

③ Jensen M C, "Agency Costs of Free Cash Flow, Corporate Finance, and Takeovers", *American Economic Review*, Vol. 76, No. 2, 1986.

④ Lang L H P, Litzenberger R H., "Dividend announcements: Cash Flow Signalling vs. Free Cash Flow Hypothesis?" *Journal of Financial Economics*, Vol. 24, No. 1, 1989.

⑤ 王成秋：《对投资效率的界定》，《生产力研究》2006 年第 6 期。

⑥ 牟小丽、杨孝安：《投资效率文献综述》，《中国证券期货》2012 年第 7 期。

⑦ 朱伟骅、张宗新：《投资者情绪、市场波动与股市泡沫》，《经济理论与经济管理》2008 年第 2 期。

投资是企业未来经营发展的根基，而投资效率决定了企业投资成败，是其生存与发展的根基，更关乎整个国民经济的增长前景。尤其是在当前国际资本流动日益频繁的背景下，资本大量流入增加了发展中国家资本市场的流动性，企业融资渠道增加同时融资成本下降。企业管理者为了个人利益有动机增加投资，国际资本流动带来的大量海外资金增加了管理者道德风险，激进投资增加未来企业偿债压力，大规模企业债务违约将严重冲击国家信用，为资本外流乃至外逃创造了条件。而且中国中小微民营企业融资渠道不畅、融资成本高等难题一直是我国金融市场改革的重要发力对象，该问题未解决前，跨国资本出于风险考量，未必愿意流向信用水平较低的中小微民营企业，只能流向大企业和国有企业。大企业和国有企业本身信用水平较高，不缺资金，新增的融资资金会大量流入股市、楼市等热门资产，进一步吹大资产泡沫。国际资本流动有助于增加中国资本市场资本存量，解决中国企业面临的融资约束问题，但如果资本不能流向急需资金的新兴产业和中小微民营企业，难以进入实体经济助力经济高质量增长，将无助于提高中国企业的投资效率。故国际资本流动虽能增加资本市场的流动性，但由于政策扭曲、委托代理等问题产生投资非效率等情况，即投资不足和过度投资。[①] 从已有研究来看，国际资本流动要想发挥正的企业投资效率效应，关键在于能否缓解资本流入国的融资约束问题，改善资本配置效率。

二 国际资本流动的企业投资效率效应机制

在推动因素和拉动因素作用下，国际资本流入发展中国家，增加其资本市场流动性，将能整体缓解该国企业面临的融资约束问题，但不同区域、不同行业和不同类型的企业信用水平差异较大，未必能解决急需资金发展的企业融资难问题。故国际资本流动要想促进企业的投资效率，还需要改善资本配置效率，即资本流入国需要有相关配套措施引导资金进入高技术新兴产业和中小微企业，助力实体企业的研发生产活动，而非进入投机性领域导致资产泡沫膨胀。国际资本流动也会带来一定的社会冲击风险，而预防风险的最有效途径是提高企业经营绩效，增强企业、行业乃至整个国家的风险抵抗能力。国际资本流动要想发挥出理想的企业投资激励效应，需要共同疏通融资约束和资本配置机制，以

---

① 徐一民、张志宏：《产品市场竞争、政府控制与投资效率》，《软科学》2010年第12期。

最大化利用国际资本带来的流动性。

（一）融资约束机制

企业融资约束指企业在对外融资时受到的限制。投资资金有外部和内部两种，在完全资本市场情况下，外部融资和内部融资成本相同。但外部融资成本过高，使企业难以获得项目运作所需的资金，或者在同样条件下，比其他企业外部融资成本更高。[①] 因此融资约束主要是指企业受困于外部融资成本过高而难以获得足够的项目运作资金。现代企业投资理论认为，企业价值在于未来的盈利能力，而非企业的净值或内部资金。为了增强企业未来盈利能力，企业有不断增加投资的动力。[②] 企业融资约束具有以下特点：第一，融资约束将使企业投资决策扭曲，高昂的外部融资成本将使企业铤而走险，投资高风险高收益的项目，但一旦项目投资失败将危及企业运营根基。第二，虽然在资本市场处于完全竞争态势下，企业投资不受融资成本影响，但现实情况中，完全资本市场是不存在的。由于受信息不对称、委托代理和交易成本等问题影响，融资约束具有广泛存在、不可直接观察等特点，导致融资约束度量存在很大分歧。[③] 目前融资约束主要度量方法有投资—现金流敏感度方法[④]、现金—现金流敏感度方法[⑤]、WW 指标[⑥]、KZ 指标[⑦]、HP 指标[⑧]等。融资约束指标体系未统一，也说明融资约束问题的复杂性。

民营企业在带动就业、增加出口方面做出了重要贡献，而中小微企业作为经济发展的毛细血管，充分发挥小企业灵活生产特点，为完善中

[①] Kaplan S N, Zingales L, "Investment – Cash Flow Sensitivities are not Valid Measures of Financing Constraints", *The Quarterly Journal of Economics*, Vol. 115, No. 2, 2000.

[②] 张彬、葛伟：《总投资和未来收益率的长期关系及影响机制：基于贝叶斯估计方法的实证分析》，《经济理论与经济管理》2017 年第 7 期。

[③] 喻坤、李治国、张晓蓉、徐剑刚：《企业投资效率之谜：融资约束假说与货币政策冲击》，《经济研究》2014 年第 5 期。

[④] 余子良、佟家栋：《所有制、出口行为与企业融资约束》，《世界经济》2016 年第 3 期。

[⑤] Khurana I K, Martin X, Pereira R, "Financial Development and the Cash Flow Sensitivity of Cash", *Journal of Financial and Quantitative Analysis*, Vol. 41, No. 4, 2006.

[⑥] Whited T M, Wu G, "Financial Constraints Risk", *The Review of Financial Studies*, Vol. 19, No. 2, 2006.

[⑦] Kaplan S N, Zingales L, "Do Financing Constraints Explain Why Investment is Correlated with Cash Flow?" *National Bureau of Economic Research*, No. w5267, 2000.

[⑧] Hadlock C J, Pierce J R, "New Evidence on Measuring Financial Constraints：Moving Beyond the KZ Index", *The Review of Financial Studies*, Vol. 23, No. 5, 2010.

国产业供应链和填补产业生产能力空缺做出了重要贡献。但近年来随着我国经济结构调整，本就处于融资弱势地位的中小微民营企业融资约束难题更加突出。国际资本流动一方面增加了企业可利用融资渠道，增加中国资本存量规模，增加中小微民营企业融资规模并降低融资成本；另一方面市场化条件下跨国资本更偏爱低风险、高盈利的国有企业和大型企业，而中小微民营企业信用水平低、生产经营不确定性特征降低了其利用外资能力，甚至恶化其融资约束问题。我国资本市场羊群效应明显，资本抱团现象较为严重，由于信息缺乏，跨国资本更偏好信用水平高、具备一定垄断条件的行业和企业。而该类行业和企业大多属于国有企业和大型企业，在中国资本市场融资能力本来就很强，跨国资本带来的大量资金流入，并不能解决企业发展面临的问题，反而因管理层的道德问题，加重该类行业和企业的非必要投资，造成重复投资，降低企业投资效率。对社会发展做出重要贡献的中小微企业，融资渠道较少且融资成本高，缺少设备更新和技术升级所需资金，降低了其竞争能力。而且随着信息通信技术发展，大企业经营管理控制能力增强，其企业发展边界逐渐延展，如美团、京东、淘宝等大型互联网企业纷纷介入传统社区型农贸市场，大企业雄厚的资金实力和竞争能力，也降低了中小微民营企业的生产经营信心。也就是说，即使跨国资本肯流向中小微民营企业，企业的经营者也未必愿意增加债务扩大生产投资，其结果必然是中小微民营企业萎缩，经济造血和循环功能下降。中小微民营企业的健康发展不仅影响中国数千万劳动者就业，也会影响经济主体活力，严重阻碍经济高质量发展。因此怎样合理引导跨国资本流入新兴产业和中小微民营企业以解决其面临的严重融资约束问题，增加实体经济活力，是中国合理利用国际资本流动的关键，也是本书重点研究的问题。

（二）资本配置效率机制

资本配置效率是指使稀缺的资本流向边际效率高的区域、行业、企业等经济部门的有效程度。[1] 资本配置效率高意味着资本流向边际产出高的部门，即资本由效益差的行业（企业）流向效益高的行业（企业），实现资本资源帕累托最优配置。资本配置效率可分为企业内部和

---

[1] 陆桂贤、许承明、许凤娇：《金融深化与地区资本配置效率的再检验：1999—2013》，《国际金融研究》2016 年第 3 期。

外部资本配置效率。从企业内部来看，资本配置效率由企业管理者内部资金分配决定。从企业外部来看，资本配置效率由企业外部投资者决定，外部投资者通过资本市场将资本流向效率不同的行业和企业，进而影响不同行业和企业的投资效率。资本配置效率具有以下特点：第一，国际资本自由流动导致与国内资本竞争加剧，有助于引导外部投资者将资本投向效率高的行业和企业。高效率的资本配置能引导资本由低效企业流向高效企业，保护优质企业和项目的良好发展。低效企业资本流出将导致这类企业选择投资次优项目，减少企业过多不合理投资。而且高效企业资本流入将提高企业合理的投资规模。第二，由于存在信息不对称、政府干预等问题，资本配置效率并没有处于高效率状态。政府可通过征税、产业政策等方式影响企业生产活动，提高资本配置效率。但当前中国处于转型时期，政府过度干预反而降低资本配置效率。① 国际资本自由流动，增加资本来源渠道，如果国际资本和国内资本竞争能提高资本配置效率，将有助于解决企业过度投资或投资不足等非效率投资问题。第三，资本配置效率因企业内外部不同而有差异，内部资本配置效率主要采用非效率投资模型来衡量，② 外部资本配置效率主要采用投资增加值弹性系数来衡量③。本书主要研究国际资本流动对企业投资效率影响，即跨国资本与国内资本竞争影响企业的外部资本配置效率。

由于出口、投资驱动工业经济增长的模式是不可持续的，其面临严峻的效率问题，近年来中国一直尝试转变经济发展驱动力，实现高质量发展。总投资增加导致企业投资效率下降，进而未来收益率下降，而为了维持收益，只能增加总投资，导致投资效率进一步下降，形成恶性循环，出现"饮鸩止渴"现象。总投资和未来收益率负相关关系对金融和经济发展具有重要影响，比如金融市场可通过影响企业投资决策加剧经济周期波动。经济高速增长期，企业融资成本较低，存在过度投资现象，当处于经济紧缩期，融资成本增大，存在投资不足现象，金融市场

---

① 陈德球、李思飞、钟昀珈：《政府质量、投资与资本配置效率》，《世界经济》2012年第3期。

② Richardson S, "Over - investment of Free Cash Flow", *Review of Accounting Studies*, Vol. 11, No. 2, 2006.

③ Wurgler J, "Financial Markets and the Allocation of Capital", *Journal of Financial Economics*, Vol. 58, No. 2, 2000.

资金波动通过投资将放大经济周期波动。总投资增多，效率下降，这意味着经济结构不合理，资本资源配置效率低下，即出现"饮鸩止渴"现象。过剩产能本已过度投资，而为了维持自身利益，企业、地方政府均有增加投资的动力，投资的增加腐蚀盈利能力进而诱发增加投资，很好解释了供给侧过剩产能难以短期解决的原因。

国际资本流动带来的跨国资本一方面可因羊群效应而跟随存量投资方向，将资金投向过剩产能，进一步恶化本已较为严重的过剩产能；另一方面跨国资本与国内资本竞争，也会迫使资本选择高风险而未来具有高回报的项目，为投资不足的新兴产业提供发展资本，改善资本配置效率，进而提高企业的投资效率。故与融资约束机制一样，国际资本流动的企业投资效率效应机制结果未定，取决于跨国资本是入乡随俗还是增加竞争，在此过程中，政府应完善宏观调配职能，引导资金流向。政府应限制银行贷款和财政资金投资落后产能的资金量，逐渐有序降低对落后产能的投资，并且鼓励企业职工再培训转岗安置，妥善解决好职工安置问题，明确地方政府和企业管理层的权责问题，给"去产能"划定清晰的时间表。政府还应加大对"短板"产业扶持力度，增加"短板"产业前期投资，提升未来收益率同时吸引更多国际资本投资，形成良性互动局面，为企业创新奠定良好的创新环境，构建创新生态系统支撑企业持续创新活动。并引导国际资金流向未来具有长足发展潜力的短板产业，充分优化国际资本配置，为中国供给端结构性改革提供良好的融资环境和融资支持。为了最大限度发挥国际资本流动的企业投资效率效应，本书将分析国际资本流动通过融资约束和资本资源配置效率机制对企业投资效率的影响，为后续政策建议提供理论和实证基础。

第三节 国际资本流动和企业投资理论

随着中国经济进一步开放，国际资本流动相关研究也逐渐增多。然而关于国际资本流动和企业投资的相关理论研究已经数代发展，早已形成完备的体系。因此，本节将从国际资本流动、企业投资效率及二者间关系三方面详细梳理相关理论研究。早期，国际贸易开展需要资本进行支付，因此国际资本流动伴随着国际贸易的发展而发展。早期的研究中，国际资本流动理论是国际贸易理论的重要组成部分，主要关注国际资本流动的动因、对经济危机影响、对国际收支的影响等。第二次世界大战以后，金本位货币制度终结，布雷顿森林体系取而代之，该体系规定了多边支付和经济项目可兑换，并保留了相应的资本管制。该体系使原先独立分割的金融体系联系在一起，各国利率变动越来越同步，而且各国货币政策也越来越难以调和，因此国际资本流动理论扩展了早期国际资本流动理论的内容和方法，将研究视角由发达国家转移到发展中国家上，并开始区分国际资本流动的短期和长期，探讨国际资本流动的机制分析。20世纪80年代，随着经济全球化不断深入，发展中国家也开始逐渐融入全球化进程中，不断推进金融自由化。随着衍生金融工具的不断创新，国际资本流动逐渐趋向证券化、衍生化、全球化。国际资本流动带来的资本配置效率提升，显著促进了全球经济增长，但各国碎片化的监管政策已不适应资本全球流动趋势，导致国际资本的供求和价格变化不确定性增强，增加了国际金融危机发生概率。因此学者着重强调国际资本流动的突发性研究，而且研究方向更为细化，形成不同类型的理论体系。但国际资本流动宏观经济影响理论的结论并未统一，因此国际资本流动后续研究逐渐关注国际资本流动的微观经济基础。企业投资理论可按照发展脉络将其分为古典经济学及其之前企业投资理论、新古典经济学传统企业投资理论、现代企业投资理论。公司治理框架下的现代企业投资理论重点从公司内部治理角度来解决信息不对称导致的逆向选择问题和代理人问题，进而导致企业投资的非效率问题。

一 国际资本流动理论

鉴于当时的国际贸易是世界经济发展的主流，国际资本流动理论仅散布在国际贸易理论中。但随后伴随着经济全球化发展，国际资本流动逐渐由国际贸易实体经济向国际金融虚拟经济过渡。这既为发展中国家发展提供大量资金，又引发了全球性资本外逃等经济金融危机。本小节将从发展脉络角度归纳国际资本流动相关理论。

（一）国际资本流动理论的起源

18世纪中期以蒸汽机为代表的第一次科技革命极大提高了欧洲国家的工业生产能力，专业化分工生产导致这些国家积累了大量工业产品，为国际贸易快速发展奠定了物质基础。与此同时，国际资本流动理论也随国际贸易理论发展而萌芽。学者也开始研究国际资本流动的动因、影响等现实问题，逐渐形成早期国际资本流动理论。

随着国际贸易兴起，国际资本流动规模急剧扩大，并且出现了大量与贸易无关的国际资本流动情况。基于国际资本流动的新情况，学者逐渐开始研究国际资本全球流动的动因，主要包括单动因理论和复动因理论。单动因理论指的是某国生产某种产品如果具有比较优势，那么国际资本可投资该国生产具有比较优势产品，进而通过国际贸易获得更高的收入。[①] 因此，单动因理论认为超额利润是国际资本流动的唯一动因。随着理论发展，也有研究将利率视为国际资本流动的唯一动因，国际资本流向利率高的国家，以获得超额收益。但单动因理论仅将国际资本流动归为利率因素，无法解释经济危机发生后高利润的发展中国家也会发生大规模的资本外流。可见，国际资本流动绝非为了获得超额利润而流向高利率国家那么简单。

复动因理论从投资者的风险规模、个人偏好等更广泛的视角解释国际资本跨国转移的原因。投资者投资风格很难统一，对投资风险忍受程度差异也较大，投资者因投资技巧和偏好不同而导致的异质资本流动，很好解释了即使不存在利差，一国也存在资本的流入和流出。19世纪中后期以后，经济危机呈现周期性复发，且发生频率越来越快，在危机期间，国际资本流动波动异常，显然不是为了获得超额利润，而是为了规模风险。因此越来越多的学者开始研究国际资本流动与经济危机的关系。自1825年英国第一次经济危机以来，周期性经济危机对人们影响越来越大，经济危机不仅严重破坏了资本主义国家的社会生产和社会财富，而且国际资本的外流也加大了危机的破坏作用。也有学者发现黄金外流并不是信用危机的原因，而是贵金属外流在产业周期紧缩时加剧了信用危机，即资本流动是经济危机的加速器。[②] 这意味着资本的流入国信用恶化将加剧资本外流，而资本外流将进一步加剧信用恶化，形成恶性循环。[③] 复动因理论扩展了超额利润单动因理论，使理论现实解释能力大增，如政治安全和经济稳定可降低资本跨国流动的成本，进而降低

---

① [英] 彼罗·斯拉法：《李嘉图著作和通信集：政治经济学及赋税原理》，郭大力、王亚南译，商务印书馆1962年版，第120页。

② 马克思：《资本论》（第三卷），人民出版社2004年版，第645—646页。

③ [英] 阿尔弗雷德·马歇尔：《货币、信用与商业》，叶兀龙、敦家麟译，商务印书馆1986年版，第10—11页。

投资者投资风险，而且资产组合分散化投资、增加友好国家投资进一步解释了国际投资者的投资偏好。随着周期性经济危机愈加频繁，复动因理论也试图分析国际资本流动与危机间的关系，但尚未意识到国际资本流动的短期冲击，及对发展中国家的影响。

（二）国际资本流动理论的动因理论

第一次世界大战以后，伴随着产业转移，短期国际资本流动规模显著增加，引起学者的普遍重视和研究，形成短期国际资本流动理论。古典利率理论学派认为汇率和利率是短期国际资本流动的主要因素，黄金外流会导致信用紧缩和利率提高，只要短期利差存在，就会发生短期国际资本流动，直到利率达到均衡。国家中央银行政策也将决定短期国际资本流动的方向，利率、资本效率等因素对短期和长期国际资本流动的影响相同。国际资本流动规模扩大的同时，国际收支也越来越不平衡。为了解决国际收支不均衡问题，资本流出问题应该通过调节货币政策来实现，即出现顺差的应调低利率，鼓励资本流出，而出现逆差的应提高利率，促进国际资本回流。第一次世界大战后，学者从利率和汇率角度，初步认识了短期国际资本流动的动因，并试图通过国内政策来调整资本流动方向和规模。

第二次世界大战之后，民族独立和国家解放风起云涌，但发展中国家和发达国家在工业、技术等方面差距越来越大，发展的不均衡极易产生国际资本外逃。出于避险考虑，国际资本往往流向工业发达国家，而部分发展中国家由于腐败、无效率甚至爆发战乱而具有很大不确定性，往往成为资本净流出国。国际资本流动理论认为利率是影响资本流动的主要因素，当国外利率高于国内利率，资本外流将持续下去，直到国内外利率相等。国际收支失衡可以由利率来解决，因为当国际储备较低时，利率增加会使资本流入。[①] 因此国际资本存量理论认为，投资者的避险因素是决定国际资本流动的重要因素，因此投资组合中投资对象多元化有助于分散风险，从而引起资本的国际流动。Markowitz（1952）在流量理论基础上，形成了多元化投资的存量理论，投资于不同的资产组合可以降低风险，提高收益的稳定性，故理性投资者应分散投资不同

---

① Mundell R A, "The Pure Theory of International Trade", *The American Economic Review*, Vol. 50, No. 1, 1960.

国家的优质资产，多元化投资将引起资本的跨国流动。[①] 国际资本流动理论也认为国际资本流动仅仅是货币现象，货币需求会因产出增加而增加，当该国利率上升时，恶化了国际收支，即短期国际资本流动决定了该国利率水平，长期国际资本流动受货币存量和国内信贷政策影响。

随着技术发展，国际资本流动规模越来越大，关于国际资本流动动因争论也越来越多。古典利率理论认为利差是国际资本流动的主要原因，而现代国际资本理论继承古典金本位制的经济思想，认为利率与国际资本流动之间是短期关系，还需进行长期关系分析。除了利率动因外，还有学者认为利率、风险也是国际资本流动的重要动因，逐渐形成利率汇率联合决定、现代利率平价等理论。资产组合理论质疑利率是国际资本流动的主要因素，认为投资者的风险认知和资本流入国的风险水平在跨国资本流动方向和规模中起到重要作用。总之，第一次世界大战以来，国际资本流动出现了不同以往的发展特点和趋势，短期国际资本流动引起学者重视，尤其是短期国际资本流动诱发的货币金融危机。

（三）国际资本流动理论的危机理论

20世纪80年代后，国际经济危机爆发频率加快，且破坏力增大，许多学者开始从国际资本流动视角研究分析宏观经济危机频发的原因。交易成本理论认为交易成本是国际资本流动的重要影响因素，搜索信息成本、谈判成本以及监督成本等直接和间接成本将显著影响国际资本流动，而通信技术的快速发展、金融工具的不断创新、资本管制的不断放松都将降低交易成本，从而促进国际资本流动的规模和频率不断创新高。

国际收支危机理论认为，政府失当的财政政策和货币政策导致投资者预见到汇率的变动，并进行相反对冲，进而导致政府外汇储备减少，国际收支不平衡进一步导致资本外逃，进而产生经济危机。20世纪70年代初布雷顿森林体系的固定汇率解体，取而代之的是浮动汇率。浮动汇率制度加剧了国际资本流动的不确定性。Krugman（1979）建立了国际收支危机理论，认为政府的经济政策与当前的经济环境不一致时，经济下滑将使投资者预测到汇率变动，从而调整投资策略降低投资损失，投资者抢兑外汇，降低该国的外汇储备，诱发金融危机，国际资本将加

---

① Markowitz H, "Portfolio Selection", *The Journal of Finance*, Vol. 7, No. 1, 1952.

速外逃。① 后续学者在此基础上加入通货膨胀因素，当本国大量供给货币时，将推升通胀预期，投机者将大量抛售本国货币而购买政府持有的外汇，政府外汇耗光后，固定汇率将转变为浮动汇率，说明固定汇率制度下，积极的货币政策和财政政策推升的通胀预期会引起国际收支状况恶化，导致资本外逃。②

货币危机预期理论是在国际收支危机理论基础上提出的，认为即使所有的政府政策均合理，投机冲击仍然会存在。③ 随着经济快速发展，更具投机性的私人资本逐渐取代政府资本成为国际资本流动的主力。浮动汇率制度下，政府会将汇率固定在某个区间，并保持汇率的稳定。但只要有投机者认为能倒逼政府做出汇率调整，那么投机套利行为就会发生。民众预期能抵消政府政策的作用，例如在发生危机时，政府维持汇率稳定成本与民众预期有关，当民众货币贬值预期较大，则政府应该采取货币贬值，而非一味消耗宝贵的外汇储备。

金融恐慌理论认为投资者存在"羊群效应"等非理性行为，将使银行等金融机构遭受挤兑风险，金融恐慌情绪导致国际资本大幅外流。国内金融市场上，由于存在破产法等制度保障，金融机构发生挤兑风险较低。但在国际金融市场上，由于各国之间的监管协调机制有待完善，危机发生后的相关保障机制有限，极易发生挤兑风险。④ 一旦投资者预期其他投资者将撤离资本时，其最优策略是赶在其他投资者之前撤离资本，这种集体迅速撤离行为，将在短期内产生资本大规模突发外逃。国际资本流动的短期逆转是1997年亚洲金融危机的重要诱因。⑤

道德风险理论认为金融机构出于自身利益考虑，通过政府担保和特殊保护，将从国际资本市场借来的资本投入已出现泡沫的国内股票市场

---

① Krugman P, "A Model of Balance – of – payments Crises", *Journal of Money, Credit and Banking*, Vol. 11, No. 3, 1979.

② Flood, R P, Garber P M, "Collapsing Exchange – rate Regimes: Some Linear Examples", *Journal of International Economic*, Vol. 17, No. 1, 1984.

③ Obstfeld M., "Models of Currency Crises with Self – fulfilling Features", *European Economic Review*, Vol. 40, No. 3, 1996.

④ Diamond D W, Dybvig P H, "Bank Runs, Deposit Insurance, and Liquidity", *Journal of Political Economy*, Vol. 91, No. 3, 1983.

⑤ Radelet S, Sachs J D, Cooper R N, "The East Asian Financial Crisis: Diagnosis, Remedies, Prospects", *Brookings Papers on Economic Activity*, Vol. 1998, No. 1, 1998.

和房地产市场,加剧了泡沫的严重程度,直至泡沫破灭,从而导致大量的资本外逃。东亚国家金融危机发生根源在于这些国家的金融资产泡沫化[①],东亚国家金融机构普遍能得到政府的担保和保护,权利和责任不对等导致这些金融机构存在严重的道德风险,而融资便利性更加重了金融机构投机于高风险高收益的项目,形成巨大的金融资产泡沫,泡沫破灭诱发金融动荡,促使资本大量外逃,引发新一轮的货币贬值和银行挤兑,恶性循环下最终酝酿成金融危机。故发展中国家因为国内组织提供免费金融服务从而导致外资的非理性流入、流出,极易诱发严重的经济危机。

随着国际资本流动越来越频繁、规模越来越大,国际资本流动理论逐渐从国际贸易理论中分离,而且随着相关理论演进面临的新情况、新问题,逐渐由简单的动因分析拓展到现在的突发逆转性分析,并试图对国际资本流动全球化现象进行合理解释。这些理论大部分从宏观国家出发,揭示国际资本流动的影响及影响机制,也有部分理论从微观个体视角研究分析短期国际资本流动的动因以及金融危机爆发原因,如金融恐慌理论和道德风险理论均从投资者、政府等个体行为解读国际资本流动对经济危机的影响。但投资者预期突变和跨国资本突发逆转流动,并不是短期内能形成的,也就是说国际资本流入吹大资产泡沫,助长非理性投资是长期形成的。那么为何跨国资本流入发展中国家是吹大资产泡沫,而非解决实业发展所面临的融资约束问题,资本资源错配又在该过程中起到什么作用,都值得我们进一步探究。

二 企业投资理论

企业壮大发展离不开企业的投资,因此投资理论研究是经济学、金融学领域中最古老的话题之一。早在16世纪之前的约2000年时间里,古代的哲学家察觉到了互惠交互、价值增量等投资"产出要大于投入"的基本思想。随着对企业性质的认识不断深入,与投资有关的经济理论逐渐成型,并在指导企业生产经营过程中逐渐发展完善。

(一)古典经济学及其之前的企业投资理论

由于古典经济学及其之前的经济学重点研究分工理论、生产和经济

[①] Mishkin F S,"Lessons from the Asian Crisis",*Journal of International Money and Finance*, Vol. 18, No. 4, 1999.

增长理论,而此时尚未形成完整的投资理论体系和模型,与投资相关的知识散落在上述理论中。16 世纪初,重商主义开始关注如何利用国家垄断资源和经济管制手段,将商品在国外销售,以囤积黄金等贵金属实现国家富强的目的。其实从投资视角来看,该问题属于国家投资理论和投资行为问题,即国家通过向国外倾销商品来源源不断囤积黄金等贵金属,在国家间赚取差价,获得投资收益。经济在由重商主义向自由经济过渡中,逐渐重视土地的价值,体现了对生产投入要素的早期认识,逐渐形成了重农主义。重农主义学派通过循环流程模型探讨经济政策,生产行业在生产过程中生产的产品量要远大于所消耗的资源,才能创造价值,实现收益。重商主义过渡到重农主义,体现了学者对投入要素、剩余增值的更深层次认知。

18 世纪末,经济开始由重商主义、重农主义逐渐转入自由经济主义时代,与之前的研究相比,自由经济主义者开始强调资本利润、资本用途及风险收益间的关系,经济学家开始试图通过阐述资本投资方式、外国投资、投资行业选择等构建系统的企业投资风险理论。自由主义学派批评重商主义仅把国际贸易作为财富来源的错误认识,重点强调经济需要由流通领域转向生产领域。财富累积应该包含国际贸易带来的财富储蓄和投资带来的财富增值两部分,并认为储蓄和投资间可无障碍转换。

总体来看,古典经济学及其之前的经济学重点关注分工理论、价值理论、生产理论和经济增长理论,即财富的生产、累积、分配等经济发展内容,而有关投资的概念、劳动力、土地、资本等生产要素零散分布在上述理论当中,并未形成较为完整的企业投资理论。但古典主义经济学家已逐渐开始认识到财富的本质,抛弃了古典重商主义对金银等贵金属崇拜的思想,转而研究通过专业分工协作来提高生产效率,进而累积财富,逐渐体现了企业投资的理论思想,只不过多强调自由竞争的市场机制,反对国家等外部因素对市场经济的干预。

(二)新古典经济学的传统企业投资理论

经过古典经济学及以前的企业投资理论沉淀,加之 20 世纪之后,资本主义经济发展和数学工具的出现,新古典经济主义在继承古典经济主义基础上,以边际效应和需求分布替代了古典经济主义的劳动价值论和供给理论,逐渐形成了加速器投资理论、流动性投资理论、新古典投资理论和投资 Q 理论等一系列较有影响的投资理论，企业投资理论得到进一步的发展。

加速器投资理论认为最佳资本存量与产出成正比，随后每一期的净投入需要满足最佳资本存量的变动，企业产出规模才能最大化。该理论是较早出现的规范投资模型，其通常与乘数理论相结合，用来解释经济周期的波动。[1] 但该理论要求企业维持不变的资本产出比，忽略了技术进步等客观现实情况，因此与现实状况差别较大。也就是说加速器投资理论应对的是短暂、瞬时的销售量变化，而企业固定资产投资是用来进行长期生产的，如果销售量发生轻微增长，相对应的固定资产投资也会发生迅速的巨幅调整，反之亦然。该理论要求企业家能充分掌握市场信息，并能果断做出判断，以迅速调整企业投资方向和规模。但随着企业中出现信息不对称和代理问题，企业家难以快速做出反应，故逐渐形成流动性投资理论，该理论认为企业投资所需资金优先选择企业内部筹资，企业内部的现金流将影响企业的投资决策。加速器投资理论和流动性投资理论在新古典框架下把投资看作资本累积的过程，从而混淆了投资理论和资本理论，而且在静态比较分析框架中，缺乏严密的理论基础。

新古典投资理论将新古典生产函数引入企业投资函数，利用连续的动态优化模型描述厂商的投资行为，并在考虑劳动力、资本等生产要素可替代情况下，寻求投资行为最优解。[2] 随后，许多学者在该理论基础上，逐渐将规模收益、投资滞后项等代入研究模型，逐渐改善该理论模型。该理论模型修正了加速器投资理论和流动性投资理论中出现的问题，刻画了企业的投入和产出过程，但该理论并未考虑内外融资差异，即该理论认为主要企业投资收入大于成本，就能融入足够的资本进行项目投资。由于内外融资成本存在较大差异，为了弥补新古典投资理论，学者在模型中加入技术、预期等动态因素，形成了投资 Q 理论。[3] 该理

---

[1] Clark J M, "Business Acceleration and the Law of Demand: A Technical Factor in Economic Cycles", *Journal of Political Economy*, Vol. 25, No. 3, 1917.

[2] Jorgenson D W, Siebert C D, "A Comparison of Alternative Theories of Corporate Investment Behavior", *The American Economic Review*, Vol. 58, No. 4, 1968.

[3] Tobin J, "Monetary Policies and the Economy: The Transmission Mechanism", *Southern Economic Journal*, Vol. 44, No. 3, 1978.

论在资本市场有效性、生产和要素市场充分竞争等系列假设下，构建能充分反映企业投资机会的 Q 值。投资 Q 理论用 Q 值替代企业是否具有投资机会，简化了研究方法和计算过程，但该理论是在资本市场有效等系列严格假设条件下才能成立，其应用范围受限。

综合来看，新古典经济学范式下的传统企业投资理论，借鉴了新古典经济学的分析框架，在市场充分竞争条件下探究企业投资的最优规模。但该系列理论将企业视为同质点，忽略了企业异质性对融资成本、融资渠道等企业投资决策重要环节的影响。例如同一行业的两家企业，即使拥有同样的托宾 Q 值，国有企业的融资成本要远低于民营企业，相应的最优投资规模也将更大。另外，国有企业由于所有权虚位而导致存在严重的委托代理问题，企业生产经营管理者因害怕承担投资风险，而降低投资规模，导致实际投资规模远低于理论最大值。故企业异质性对企业投资影响较为复杂，而新古典经济学范式下的传统企业投资理论将企业同质化，显然对现实问题解释力将大打折扣。

（三）公司治理框架下的现代企业投资理论

随着计量工具和数据采集技术发展，现代企业投资理论逐渐从微观企业主体内部来探讨企业投资非效率产生的原因，如探究内部委托代理、外部的融资约束环境和资本资源错配等问题对企业效率投资的影响。

MM 理论（美国学者 Modigliani 和 Miller 的简称）在理性人假设、信息充分和完美市场竞争条件下，研究了资本结构选择与企业价值等系列企业内外部活动关系，解决了企业同质假设的缺陷。[1] 该理论认为，当公司处于完全竞争的市场环境下，投资收益将不受公司融资行为的影响，投资活动与融资活动二者间实现了相互隔离。但 MM 理论中的完全竞争市场，不存在所得税、企业破产风险等系列严格假设与现实状况不符。随后，许多学者放宽限制条件，将所得税、负债融资的破产风险因素纳入研究模型中，进一步发展形成权衡理论，资本市场不完善时，公司的价值随资本结构的变化而变化，负债公司的价值会超过无负债公司

---

[1] Modigliani F, Miller M H, "The Cost of Capital, Corporation Finance and the Theory of Investment", *The American Economic Review*, Vol. 48, No. 3, 1958.

的价值，且负债规模越大，相应的企业价值也越大。① 但经过改进后的模型，由于仍存在较为严苛的假设条件，如资本市场信息对称、完全竞争条件等，导致该模型理论结果与实证结果存在不一致。

随着公司治理理论的进一步完善，假设条件进一步放宽，形成了公司治理框架下的现代企业投资理论。该理论在信息不对称演进条件下，提出了股权分散下的现代企业投资理论。该理论模型认为企业现代化大生产要求企业不断发展壮大，而规模做大带来了严重的管理问题，因此企业必须通过资本层层联合分离所有权和经营权，来解决个人投资者能力不足的问题。股东和经理等高管出于理性思考，都会追求自身利益最大化，作为代理人的高管很可能通过过度投资等非理性投资来将公司财富转换成个人财富。随后围绕委托代理理论模型出现了系列分裂研究：其一，自由现金流假设，该假设认为当企业投资项目完成后，应将剩余资金分配给股东，但高管基于私人利益却将这些资金投入收益较差的项目，导致企业投资过度，② 这种自由现金流导致的过度非效率投资，主要因为公司利益的非对称性分配。其二，风险规避假设，自由现金流导致的是过度非效率投资，而风险规避假设认为股东和高管为了规避风险，进而导致企业投资不足，导致企业投资效率低下③，该现象在国有企业出现较多。其三，短视主义行为理论，由于高管任职期限有限，在较短任职期限内，高管为了自己的名声和利益，会牺牲长期战略发展利益，在做投资决策时仅考虑短期现实利益，而忽视了企业长期发展利益，延误企业发展甚至导致企业破产。④ 其四，敲竹杠理论，该理论与短视主义行为理论相反，认为高管为了能够延长自己的在职时间，会刻意寻找长期项目，以防止股东随意解雇自己，长期项目增加了经理与股

---

① Baxter N D, "Leverage, Risk of Ruin and the Cost of Capital", *the Journal of Finance*, Vol. 22, No. 3, 1967.

② Jensen M C, "Agency Costs of Free Cash Flow, Corporate Finance, and Takeovers", *The American Economic Review*, Vol. 76, No. 2, 1986.

③ Holmstrom B, Costa J R I, "Managerial Incentives and Capital Management", *The Quarterly Journal of Economics*, Vol. 101, No. 4, 1986.

④ Bebchuk L A, Stole L A, "Do Short-term Objectives Lead to Under- or Overinvestment in Long-term Projects?" *The Journal of Finance*, Vol. 48, No. 2, 1993.

东讨价还价的资本，有利于高管的个人利益，而使企业长期利益受损。①

委托代理人问题从公司治理角度考虑企业投资效率问题，但忽略了企业融资环境的影响。故有学者将融资成本因素纳入企业投资分析框架中，并认为如果企业内部资金不足就会依赖外部资金投资，由于信息非对称和代理人问题导致外部融资成本过高，限制了企业进一步投资，导致企业投资不足。② 针对上述研究思路，许多学者做了相关实证研究，如以股利支付率来衡量企业所受融资约束情况，认为融资约束越大，企业投资—现金流越敏感。③ 信息不对称会导致逆向选择问题，由此借款人信用识别成本大增，投资者只能按照所有借款人的平均信用水平决定贷款利率。这样将产生"劣币驱逐良币"现象，信用水平较高的企业期望支付较低的贷款利率，不愿意按平均水平贷款利率借款而进行投资，而信用水平较低的企业则希望按照平均水平贷款利率借贷更多的资金进行投资。这种不合理的信贷分配机制导致资本资源错配，从而使部分具有投资价值的企业面临高的融资成本，降低投资效率。④

综上所述，公司治理框架下的现代企业投资理论重点从公司内部治理角度来解决信息不对称导致的逆向选择问题和代理人问题，进而产生的投资非效率问题，但鲜有考虑国际资本流动冲击。国际资本流动理论在面对国际资本流动的新现象和新问题时，着重强调国际资本流动的突发性研究，并逐渐探寻微观解释基础。故结合国际资本理论和企业投资理论，有助于解释国际资本流动冲击的微观影响，即国际资本流动通过影响企业面临的融资约束和资本资源错配问题，进而影响企业的投资决策，为引导跨国资本进入发展中国家实体经济部门提供理论基础。

---

① Shleifer A, Vishny R W, "Value Maximization and the Acquisition Process", *Journal of Economic Perspectives*, Vol. 2, No. 1, 1988.

② Myers S C, Majluf N S, "Corporate Financing and Investment Decisions when Firms have Information that Investors do not have.", *Journal of Financial Economics*, Vol. 13, No. 2, 1984.

③ Fazzari S, Hubbard R G, Petersen B, "Investment, Financing Decisions, and Tax Policy", *The American Economic Review*, Vol. 78, No. 2, 1988.

④ Myers S C, "Determinants of Corporate Borrowing", *Journal of Financial Economics*, Vol. 5, No. 2, 1977.

第二章 中国国际资本流动历史回顾与现状分析

发展中国家普遍需要利用国际资本解决本国发展所需的原始资本积累，但突发性短期资本流出极易引发金融危机乃至经济危机。故在平衡国际资本流动的机遇与风险基础上，发展中国家的国际资本流动管控手段逐渐由严格控制转向引导管理，也即逐渐放松对资本账户的管制，并增强经济主体居民、企业的风险抵抗能力。同时发展中国家发展程度、经济规模和产业类型差异较大，各国均结合本国实际国情，选择放松资本管制的时机和方式，形成了特色鲜明的国际资本流动管理体制。中国自改革开放以来，积极融入世界经济体系，鼓励对外贸易和外国直接投资，资本项目可兑换范围和可兑换程度逐渐扩大。因此，本章首先在回顾中国外汇管理体制和资本开放进程基础上，分四阶段描述中国资本流动现状，并统计描述中国国际资本流动和企业投资效率间的总量关系。

第一节 中国国际资本流动管理体制的历史回顾

改革开放以来，中国经济增长迅速，贸易规模、跨境投资规模均实现了较快增长，国际资本流动的规模和波动幅度明显增大，对国际资本流动管理体制也提出了更高的要求。与韩国、泰国等国家不同，中国的资本账户开放历经宽进严出、审慎监管、逐步放松等渐进式改革路径，在满足经济发展需求同时，又很好地防范了经济金融危机的发生。但随着过剩产能、地方债务、房地产市场、影子银行等风险累积，为有效化解区域性和系统性金融风险，中国经济增长逐渐由追求高速增长转向追求高质量增长，即经济进入新常态。经济新常态意味着中国需要寻找新的增长动力，在平衡机遇与风险基础上对资本账户开放提出了更高要求，需要在延续前期资本账户开放良好态势基础上进行深化开放改革。本节将从中国外汇管理制度变迁、资本账户开放进程和国际资本流动历史变动三方面阐明国际资本流动的历史沿革。

一　中国外汇管理体制的变迁

为了适应经济发展需要，中国外汇管理制度不断进行深化改革。改革开放前，为了适应计划经济的需要，中国外汇管理实行外汇集中计划管理制度，集中稀缺的外汇资源用于关键设备、技术的集中购买，为中国实现工业化做出了重要贡献。改革开放后，经济体制改革和经济发展要求外汇管理体制进行相应变革，以响应企业开展国际贸易对外汇交易的需求。经过改革开放40多年的发展，中国初步建立了市场化的外汇管理体制，促进中国企业开展对外贸易，并逐渐走向全球，增强企业的全球竞争实力。根据改革开放后外汇管理体制的演变、改进和完善，中国外汇改革制度可分为汇率双轨期、银行结售汇制、汇率并轨期、汇率市场化改革期四个时期。

第一，汇率双轨期。1978—1993年，中国外汇管理制度处于起步期，该阶段实行汇率双轨制。改革开放初期，对外贸易逐渐放开，由国营外贸部门独家经营变为多家经营。但由于中国物价由国家统一规定，商品物价普遍较低，国内外市场价格相差悬殊，使人民币汇率难以兼顾贸易和非贸易部门。故1978年，中国宣布实行改革开放，统收统支外汇管理制度开始改革，出口企业可以有一定的外汇自主权。公司在出口商品和劳务获得外汇后，可获得一定额度的支配权，并允许出口商将多余的外汇卖给其他出口商，但调节市场汇率与官方汇率存在差异，并共同存在。外汇双轨期，虽然计划仍占据主导地位，但也允许企业按调剂市场汇率售出或可自行根据市场供求情况进口盈利商品，企业自主性增加。市场调节机制的初步发展为中国出口贸易、吸引投资发挥了积极作用。

第二，银行结售汇制。1994—1997年，中国放弃了过去采用的外汇留成、上缴和外汇额度管理制度，开始采用银行结售汇制度。结汇制度包含以下两点内容：（1）境内的中资企业单位、机关和社会团体的商品和劳动外汇收入以及境外投资收益，均需按当日外汇牌价统一卖给指定的外汇银行。（2）境外企业单位、法人和自然人的投资汇入外汇、境外借款和证券发行所得外汇均需存入指定外汇银行专用账户。售汇制度包含以下两点内容：（1）贸易用汇须持有进口合同和境外金融机构的支付通知到指定外汇银行办理购汇。（2）非贸易项目下的经常性支付，继续实施审批制度。在银行结售汇制度下，指定的外汇银行处于结汇和收汇交易中的交换作用。监管机构只需要监管指定外汇银行即可达到监控目的，大大简化了监控难度。而且银行结售汇制度将外汇收入及时总额汇入外汇储备，增强国家信用，为进口急需设备、技术提供了充足保障，通常是外汇储备规模较小时的主要外汇管理手段。但市场的主体是指定的外汇银行，企业被排除在外，不利于汇率发现和调动企业积极性。

第三，汇率并轨期。1998—2000 年，受亚洲金融危机影响，中国开设外汇调节中心，并将银行结算汇率和市场汇率并轨，统一将市场汇率作为汇率水平。汇率并轨制度为降低亚洲金融危机对中国经济增长和金融稳定冲击发挥了积极作用。汇率并轨结束价格混乱，降低外贸成本，有助于企业进行合理、有效的规划和营销，提高企业扩大出口积极性。汇率并轨也导致人民币短期贬值，增加了进口商品成本。由此可见我国汇率并轨对出口贸易具有积极作用，但也对进口贸易产生了短期冲击。总之汇率并轨阶段，中国初步建立了与市场经济体制相适应的外汇管理体制，并确定了市场配置外汇资源的主导地位，虽给外贸和经济带来短期冲击，但能提高企业开展对外贸易的积极性，增加中国经济的发展韧性。

第四，汇率市场化改革期。2001 年以来，中国外汇管理制度逐渐完善市场主导地位。2001 年中国加入世贸组织，中国加速融入全球经济，对外开放导致外贸顺差逐渐拉大。为了应对新形势，中国外汇管理制度也逐渐深化改革：（1）2001—2004 年，银行间外汇市场改革，平衡外汇资金流入和流出。该阶段是外汇市场化改革的前瞻性阶段，标志着中国外汇管理制度由直接向间接管理过渡。（2）2005—2008 年，人民币汇率由原来只盯住美元改为盯住一篮子货币，并允许人民币汇率在区间内浮动，形成更富有弹性和市场化的汇率管理机制。（3）2009 年以来，国际金融危机爆发，导致跨境资本流动规模增大和流向复杂，为了满足市场主体便利化需求，外汇管理制度从理念和方式上实施了"五个转变"，即从重审批转变为监测分析、从重事前监管转变为事后管理、从重行为管理转变为主体管理、从"有罪假设"转变到"无罪假设"、从"正面清单"转变到"负面清单"。汇率市场化改革将使对外贸易与我国资源禀赋和比较优势相匹配，并进一步激活企业自主能动性，为企业开展期权等对冲金融措施以降低汇率风险提供自主灵活性选择。后期配合人民币资本项目兑换和个人投资者境外投资制度改革，增加居民和企业投资选择，资产组合多元化有助于增加居民、企业市场经济主体的抵抗风险能力，减少国家层面的金融风险，为后续资本项目进一步开放改革奠定经验基础。

市场化改革仍将是中国外汇管理的努力方向，让市场机制在人民币汇率形成过程中发挥基础性作用，提高人民币的自由使用程度，将是一个长期进程。当然汇率市场化也意味着汇率浮动区间逐渐扩大，在增加汇率灵活性和弹性同时，增加汇率波动幅度，需要加强对国际游资的监管强度，防止引起系统性金融风险。汇率波动也能锻炼企业抵抗风险能力，为中国企业进一步开拓国际市场奠定经验基础。因此外汇管理体制朝市场化深度改革，不仅符合中国市场经济发展的要求，也增强了外汇管理服务市场经济和防范风险冲击的能力，丰富了市场主体，充分发挥了汇率"自动稳定器"作用，为人民币国际化和中国资本账户开放奠定了坚实基础。

二 资本账户开放的国际经验分析

发展中国家缺少发展经济的资本，需借助国际资本解决国内发展紧缺的资本问题。但也正因国内经济处于发展阶段，抗风险能力较低，在资本账户管理中偏向"宽流入严流出"政策。而发达国家资本市场健全，资本充足，为了充分利用全球资源最大化收益，资本账户开放程度较高，大部分发达国家基本实现资本账户完全放开。发达国家和发展中国家因经济发展程度和面临困境不同，在资本账户开放时机和方式上存在较大差异，并对经济发展和企业生产经营产生重要影响，资本账户开放过程中的经验教训具有重要借鉴意义。

（一）发达国家的资本账户开放经验

第二次世界大战后，美国无论是在科学技术还是经济体量均处于世界首位，且构建了以美元为核心的国际金融体系，便利美国对外推行自由贸易，故对资本账户管控较弱。1971年布雷顿森林体系瓦解后，美国资本账户基本完全开放，外国投资者可基本自由投资美国证券市场，并无限制汇出本金和利润。随着欧洲美元市场的迅速发展，为了进一步促进离岸金融业务的发展，主要发达经济体也在20世纪70年代至80年代实现了资本账户的基本完全放开。

为了应对战争引起的资本恐慌出逃，英国开始实行较为严格的外汇管制措施。第二次世界大战结束后，英国在国内仍然实行价格管制、外汇储备有限情况下，按照与美国签订的协议，结束了外汇管制，实现了英镑可自由兑换。基于战后重建需要，英国于1947年8月重新实行外汇管制，并加强了资本管控。但随着经济快速恢复发展，英国于1977年取消了外汇流出管制，并于1979年取消了资本管制，半年后基本完全放开了资本项目管制。1979年英国国际资本净流入38亿美元，1980年净流出63亿美元。[①] 虽然国际资本流动波动幅度增大，但相对于英国经济总量而言，影响可以忽略不计。

与英国一样，第二次世界大战结束后，德国国内也面临严重的通货膨胀。为了抑制通货膨胀，德国发行了新货币马克。随后德国经济快速恢复并保持持续快速增长，对外出口和经济大幅增长使经常项目和资本项目出现双顺差，进一步增加德国的物价快速上涨压力。为了抵消经常项目和资本项目双顺差导致的通胀压力，德国开始进行资本流动管制。通胀压力下降后，德国于1957年实现了经常项目的完全兑换，于1959年取消了资本流入管制。20世纪50年代，德国先取消资本流出管制，再取消资本流入管制，名义上实现了资本项目的完全开放。但资本账户开放后，德国难以保持货币政策独立性，通胀压力剧增。为了保持货币政策独立性和维持低通胀率，德国在管理短期国际资本流动上多次切换管控、放松的措施，如多次对银行新增外债实行"特别法定准备金率"以限制国际资本流入。20世纪80年代，随着德国银行深入参与到国际市场，金融产品多样性和金融机构国际化程度得到大幅提高，德国不需要通过资本项目管制来控制通货膨胀，遂于1984年基本完全放开了资本账户管制。

法国货币政策有别于德国的抑制通货膨胀，核心目标是稳定汇率，保持法郎在欧洲区域内的稳定。由于法国经常项目赤字，为了维持汇率稳定以防止资本外流扰乱经济发展，法国政府严格管制资本外流。1961

---

① 沈悦、王书伟、吕文青：《初次开放资本账户：国际经验和教训对中国的启示》，《改革》2003年第1期。

年法国实现了经常项目的可自由兑换，但外汇交易必须通过商业银行且需要进行交易登记，故经常项目交易支付仍存在较多限制。因此1983年以前，法国禁止居民与非居民间的资本交易，也禁止本国居民持有外国资产。随着欧洲经济一体化步伐加快，法国逐渐放松了对资本账户的管制，1983年取消超过100万法郎境外投资特许制度，允许居民持有大额海外资产，1985年法国逐渐允许外国居民和企业进行本币商业贷款活动，1986年允许进口商购买远期货币，出口商也不再需要去商业银行进行结售汇交易，增加对外贸易金融交易灵活性并有助于降低交易成本和风险，1987允许本国居民购买外国证券，1989年取消对外国居民和企业的贷款限制，并允许法国居民拥有大额固定资产，至此法国资本账户基本实现了完全对外开放。

英国、德国和法国等欧洲发达资本主义国家经济发展起步较早，市场化机制较为成熟，银行、企业等微观经济主体盈利能力较强，对资本账户开放导致的市场竞争和市场波动风险有较强抵抗能力，对维持国际收支均衡冲击不大，故这些国家均支持本国资本账户的完全开放。但发达国家对经济自由化也存在分歧，故开放时间长短不一，作为自由贸易最早的提倡者和拥护者的英国，在不到半年时间内将资本账户一步到位实现完全开放，而德国和法国用时较长，法国资本账户完全开放历时10年之久。在发达经济体中，日本资本账户改革花费了近20年时间，但也最为失败，其经验教训对中国启示意义重大。

第二次世界大战后，日本工业迅速恢复，为了促进海外贸易发展，日本于1960年通过了"贸易汇兑自由化计划大纲"，并于1964年放开了经常项目，大致经历了三个阶段：第一，对外直接投资自由化阶段。1964年日本加入经济合作与发展组织，承诺放开资本交易限制，同年修改了《外资法》，放开外商对日投资限制措施。但当经常顺差逐渐加大，日本政府也开始限制国际资本流入，如和德国类似对非居民日元账户征收法定准备金制度，而且外商投资方式只能通过在证券交易市场规定额度内购买公司股票、债券，或以合资、独资直接投资建立企业，多公司兼并仍存在较多限制。第二，资本交易自由化制度改革阶段。20世纪80年代，随着日元逐渐国际化，日本逐渐放开了外汇管制，如允许居民在指定的银行和证券公司交易外汇资产。日本还提高了居民旅游、留学等因私出境持有日元上限额度，并放松了本国居民对外汇款或购买国外房地产的限制。第三，资本账户开放形成阶段。1984年，美国和日本共同发表了《日元美元委员会报告书》，为资本账户进一步开放创造了条件，同年取消了外国居民和企业进行日元贷款的限制。1984年7月，日本放松了外国居民和企业发行日元债券的管制，并允许日元自由兑换。1985年以后日元逐渐升值，增加了日元购买力，使日本海外资本扩张发展迅猛，日本的对外投资规模迅速增长。但日元大幅升值催生了泡沫经济，而资本账户开放导致国际资本大量流出恶化了日本经济增长前景，产业不断空心泡沫化。为了激活经济活力，促进实体经济回归，日本于1996年实行金融体制全面改革，并于1997年通过了《外汇即外国贸易法》，取消资本交易批准制和事先申报制，至此日本实行的外汇和资本管制手段基本被取消，实行了资本账户全面开放。资本账户全面开放后，日本虽吸引了外资流入，但流入的外资并未进入实体经济，提高企业投资效率，日本经济没有得到根本恢复，反而越来越空心化，并降低了经济应对风险的能力。日本资本账户虽也历经近20年渐进式开放改革，但日本政府为防止银行和金融机构信用过度膨胀而干扰经济，对国内金融机构控制较多，依靠政府垄断优势形成了世界级大银行，而且日本税制较为复杂，阻碍了国外金融机构进入日本金融市场，日本国内银行等金融财阀缺乏竞争进而导致抵抗国际资本流动冲击的能力较弱。相对封闭的金融市场以及缺乏不良资产处置能力的银行体系，难以应对开放导致日本国内企业亏损带来的不良资产，最终波及银行系统，酝酿成日本金融动荡局面，使日本进入了"失去的十年"。

表2-1　　　　　　　　发达经济体资本账户开放情况

国家	开放年份	发生经济危机年份	开放模式	开放程度	实施效果
英国	1979	1973—1975、1980—1982、2008—2010	激进式	先取消流出限制，再取消流入限制，半年内一步到位	比较成功
德国	1984	2008—2010	渐进式	先取消流出限制，再取消流入限制，多次反复。	比较成功
法国	1983	1994—1995、2008—2010	渐进式	先取消流出限制，再取消流入限制	比较成功
日本	1984	1992—2001	渐进式	先放松流入限制，再放松流出限制，多次反复	教训大于经验

资料来源：整理自IMF《汇兑安排与汇兑限制年报》。

发达经济体拥有比较成熟的经济和金融体制，故除日本外，资本账户开放大部分比较成功，不仅实现了资本全球配置，且对企业、银行等微观个体冲击较小。发达经济体企业具有技术、资本优势，国际资本流动冲击了不具有竞争优势的落后企业，资本资源重新配置反而有利于企业、产业的转型升级。英、德、法、日等发达经济体资本账户开放具有以下经验教训：第一，资本账户开放成功与否，与开放时间无关，英国半年一步到位完成开放，法国用了近10年，日本花了近20年，反而日本不成功。第二，即使开放策略相同，但结果有可能不同。法国和日本均先放松对 FDI 限制，再放松对证券投资限制，最后放松对银行信贷限制，但法国和日本资本账户开放结果完全不同，国内金融机构生态差异影响了资本账户开放效果。第三，资本账户开放成功与否，关键在于其对微观实体企业的冲击，国际资本流动要能促进优秀企业投资，进而淘汰落后产能、落后企业。第四，国际组织在资本账户开放统筹上发挥了重要作用。经济合作与发展组织要求其成员国取消对本国企业和居民对外投资以及外国企业对本国资产投资的限制，并通过将承诺条约化，增加了承诺的效力，助推了发达经济体资本账户的完全开放。但企业投资资金主要来源是向金融机构的融资，如果金融机构作为中介，无法充分调配资金资源，以实现资源的最优化配置，大量资金投向缺乏效率的企业，为了维持已有的投资收益不被侵蚀而只能被动追加投资，跨国资本受信息不对称影响进而继续追加投资给该类企业，进一步吹大了资产泡沫。因此资本账户开放改革需要与国内金融机构改革同步，只有国内金融机构真正发挥中介效用，有效调配资本资源，资本账户才能真正实现完全开放，享受经济发展机遇同时增强风险抵抗能力。

（二）发展中国家的资本账户开放经验

发展中国家经济发展起步晚，故资本账户开放时间总体比发达国家晚，而且过程更为曲折。有些国家为了吸引外资，初期采用激进式开放改革，与英国一样采取一步到位式完全开放，但当经济出现危机时，又马上恢复了相应资本管制，经济危机过后，总结相关开放经验教训并根据本国的经济发展现状，采用渐进式开放改革。资本账户开放过程颇为曲折反复，不仅浪费了宝贵的发展资源和机遇，还可能陷入经济危机的泥潭。故同属发展中国家的中国在资本账户开放过程中需要吸收这些国家经验教训，力图减少因资本账户开放导致国际资本流动大幅波动进而冲击了企业的生产经营。

　　智利资本账户开放过程曲折，先后历经激进改革方式和渐进改革方式，但最终从失败走向成功，其经验值得总结借鉴。受社会主义思潮影响，1973年，智利实行全面的国有化，将包括银行等金融机构在内的企业统一收归国有，并严格管控利率，构建复杂且扭曲的外汇管理制度，以试图增加政府行政命令对整体经济的调控能力。1973年，政变后的新政府开始转向自由经济政策，并实施激进式的资本账户开放改革。首先放开了对个人资本项目管控，国外个人投资者可到中央银行登记交易需求，并由中央银行保证资金和利息的汇进汇出。然后，放开了对外商投资的管控，除银行等金融机构外，非银行部门的资本账户相对开放。1977年，智利放开了对金融业管制，允许外国银行进入本国银行业，发挥资本流动的中介作用，于1980年取消了银行外债管制，导致银行外债迅猛增长，大量热钱流入国内，推高了智利汇率，出口商品相对更加昂贵。汇率升值导致出口不畅，且赶上1982年石油危机，石油价格高涨直接推高通货膨胀，并严重威胁智利经济增长。由于担忧智利经济与美国一样出现滞涨现象，而降低偿债能力，大量热钱短期内快速外逃，国际资本快速"一进一出"严重干扰了智利企业的正常投资生产，导致大量企业破产倒闭，智利政府只能再次对资本项目进行管控，以阻止资本大量外逃。1985年，历时3年的经济危机过去后，智利政府在吸取以往经验教训基础上，决定采用渐进式方案来开放资本账户。为了配合资本账户开放，智利加强了对银行业监管，如1986年智利加强了对银行财务风险的监控，并力图提高银行经营信息的透明度，1989年立法确立了中央银行独立性，并推进利率市场化改革，对银行活期存款进行全额保障，为降低危机时期的恐慌程度做充分准备。在构建系列健全金融体系基础上，智利逐渐推进资本账户开放改革，如1985年允许外商以债转股方式进行直接投资，1992年针对外债借款建立了无偿储备金制度，1991年后逐渐允许国内居民、养老基金、银行等进行海外投资，并逐步下调了关税，在引入国外资本、技术和产品的同时对本土企业进行优胜劣汰以增强企业的竞争力。智利通过系列国内改革政策，增强了贸易企业的竞争力，为资本账户开放以及跨国资本引导提供了良好的改革环境。

　　同处东亚的韩国为配合其出口导向型经济政策，推动衣帽等劳动密集型日常用品产业的快速发展，也进行了适应的资本账户开放改革。20世纪60年代，韩国基于出口导向型贸易政策，推动纺织等劳动密集型企业出口，经济增长速度较快，在东亚经济发展中崭露头角。但1981年，韩国政局不稳定，加上受石油危机影响全球经济倒退，韩国经济结构性问题暴露无遗，严重的通货膨胀和国际收支不平衡拖累了经济增长。为了应对经济困境，韩国意识到经济全球化已是不可逆趋势，以政府为主导的经济发展模式无法适应激烈的全球竞争环境。为了维持具有比较优势企业出口，韩国放松金融业管制，力图通过金融创新改革激活出口企业的竞争力，为其全球竞争奠定制度基础。1980年，韩国开始实行"盯住一篮子货币"的浮动汇率，放松对金融机构业务范围限制，并对金融机构进行优胜劣汰以壮大金融部门力量。随后韩国于1984年允许外国直接投资者投资本国证券市场，于1985年允许本国公司海外发行债券等有价证券，试图借助跨国资本来摆脱经济增长困境。1988年，韩国实现了经常账户自由兑换，此时韩国凭借熟练的廉价劳动力，出口贸易迅速增长，国际收支持续保持盈余状态。但1990年，由于受到中国等新兴市场竞争压力，韩国出口疲软，经常项目顺差减少，通货膨胀和国际收支情况恶化再次冲击了韩国经济。为了应对经济发展困境，韩国不得不加快了资本账户开放，如1992年允许外国居民有额度地投资韩国上市的公司，并将投资限额逐渐由10%提高到亚洲金融危机爆发前的26%。自1985年允许韩国居民投资国外证券以来，逐渐增加金融机构对外投资的数量，并逐级放宽投资限额，允许购买国外不动产。1997年亚洲金融危机后，为了应对金融危机冲击，韩国与国际货币基金组织达成全面开放资本账户的协议，彻底取消外国居民投资韩国上市公司的额度限制，并完全开放了韩国的债券市场。随着经济复苏，韩国于1999年完全取消了韩国居民海外投资范围和额度的限制。韩国经济以出口导向型为主，受输入型通货膨胀压力较大，故韩国资本账户开放进程与发展中国家资本账户开放有较大区别，韩国先实现资本流出自由化，再实现资本流入自由化，以使韩国产业完全嵌入全球经济产业链中，推动韩国经济全球化，做大做强其出口贸易。韩国的资本账户开放确实助推了韩国经济的起飞，维持长期的高经济增长率，但由于与全球经济过早完全对接，其受外部经济冲击影响较大，货币政策自主性受限，难以对冲后续历次经济危机不利影响。

相较于智利和韩国，南亚大国印度虽然资本账户开放时间短，却也较为成功。印度于 1991 年成立国际收支高级委员会，正式对外实施谨慎、渐进式资本账户开放改革。1997 年，印度成立了资本账户可兑换委员会，规划了为期三年的资本账户完全可兑换改革规划。虽然亚洲金融危机打断了改革进程，但改革思路未变，即公司优先个人、外国优先本国、长期优先短期。2001 年，除博彩、贷款、房地产、国防、核能、信息与传播、农业等少数行业，印度放开了所有对外国投资者的行业投资限制。印度于 1992 年允许外国机构投资者投资印度股票和债权市场，于 1993 年允许外国证券公司在印度开展经纪业务。印度资本账户对外开放虽时间短，但较为成功有其历史渊源，印度金融机构和金融人才大多师承英国，对经济自由开放思路认可较高，且其经济较为依赖国际市场，国内企业较多参与国际竞争，抵抗跨国资本流动冲击的能力较强。

发展中国家由于经济基础薄弱，资本账户开放时间长，过程曲折，失败风险较高，资本账户开放经验教训对我国具有重要的借鉴意义：第一，健全有效的金融体系是资本账户顺利开放的坚强保证。健全的金融体系，意味着资金价格真实反映了资金供需情况，金融机构能充分发挥中介作用，将资金引入高收益的新兴产业，而非过剩产业。故资本账户管制解除后，资金价格遭受波动冲击的可能性较低。而且健全的金融体系拥有现代化风险监控预警能力，能较早发现并提前应对国际资本流动波动产生的冲击。第二，资本账户开放改革不能损害企业、银行等微观主体的竞争能力和抵御风险能力。韩国在 20 世纪 60 年代构建了政府、银行和企业"铁三角"关系，政府指导银行给某些产业优惠贷款，优先发展大型企业集团。但 1997 年亚洲金融危机席卷韩国，导致韩国三美、起亚等大企业集团纷纷破产。因此，发展中国家在资本账户开放过程中应引导长期资本流入本国具有比较优势的优秀行业和企业，限制具有投机性短期资本流入落后行业和企业，增强企业竞争力和抵御风险能力。第三，资本账户开放要与本国经济发展相匹配。除韩国外，发展中国家普遍采取先取消资本流入限制后取消资本流出限制的开放策略。第二次世界大战结束后，韩国依靠美国市场和技术，大力发展轻工业产业并借助局部战争带来的激增需求，依靠熟练廉价劳动力比较优势，鞋帽、纺织等轻工业产品已大量出口，经常账户持续顺差加大了应对国内通货膨胀的压力，在本国企业具备较强竞争优势前提下，优先选择放开资本流出，鼓励本国企业和居民对外投资，缓解通货膨胀压力下，增加自然资源和技术储备。但大部分发展中国家经济发展程度较弱，企业国际竞争力不足，如果也先放开资本流出管制，那么会导致本就稀缺的资本资源大量外流，动摇经济发展根基。故发展中国家普遍先放开资本流入管制，以较高的国内利率吸引跨国资本，促进本土企业的快速发展，待本土企业具备一定全球竞争力后再逐渐放开资本流出管制。

（三）资本账户开放的国际经验总结

历史揭示过去，也启迪今天和预示未来。发达经济体与发展中经济体经济基础不同，其资本账户开放战略差异较大。发达经济体的银行、企业等微观经济主体抵抗风险能力较强，资本账户开放过程较短，且成功概率更高。而发展中经济体普遍存在设备和技术更新所需资本不足、国内金融机构处于垄断地位而难以发挥资本资源配置作用、金融风险监管能力较弱等问题，资本账户开放历程较为复杂和曲折，不断在失败过程中摸索适合本国资本账户开放的模式和策略。无论是发达经济体的成功经验还是发展中经济体的失败教训，都能启迪中国资本账户开放。

第一，资本账户开放时间长短不一，关键在于政府宏观经济调控能力，以及防范和化解金融风险能力。资本账户开放时间取决于是否拥有比较成熟的市场经济、对自由化的国内共识程度。英国作为自由贸易的提倡者，其货币英镑长期作为重要的国际储备货币，为英国一步到位实现资本账户完全开放奠定了客观现实基础。而法国、德国、日本等经济发达体政府对经济干预普遍较强，作为资本中介的金融机构普遍与政府有着千丝万缕的关系，资本账户开放历程通常持续时间较长。资本账户开放时间长短并不是决定资本账户开放成功与否的关键因素，跨国资本的流动会增加本国资本市场的流动性和波动性，金融监管不当极易冲击微观经济主体的生产经营，甚至诱发汇率等宏观经济风险，需要政府及时监测到资本市场的过度波动，并有能力处理危机带来的不良资产，防止危机进一步扩大。有效的金融监管体系意味着要有针对金融企业的监管指标体系、风险监测体系和风险预警体系，金融风险来临时，要能立即强化监管手段，保障金融机构合规稳健运营，日本失败的资本账户开放教训说明，以依靠政府垄断优势构建的金融体系去面对资本账户开放是十分危险的，即使是发达经济体的资本账户开放也不能操之过急。

第二，资本账户流入、流出开放先后不一，关键在于微观经济主体拥有的较强全球竞争力和风险抵抗能力。发展中国家普遍采取先放开资本账户流入限制，后放开资本账户流出限制，但韩国正好相反，原因在于韩国的棉纺日用轻工业已建立起一定的全球竞争能力，放松资本流出限制有助于韩国企业利用全球优势资源进一步巩固全球竞争能力，并能应对韩国通货膨胀问题。而发展中国家普遍面临资金匮乏问题，且国内企业鲜有机会参与国际化大生产和国际竞争，竞争能力较弱，只能先放开资本流入限制吸引跨国资本和技术，扶持本土企业的快速成长，为未来放松资本流出管制奠定现实基础。

第三，资本账户开放模式不一，关键在于与宏观经济目标相一致。发达经济体普遍采用较为激进的开放模式，而发展中国家普遍不具备激进开放条件，进而采用渐进开放模式。如果国内经济部门依赖的金融中介机构存在短期内难以弥补的缺陷，那么资本账户的迅速开放将迅速放大金融机构缺陷，使实体经济部门难以得到所需的资金进而拖累实体经济部门发展，使其难以适应激烈的国际竞争，重创国民经济，俄罗斯等转型国家激进的资本账户开放使本国经济遭受严重冲击就是例证。因此无论是激进开放模式还是渐进开放模式，均要与宏观经济发展相匹配。如果一国既无严重的通货膨胀问题，财政赤字尚在可控范围内，也无大规模的失业问题，国内宏观经济调控能力较强，资本账户开放不会危及宏观经济稳定，反而会对宏观经济增长提供新的动力，更有利于国际收支平衡和经济保持高质量增长。

三 中国资本账户的开放进程

发达经济体和发展中经济体资本账户开放经验教训为中国的资本账户开放提供了学习样本。汇率市场化改革要求人民币与外币的比价灵活依据市场供需来确定，能充分反映对人民币的市场需求，为跨境资本流动提供可兑换价格。资本账户专指对资产所有权在国际流动进行记录的国际收支账户，故汇率市场化改革并不等同于资本账户开放。汇率市场化改革是让市场机制在人民币汇率形成中发挥基础性作用，而资本账户开放是逐渐取消对跨境交易和资金转移的限制。1978年前，中国计划经济体制决定了中国资本账户严格受控，基本不对外开放。但改革开放后，随着国际贸易壮大发展，为了适应市场经济，资本账户管制逐渐放松。自加入国际贸易组织以来，中国出口增长迅速使经常项目长年保持高额顺差，资本账户的管制使资本难以自由流出，只能继续依赖中国人民银行吸纳外汇并累积外汇储备，降低货币政策效率，同时抑制外汇市场主体多样化，导致汇率形成机制陷入僵化和汇率超调。故根据宏观经济发展需要，中国应继续推进资本项目下兑换改革，建立健全资本双向流动的国际收支自动平衡机制，协调推进人民币汇率市场化与资本账户开放的内在联系。但资本账户开放也不是一蹴而就，而是有计划、分步骤渐进推进的，本小节根据资本账户开放进程，将资本账户开放分为以下四个阶段。

（一）宽进严出管理阶段

改革开放初期，中国经济百废待兴，急需从国外引进先进技术和设备以重整产业链。但1978年中国外汇储备仅1.67亿美元，难以满足经济发展所需。而且中国早期仅能出口石油、粮食等初级产品，经常账户长期处于逆差现状，中国国内信用体系尚未建立，资本存在单向流出风险。故为了吸引外资，中国资本账户管理实施宽进严出政策，即对资本流入管制较少，而对资本流出管制较多。

在资本流入方面，国家出台了系列鼓励政策：第一，为了充分利用国际资本市场，允许境内公司在海外发行股票、债权等有价证券，如1994年出台了《关于境外上市企业外汇管理有关问题通知》、1995年出台了《到境外上市公司章程必备条款》、1997年出台了《关于进一步加强在境外发行股票和上市管理的通知》。一系列鼓励政策为境内企业海外融资开了一扇窗，增加企业融资渠道。第二，为了发挥中国劳动力比较优势，鼓励外商在中国直接建厂投资，如1995年出台的《中外合作经营企业法实施细则》、1997年出台的《外商投资产业指导目录》，均扩大了外商直接投资范围和补贴力度。第三，为了解决汇率问题，出台了系列外汇管理细则，如1996年出台的《外汇管理条例》规定境内企业外汇收入应调回国内，且为了促进对外贸易，允许企业部分外汇可按市场汇率售出，或根据自身经营情况自主购买国外商品。

在资本流出方面，为了防止资本外流，对资本流出施加了多重限制，如1997年版的《境内机构借出国际商业贷款管理办法》对资本流出进行了严格规定，仅经过外汇管理部门批准的国内银行才有权对外提供外币贷款，而国内非银行机构不得办理外币贷款业务，国内机构和境内外商业机构得到事先批准才能开立外汇账户，国内居民不得开立私人外汇账户。中国政府出台了严格政策限制国内企业、居民购买国外资产，以避免稀缺外汇资源外流，集中资源发展产业经济。

改革开放初期，中国资本账户实施宽进严出政策，与此同时外汇管理实现外汇留成制度，建立和发展外汇调节措施，增加外汇储备，增强国家信用。资本账户管制对象重点在外债、境外投资，尤其是短期外债，而对外国直接投资几无管制。改革开放初期中国资本账户开放管理措施与国内经济发展情况相吻合，有助于吸引外资流入中国，弥补中国建设发展所急需的资金需求，又锁定了跨国资本流动冲击风险，帮助国内企业向国际市场融资及技术引进，助推国内经济快速发展。中国资本账户宽进严出管理阶段，中国本土企业逐渐接触国外资本市场，了解国外资本运作方式，确保后续资本账户开放后本土企业与外资企业的有序竞争。

(二) 审慎监督管理阶段

东南亚各国早在20世纪80年代初推进资本账户自由化改革，为了应对国内高储蓄不能满足过热的经济增长的情况，东南亚国家加快了金融自由化步伐，资本账户开放几乎一步到位，虽暂时解决了国内资金短缺问题，但也酝酿出较为严重的金融危机。1997年亚洲金融危机对人民币汇率稳定造成了很大冲击，人民币存在贬值预期。而为了刺激内需，人民银行连续下调利息，与此同时美国连续6次加息，导致中美利息差由1999年年初的1.2%迅速增大到2000年年底的4.4%。汇差和利差导致资本大量流出中国。

为了应对跨境资本大量外流，中国政府收紧了对资本账户的管理，加大了对逃汇、套汇、骗汇和外汇黑市等的执法力度，并出台了相关审慎监管政策措施，如1998年出台的《关于禁止购汇提前还贷有关问题的通知》《关于加强资本项目外汇管理若干问题的通知》。通知规定境内中资外汇指定银行对外不得开具无贸易背景的远期信用证，对飞机经营性租赁提供租金偿付担保须事先经国家外汇管理局批准。为了应对亚洲金融危机冲击，中国政府收紧了部分原先鼓励的贸易业务，对已有资本账户开放措施进行审慎监管，资本账户开放步伐大幅放缓。

资本跨境外逃给率先进行资本账户开放的东南亚各国造成了巨大的损失，也给正准备加速资本账户开放的中国降了降温。发展中国家资本账户开放是有条件的，发展中国家的劳动、土地等要素价格具备一定的比较优势，资本账户开放以吸引国外先进的资本和技术，但资本账户开放要与本国经济发展现状相匹配。一国经济实力越强，其宏观调控能力也越强，能有效应对风险。发展中国家资本账户开放也是渐进过程，先贸易部门后金融部门放开，贸易先于资本账户自由化，可防止资金流向低效率的垄断部门。如果先资本账户开放，跨国资金的涌入以及导致的本国货币升值将不利于出口贸易发展，无法发挥本国在劳动力、土地上的比较优势，只能吹大资产泡沫。如果存在利率管制或金融机构效率低下，资本账户开放仍需推迟，否则利率强行与国际平均利率接轨，利率无法反映本国经济发展现状，资本账户开放引发的跨国资本流动会导致资本流入非生产领域，进行投机活动。亚洲金融危机后，中国加强了资本账户监管。资本账户审慎监管政策有效降低了跨境资本大规模外流对经济发展的冲击，也体现了中国资本账户开放渐进式历程。当然资本账户逐渐开放是历史的必然，也未必会导致资本的无序流动以及经济危机，关键在于如何将资本账户渐进式开放改革与我国实体经济发展现状相结合，提高金融市场和金融机构的运作效率，并加强对资本流向的监测与管理，引导资金流向高效率的新兴实体产业，提高企业、银行等微观经济主体的风险抵抗能力，助力经济高质量增长。

（三）逐步放松管理阶段

自 2001 年中国加入世贸组织后，中国经常项目与资本金融项目连续多年实现"双顺差"。资本大规模外流压力大幅减轻，中国逐渐放松了对资本账户的管制，从企业境外融资到企业的境外实体投资再到居民、企业的境外金融资产投资均有所放松，并针对不同情境实施差异化管理。

为了拓宽中国企业融资渠道，1992 年中国开始建设人民币特种股票市场（简称 B 股市场），B 股市场作为中国资本市场开放的试验田，肩负着为中国上市公司筹集外汇资金的重任，1992 年共发行了 18 只 B 股股票，此后 6 年共有 101 只 B 股股票在上交所和深交所发行。B 股市场既实现了中国资本市场的对外开放，又规避了跨国资本流动对尚未成熟的国内资本市场的冲击，为中国上市公司发展提供了重要资金来源。随后中国企业逐渐熟悉国际资本市场，纷纷赴中国香港、美国等国际资本市场上市融资，B 股市场使命得以完成，2000 年后没有新增 B 股股票发行上市。B 股市场在中国资本市场发展早期是沟通境外投资者和中国企业的重要桥梁，迈出了我国资本市场开放的第一步。

B 股市场为境外投资者投资中国企业提供了渠道，但中国资本市场仍未对境外投资者开放，为了进一步引进外资、开放资本市场，中国开始实施了单向资本市场开放，于 2002 年 12 月推出合格境外机构投资者制度（简称 QFII 制度）。境外投资者可通过 QFII 制度进入中国资本市场，并可投资股票、债权、基金等人民币标价的金融产品。据国家外汇管理局统计数据显示，截至 2020 年 3 月 31 日，获批 QFII 投资额度为 1131.59 亿美元。而且 2020 年 9 月 10 日，中国国家外汇管理局宣布取消 QFII 和 RQFII 制度，具备相应资格的境外机构投资者只需登记即可自主汇入资金开展证券投资，进一步深化了金融市场改革开放，有助于增加对中国金融市场的需求。为了进一步开放资本账户，平衡人民币汇率，鼓励企业"走出去"，中国于 2006 年 4 月推出了合格境内机构投资者制度（简称 QDII 制度）。QDII 制度允许内地投资者（包括居民投资者）间接通过 QDII 基金投资境外资本市场。QDII 制度在鼓励企业"走出去"，使国内资本在风险可控范围内能够配置海外资产，增加国内投资者的海外投资标的，进而减少贸易和资本项目双顺差，使人民币更加均衡化和市场化。据国家外汇管理局统计数据显示，截至 2020 年 3 月 31 日，拥有 QFII 资格的机构获批投资额度为 1039.83 亿美元。

为了配合资本市场自由化改革，鼓励企业"走出去"，中国也进一步放宽了对国内企业境外投资的外汇限制。2005 年，中国国内企业境外投资购汇总额度由 33 亿美元提高到 50 亿美元，而且各地区外汇管理局审查权也由 300 万美元增加到 1000 万美元。2009 年，进一步放宽了境外投资外汇管理制度，在符合境外投资规定下，允许企业利用自有外汇资金进行境外投资，境内企业境外投资所得也可留存境外进行境外投资。2001—2009 年，我国资本账户管理经历了由严到松、由"宽进严出"到"进出均衡"的逐步放松改革过程。中国进一步放松资本市场管制，尤其是资本流出管制，与中国加入世贸组织后，出口贸易快速增长有关，中国国际收支双顺差连续多年保持快速增长，且经常账户增长速度要明显快于资本金融账户，需要适当放宽资本账户开放，以鼓励企业对外投资，适当引导资金有序流出，储备全球优质资产，分享他国发展成果。

（四）深化开放管理阶段

2007 年美国次贷危机和 2010 年欧债危机改变了世界经济格局，主要发达经济体经济增长速度放缓。而新兴经济体受到发达国家政策影响，出现本币升值、资产泡沫化等新情境。中国经济也面临由高速度向高质量发展转变，长期经济高速增长推升了房地产等核心资产泡沫，高能耗、高污染、低效率企业规模庞大，需要进行升级改造。为了应对上述危机，2010年以来，中国政府深化资本账户开放，一方面力推亚洲基础设施投资银行和"一带一路"倡议助力企业开拓国际市场；另一方面努力推动人民币国际化，以期降低中国在对外经贸中对美元的过度依赖，深化金融市场改革，具体措施如下。

第一，力推跨境贸易和投资人民币结算业务。2011年，中国人民银行联合商务部等部门明确将跨境贸易人民币结算境内地域范围扩大至全国。跨境人民币贸易结算指经国家允许的、有条件的企业在自愿基础上以人民币为结算货币进行的跨境贸易。跨境贸易人民币结算业务有助于增强中国企业在国际市场上的金融资源配置能力，进一步完善人民币汇率形成机制，也有助于提高人民币的国际地位，增加人民币在国际储备货币中的份额。2018年1月，中国人民银行发布了《关于进一步完善人民币跨境业务政策促进贸易投资便利化的通知》，明确了企业和个人可使用人民币跨境结算。该通知将人民币结算由原来的贸易和直接投资领域扩展到了其他经常项目下，实现了经常项目的全覆盖，而且结算主题由原来的企业扩展到了居民个体。跨境人民币结算不仅避免了美元汇率波动导致的中国企业汇兑损失，还能稳定外储和跨境资本流动规模。

第二，为了促进境内个人海外投资，中国在QDII基础上推出QDII2制度，允许境内个人投资者直接投资境外金融市场的股票、债券等有价证券。但无论是QFII、QDII还是二者的升级版本，中国资本市场的开放均是单方向的，境内投资者仅能通过QDII投资跨境资产，而境外投资者也仅能通过QFII投资国内证券市场，两种投资方式均是单向分割的。因此为了增加内地资本市场与香港资本市场的联通性，中国逐渐推出了沪港通和深港通。上海、深圳交易所与香港交易所互联互通，可便利国际投资者购买内地上市的股票，也便利了内地投资者购买香港上市的股票。沪伦通实现了上海交易所市场与伦敦交易所市场的互联互通，增加了中国境内投资者可投资市场范围和可投资标的。据《证券时报》数据中心统计显示，截至2017年8月31日，借助沪股通和深股通的北上资金持有 A 股市值规模达 4039.58 亿元，约占 A 股总市值的 0.74%。中国境内资本市场与境外资本市场的互联互通将成为影响两地资本市场不可忽视的力量，并将为资本市场提供流动性，以增强国际资本市场的稳定性。

第三，为了促进资本账户开放，中国先后建立上海自贸区、前海自贸区和海南自由贸易港。成立于 2013 年的上海自贸区，不仅鼓励货物贸易自由流动，更允许资本和人力的自由流动。上海自贸区先行先试人民币资本项目开放和外商投资负面清单，逐步实现人民币可自由兑换金融创新，简化外商境内投资流程。前海作为"一带一路"的桥头堡，贸易服务根植东南亚，并致力打造亚太区域供应链管理中心。前海自贸区借助国家政策，重点创新发展跨境电商和跨境人民币贷款。2016 年，前海自贸区跨境电子商务进出口总额为 22.3 亿元，年均增长率为 60.79%。截至 2016 年年底，跨境人民币贷款备案金额超过 1100 亿元，累计提款 364.57 亿元，业务规模实现了快速增长。2020 年 6 月 1 日，中共中央、国务院印发了《海南自由贸易港建设总体方案》，指出要结合海南特点，分步骤、分阶段地实施以"零关税"为特征的贸易自由化便利化，力争在 2025 年率先实现对部分进口商品免征进出口关税、增值税和消费税，并大幅放宽离岛免税购物政策，将免税购物额度由每人每年 3 万元提高到每人每年 10 万元。为了配合贸易、投资便利化改革，海南自由贸易港还将分阶段推进资本项目开放，推进自由贸易港与境外资金的自由流动。

自 1978 年以来，中国政府一直秉持渐进式改革路径，资本账户开放由宽进严出，到对中长期资本流动进行管制，再到放开短期资本流动管制，然后实行试点推广政策，直至最终实现资本账户的完全开放。但资本账户开放要与经济发展相适应，不能为了开放而开放。随着中国人口老龄化以及高杠杆导致的国内高储蓄率下降，中国的经常账户中短期内呈现顺逆交替、长期呈现持续逆差的现状。而且随着中国产业结构升级，劳动和资本密集型产业逐渐对外转移，"一带一路"倡议持续推进以及藏汇于民，中国的外汇储备也有望在中长期内逐渐下降。故在未来面临国际收支进入经常账户逆差与非储备性质金融账户顺差困境，中国宏观经济稳定将受到较大冲击，一方面需要加快国内金融市场开放力度，借助跨国资本来平衡国际收支；另一方面短期资本流动顺周期特点将对国内资产价格和汇率冲击力度更大。故2010年之后的资本账户管理在之前逐步放松管理的基础上应进一步深化，但深化改革同时要强化资本流动监测能力，并保留适当的资本账户管制能力以应对未来可能出现的资本流动性冲击。

第二节　中国国际资本流动现状分析

随着外汇管理制度和资本账户管理制度渐进式放松改革，中国国际资本流动规模和波动幅度均发生了很大改变。改革开放之后，招商引资兴起，外资流入规模呈几何级增长。2001年中国加入世贸组织，外贸增长导致国际资本流动规模快速增长，对中国经济增长产生了积极作用。自1982年中国政府开始公布国际收支数据以来，40年间仅在1994年前有5年中国经常账户出现逆差，经常账户顺差占GDP比重也由2001年的1.3%快速增加到2017年的10%。与此同时，40年间仅有6年中国资本与金融账户出现逆差，外汇储备增量也实现了快速增长，中国外汇储备存量常年维持在3.1万亿美元左右。中国国际资本流入和流出规模也呈现出阶段性特征，并且波动幅度大幅增加。

一　中国国际收入状况分析

如表2-2所示，1982—2017年，中国经常账户只在经济过热的1985、1986、1988、1989、1993年出现过赤字，其余年份均为顺差。自2004年以来，贸易顺差额增长速度加快，年均增长率达到47.84%，远超GDP年均增长率。货物与服务贸易是经常账户顺差的主要原因，在中国加入世贸组织前，货物与服务贸易顺差额较小，大部分年份低于300亿美元，年均复合增长率仅为10.49%。中国加入世贸组织后，货物与服务贸易发展迅速，顺差额也呈指数级增长，最高达3846亿美元，年均复合增长率达到20.55%。而资本与金融账户，也只在1983、1984、1992、1998、2012、2015年出现赤字，其余年份均保持顺差。资本与金融账户快速增长主要集中在三个阶段：第一，1992—1997年，邓小平南方谈话后至亚洲金融危机之前，1992年后，中国坚定了改革决心，由计划经济向市场经济过渡的步伐加快，中国更好地融入了全球经济体系。第二，2001—2006年，中国加入世界贸易组织至美国次贷危机前，中国加入世界贸易组织后，具有比较优势的劳动力和土地等资源，吸引大量外资来中国投资建厂，不仅促进了出口贸易，还增加了资本流入规模，扩大了中国国际收支双顺差规模。第三，2009—2012年，美国次贷危机之后，随着积极财政政策的逐渐落实，中国率先从国际金融危机中恢复，再次吸引了大量跨境资本流入，增加了中国资本市场流动性，但也导致企业杠杆快速上涨，增加了后续中国实体经济去杠杆的压力。在这三个阶段，国际资本持续看好中国经济增长前景，大量流入中国，导致了资本与金融账户大量顺差。

表2-2　　　　　　　1982—2017年中国国际收支平衡表　　　　　单位：亿美元

年份	经常账户	货物与服务	收益	经常转移	资本与金融账户	资本账户	金融账户	储备资产	误差与遗漏
1982	57	48	4	5	3		3	-63	3
1983	42	26	12	5	-2		-2	-41	1
1984	20	1	15	4	-10		-10	-1	-9
1985	-114	-125	8	2	90		90	24	1
1986	-70	-74	0	4	59		59	20	-9
1987	3	3	-2	2	60		60	-49	-14
1988	-38	-41	-2	4	71		71	-23	-10
1989	-43	-49	2	4	37		37	5	1
1990	120	107	11	3	33		33	-121	-31
1991	133	116	8	8	80		80	-146	-67
1992	64	50	2	12	-3		-3	21	-83
1993	-119	-118	-13	12	235		235	-18	-98
1994	77	74	-10	13	326		326	-305	-98
1995	16	120	-118	14	387		387	-225	-178
1996	72	176	-124	21	400		400	-316	-156
1997	370	428	-110	51	210	0	210	-357	-223
1998	315	438	-166	43	-63	0	-63	-64	-187
1999	211	306	-145	49	52	0	52	-85	-178
2000	205	289	-56	63	19	0	20	-105	-119
2001	174	281	-59	85	348	-1	348	-473	-49
2002	354	374	-68	130	323	-1	323	-755	78

续表

年份	经常账户	货物与服务	收益	经常转移	资本与金融账户	资本账户	金融账户	储备资产	误差与遗漏
2003	459	361	-78	176	527	0	528	-1170	184
2004	687	493	-35	229	1107	-1	1107	-2064	270
2005	1608	1248	106	254	630	41	589	-2070	-168
2006	2533	2089	152	292	67	40	26	-2470	-129
2007	3718	3075	257	387	735	31	704	-4617	164
2008	4261	3489	314	458	190	31	159	-4190	-261
2009	2971	2201	433	337	1448	40	1409	-3984	-435
2010	2378	2230	-259	407	2869	46	2822	-4717	-530
2011	1361	1819	-703	245	2655	54	2600	-3878	-138
2012	2154	2318	-199	34	-318	43	-360	-966	-870
2013	1828	2354	-438	-87	3262	31	3233	-4314	-776
2014	2197	2840	-341	-302	382	-1	383	-1178	-1401
2015	3306	3846	-454	-87	-1424	3	-1427	3429	-1882
2016	1964	2499	-440	-95	263	-3	267	4437	-2227
2017	1098	1368	-178	-93	531	-1	532	-589	-1628

注：单位为亿美元。2017年数据为2017年前三季度值。
资料来源：作者计算得到。

国际收支是每个国家宏观经济的重要组成部分，维持国际收支平衡关系到一国宏观经济的稳定性，随着中国经济的快速增长，国际收支常年维持较大规模的双顺差，虽有助于增加国家信用，但也增加了中国经济发展的宏观风险：第一，大量涌入的跨境资本，会降低投资效率、增加恶性竞争，诱发金融危机。为了促进地方经济发展，地方政府均有自己的招商政策，中央政府需要按照国家产业政策和区域发展战略，规范各地招商引资政策，防止各地恶性竞争。同时中央政府应加强对跨境资本引导，严格限制跨境资本投资高污染、高能耗、低效率的落后产能，适当增加对劳工权益和环境的保护力度，以增加企业进行产业升级的压力和动力。也就是说，国际收支双顺差的风险在于跨境资金的投机行为，只要能引导跨境资金有序投资，提高企业投资效率和生产经营水平，双顺差则不再是风险。第二，大量涌入的跨境资本，易恶化贸易条件，增加贸易纠纷，诱发贸易战。中国应改变单纯靠廉价要素投入和追求数量型贸易增长方式，调整出口退税等外贸优惠政策，鼓励跨境资本投入节约型、高技术、高附加值的产品生产并出口，提高对外贸易的竞争能力，降低出口规模，同时增加出口贸易利润，改善中国贸易条件，降低与他国的贸易纠纷和冲突。总而言之，中国国际收支状况不仅反映了国际经济金融环境的变化，更是对国内经济结构和产业结构变迁的反映，中国应持续稳步推进国际收支平衡，引导跨境资金合理流动，并鼓励国内具有一定竞争能力的企业走出国门，充分利用国外技术、市场以增强其在全球的竞争能力和适应能力，防范跨境资本突发性流动造成的严重冲击。同时，中国政府应构建宏观审慎管理体系，加强对跨境资本流动的监测与管理，完善外汇储备管理以增强国家信用。

二 中国外汇储备状况分析

外汇储备资产是一国政府持有的以外币表示的债权，是一国持有的国际储备资产的一部分，能平抑经常账户和资本金融账户变动对国际收支的影响，进而增强国家的信用水平，能有效应对危机对宏观经济的冲击。由于中国大部分年份处于经常账户和资本金融账户双顺差，导致外汇储备资产处于不断增长状态。而不断增长的外汇储备资产增加了外国投资者对人民币和中国经济的信心，助推了国际资本流入中国。1978—2017年中国外汇储备规模及增长率情况见图2-1：第一，1978—1997年，改革开放后，中国经济快速增长的同时，中国外汇储备规模由2亿美元增加到1399亿美元，增长速度快且波动性大，年均增长率达到42.51%。改革开放初期，我国外汇储备规模较少，难以支撑中国的国家信用，为了增加外汇储备以购买经济发展急需的设备和技术，中国政府于1994年实施了结售汇制度，强制中资企业将部分外汇收入卖给指定银行，加快了中国外汇累积速度。第二，1997—2001年，受亚洲金融危机影响，我国外汇储备仅由1450亿美元增加到2122亿美元，年均增长速度大幅下滑到13.54%。1997年发源于泰国的金融危机迅速席卷整个东亚地区，危机国的经济与社会发展均遭到重创，而且金融危机往往伴随着外汇储备锐减。受金融危机滞后影响，1999—2001年中国外汇储备增速锐减，也使人们进一步认识到了外汇储备的重要性。第三，2002—2009年，中国加入世贸组织后，外贸经济得到快速发展，外汇储备得到反弹性增长，由2864亿美元迅速增加到2.40万亿美元，年均增长率达到 35.48%。中国加入世界贸易组织,出口贸易迅速增加,经济快速发展增加了国际资本对中国经济的信心,叠加人民币升值预期,扩大了资本与金融账户顺差规模,国际资本流入推高了中国外汇储备,并且对外汇储备累积作用越来越大。由于中国实行结售汇制度,加上国内信用收紧,预期人民币利率偏高,导致大量热钱流入中国进行套利活动,故考虑到未来资本利润汇出、偿还外资等资金流出,中国外汇储备保持高增长率有其合理性。第四,2010 年以来,受美国次贷危机和欧债危机影响,再者受外汇管理体制和资本账户开放深化改革影响,外汇增长速率大幅下降,由 2.85 万亿美元增加到 3.14 万亿美元,年均增长率仅有 1.41%。尤其是 2014 年以来,已由高点的近 4 万亿美元快速下降到 3 万亿美元附近,全球消费疲软导致中国出口创汇能力有所下降,再加上为了防止人民币大幅下滑进而引发恐慌性跨境资本外逃,中国人民银行动用外汇储备以稳定人民币汇率,同时中国政府提出"一带一路"倡议促进企业走出去,也消耗了部分外汇储备。

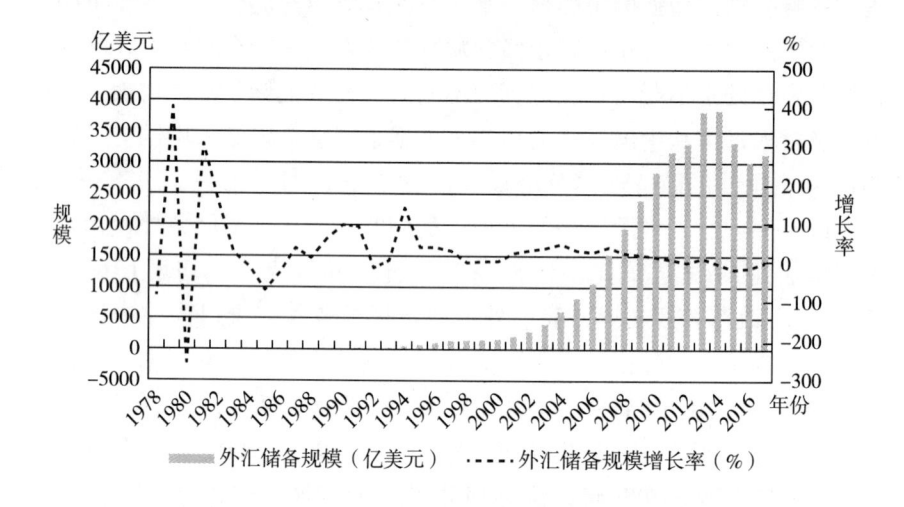

图 2-1 1978—2017 年中国外汇储备规模及增长率

资料来源:中国外汇管理局官网,https://www.safe.gov.cn/safe/whcb/index.html。

我国外汇储备不同阶段差异化增长不仅反映了中国经济发展情况,也充分反映了资本账户深化改革现状。沪港通、深港通政策加强了内地资本市场与国际资本市场联系,上海和前海自贸区的人民币自由兑换等政策进一步促进了资本账户开放。随着"一带一路"倡议推进，中国企业利用自身产业优势走出去的步伐将加快，外汇储备变化波动将增大。但外汇储备规模应与中国经济发展相匹配，外汇储备规模过大，降低了资本的有效使用率，并增加了通货膨胀压力。外汇储备主要是以存款形式储存在外国银行，资产虽然较为安全但所获利息较低，如果用于高技术产业投资，能增加资源使用效率，提高经济的潜在增长动力。中国的外汇储备是人民币供给的重要渠道，外汇储备增加意味人民币供给的相应增加，形成过分宽裕的货币供给，加剧了通货膨胀压力。与此同时外汇储备规模过少，降低中国对宏观波动的干预能力，并增加金融风险。外汇储备是一国调节宏观经济、实现内外平衡的重要手段，如国内宏观经济不平衡，可动用外汇储备增加进口以满足总需求。而且外汇储备有利于维护中国在国际上的信誉，是干预汇率波动的有效手段，能防范和化解国际资本流动产生的国际金融危机风险。因此中国应保持适量的外汇储备，以提高中国企业投资效率和生产经营活动。

三 中国国际资本流动状况分析

1994年年初，中国实现了经常账户的有条件自由兑换，随后对资本账户的管制也逐渐放松，循序渐进地推进人民币资本项目可兑换，对国际资本流动分类区别管理，鼓励外商直接投资、限制企业外债规模、谨慎开放证券投资。汇率和资本账户管控改革使跨境资金流动规模和波动幅度越来越大，国际收支和外汇储备规模变动已有所反映，本小节将按跨境资本流动的波动特征进行分阶段分析。

（一）相对稳定流入阶段

改革开放后，重心转移到经济建设上来，对外经贸和经济增长发展较快，跨境资本也开始流入国内。但由于吸引外资刚刚开始，法律不完善、经验缺失导致外商投资顾虑很多，吸引外资不仅数量有限，而且波动率较大。1978—1989年，国际资本流动规模在30亿到60亿美元，而且资本主要来源于港澳台地区，投向珠三角、长三角的第三产业。这与当时对外开放政策息息相关，1984年和1985年，中国进一步开放了上海、天津等14个沿海城市，并将长三角、珠三角、厦漳泉三角地区设为沿海经济开发区，在区域内不仅给予利用外资税收优惠，还扩大了地方政府利用外资审批权限，改革试点区域增加也吸引了大量跨境资本投资，1986年国际资本流动达到阶段顶点100亿美元，增长率达到

1651.57%，由于当时中国制造业尚未发展起来，而服务业对资本、就业吸纳能力不足，后续跨境资本流入规模逐渐萎缩。改革开放后，系列政策措施改善了沿海经济开放的投资环境，促进外资流入沿海地区，加快了国际资本流入规模和速度，国际资本流动波动率虽较大，但整体呈相对稳定流入态势，也为后续沿海地区利用国内充裕劳动力要素发展加工制造业奠定了资金和管理基础。

（二）相对稳定流出阶段

受1997年亚洲金融危机冲击，中国在东南亚国家投资受到一些损失，再加上美国为了应对经济过热和互联网资产泡沫，连续加息导致中美汇差和利差增加，跨境资本大量流出中国。故为了应对跨境资本大量外流，中国政府收紧了对资本账户的管理，加大了对逃汇、套汇、骗汇和外汇黑市等的执法力度，并出台了相关审慎监管政策措施，有效控制了跨境资本的大量外流，降低了对宏观经济的冲击。除了1998年、1999年和2000年外，其他年份流出规模均在200亿美元左右，国际资本流出速度和规模相对稳定。这也与1992年中国政府在全国范围内全面推进对外开放有关，进一步开放6个沿江港口城市、13个内陆边境城市和18个内陆省会城市。进一步对外改革开放不仅促进了全国经济增长，也为外商提供更多投资机会，缓解了1997年亚洲金融危机的冲击，增强了跨境资本对中国经济发展的信心，外商投资规模不断膨胀，逐年降低了国际资本流出规模，到2001年国际资本流出规模下降到100亿美元左右，与1992年流出规模相当。亚洲金融危机发生以来，中国政府迅速出台了相关管控措施并进一步对外改革开放以加大吸引外商直接投资，为中国制造业发展营造了良好的发展环境，也为加入世界贸易组织后出口贸易快速增长奠定了基础。

（三）快速流入阶段

2001年12月，中国加入世界贸易组织后，逐渐放松市场准入制限制，出口贸易顺差和外汇储备值逐年上升，国家信用逐渐增强，人民币升值预期高涨，吸引大量跨国资本流入中国。再者中国放松了对资本账户管制，通过QFII制度增加资本市场的对外开放度，允许合格境外机构投资者投资中国资本市场，购买上市公司股票。中国经济增长势头强劲和资本账户逐渐放松，吸引了外资大量流入，从2002年到2009年间，除2006年外，中国国际资本流动均处于流入状态，从 -29.45亿美元增加到 1698.83 亿美元，年均增长率在 50% 以上。综合来看，从中国加入世界贸易组织以来，该阶段国际资本快速流入中国呈现两个显著特征：第一，跨境资本越来越多通过持有股票方式流入中国，到 2009 年证券资产占 QFII 总持有资产比例超过 80%。第二，跨境资本呈单向波动特征，持续性净流入鲜有中断，中国经济更快融入全球市场，国际贸易和投资机会使得大量跨境资本源源不断流入中国。当然国际资本快速流入也引起了国内学者的担忧，中国资本市场仍处于完善进程中，股票市场中存在大量的羊群效应等非理性投资，跨境资本大量流入会助长投机行为，并增加金融资产泡沫。而且跨境资本流入中国形成外汇占款，也增加了治理通货膨胀压力，侵蚀企业抵抗风险能力。故跨境资本源源流入本身不是问题，关键在于入境的国际资本去处，如果不能引导跨境资本进入实体产业，提高企业产品的附加值，融入的国际资本必然进行投机活动，形成热钱降低宏观经济的稳定性。

（四）快速流出阶段

2010 年 8 月，中国人民银行正式试点境外机构投资我国银行间债券市场，与股票市场一样，银行间债券市场也逐渐实现了对外开放，跨境资本开始稳步流入债券和股票市场。但受 2007 年美国次贷危机和 2010 年欧债危机影响，再加上中国供给侧结构改革影响，中国经济增长速度下滑，中国经济进入"新常态"。面对危机影响和中国经济下行压力，许多外企经营困难，大量国际资本为求自保而将资本流回美国，导致我国国际资本流动呈快速流出态势，尤其是 2015 年，国际资本流出超过 8000 亿美元，随后从顶峰迅速回落，2017 年国际资本流出 3281.45 亿美元。虽然 2014 年以来，国际资本快速流出中国，但中国资本市场开放速度加快：第一，2014 年沪港通获批并开通，中国资本市场的互联互通，增加了资本市场的流动性，吸引跨境资本增持中国上市公司股票，但互联互通也增加了跨境资本流出的便利性，再加上 2015 年汇率制度改革，人民币汇率变动幅度增加也增加了国际资本流出压力。第二，2016 年在向境外央行开放债券市场基础上，允许中长期境外投资者参与债券市场，投资主体增加也促进债券市场的国际资本流入。随着中国资本市场的进一步开放，国际资本参与度也得到提升，外资对于人民币资产的价格发现发挥了越来越重要的作用。

2010 年以后，中国国际资本流动呈快速流出状态，与之前国际资本流动现状差异较大。这既与中国经济新常态发展现状相关，也与资本账户深化改革开放及"一带一路"倡议鼓励优势企业走出去相关。供给侧结构改革淘汰落后产能，产业转型升级，"一带一路"倡议将加速龙头企业海外布局投资，而人民币国际化和资本账户深化改革将便利资本流动，导致未来国际资本流动仍呈流出状态。但随着中国经济增长质量改善，未来国际资本不可能大幅外流，对经济冲击有限。国际资本是伴随全球经济、金融一体化发展而不断流动的，改革开放以来，中国在全球资本市场中的角色越来越重要，国际资本流动也呈现出鲜明特征：第一，流动方向上，中国已从净资本流入国转变成净流出国。随着中国经济的快速发展，国内储蓄逐渐能满足国内投资需求，净储蓄的增加使得中国变成资本富裕国家，富裕的国内资本开始增加海外投资以及海外优质资产购买，从而将中国变成净资本输出国。第二，资本去向上，基于实体经济的流动远大于金融资产流动。改革开放后，中国资本账户开放遵循先实体后金融、先流入后流出的顺序，面临技术和设备双重缺乏的中国，以外国直接投资方式引入资本和技术，故严格限制资本流出，长期内国际资本流动均以外商直接投资为主。由于中国资本市场仍不发达，金融机构难以发挥中介和价格发现作用，完全放开对资本市场管制不现实，故金融资产流动规模将长期低于基于实体经济流动规模。后续随着中国资本市场与国际资本市场的对接互联互通，金融资产流动规模也将快速增加。第三，流动主体上，私人资本流动将逐渐占据主体。近年来中国经济的快速发展，民营企业和居民累积了大量财富，需要配置全球优质资产或以寻求资源、技术为主的跨境投资。随着中国资本账户进一步开放和金融市场的逐渐完善，国际资本流动的绝对规模和相对规模以及流动速率均会上升，对中国政府的金融监测与管理能力要求更高。无论国际资本是流入还是流出，只要能引导资金流入实体企业，改善企业投资效率，中国资本账户更加开放不会冲击宏观经济的稳定性。

第三节　中国资本账户改革前景展望

发达经济体与发展中经济体经济基础不同，其资本账户开放战略差异较大。中国在资本账户开放过程中，更偏向发展中经济体常采用的积极渐进式开放模式。这也与中国外汇管理和资本账户开放进程有关。资本账户的稳健开放是中国目前最希望推进的改革之一，但改革难度和风险比较大，也需要重新检视过往资本账户改革的经验与教训。

第一，我国外汇改革制度经历了汇率双轨期、银行结售汇制、汇率并轨期、汇率市场化改革演进变革。与此同时，自改革开放以来，中国政府一直秉持渐进式改革路径，资本账户开放由宽进严出，到对中长期资本流动进行管制，再放开短期资本流动管制，然后实行试点推广政策，直至最终实现资本账户的完全开放。2010年前，国际资本不断流入我国，我国外汇储备规模不断增加。而2010年后，国际资本呈现净流出态势，并且流动规模和波动幅度均有放大趋势。

第二，我国国际资本流动从改革开放后的相对稳定流入阶段，经过了相对稳定流出阶段，再到快速流入阶段，直到2010年以后，我国国际资本流动呈快速流出状态，与之前国际资本流动状况差异较大。资本账户开放导致的国际资本流动波动，是否会影响企业投资决策以及生产经营活动，将是重要的研究问题。信息技术加快了资本流动速率以及企业的感知能力，国际资本流动如能提高企业投资效率，实现优胜劣汰，提高企业生产经营能力，国际资本流动波动将难以冲击中国的宏观经济稳定性。

第三，发达经济体与发展中经济体在资本账户开放进程中差异较大，经验教训有所不同。发达经济体拥有比较成熟的经济和金融体制，故除日本外，资本账户开放大部分比较成功，但发达经济体资本账户开放成功与否，与开放时间、开放策略无关，关键在于其对微观实体企业的冲击，国际资本流动能否促进优秀企业投资，进而淘汰落后产能、落后企业。发展中国家由于经济基础薄弱，资本账户开放时间长，过程曲折，失败风险较高，但如果发展中国家拥有健全有效的金融体系和具有竞争能力、抵御风险能力的企业、银行等微观主体，能很大程度降低失败风险。因此，发展中国家在资本账户开放过程中应引导长期资本流入本国具有比较优势的行业和企业，限制投机性短期资本流入落后行业和企业，增强企业竞争力和抵御风险能力。

中国外汇制度和资本账户开放改革，增加了国际资本流动的波动幅度，尤其是2010年以来，国际资本流动呈快速流出状态。本小节将在分析中国资本账户开放面临难题的基础上，分析中国资本账户改革的前景。

一　中国资本账户改革面临难题

纵观历次国际金融危机，发展中国家在固定汇率制度下选择完全放开资本账户改革，往往会诱发金融危机，如1997年的亚洲金融危机导致的大量资本外流。2015年8月11日中国人民银行实行人民币汇率中间价报价机制改革，人民币汇率中间价参考上一交易日收盘价和一篮子货币汇率变化，人民币汇率逐渐实现双向浮动，受美国加息预期影响，浮动汇率制度下人民币面临较强的贬值预期，国际资本流出压力加大。资本账户完全开放是中国金融对外开放的长期目标，但短期内加强国际资本流动管理也必不可少，因为中国资本账户改革还面临以下难题。

第一，国内资本市场仍需加强监督管理。中国资本市场投资主体仍以个人投资者为主，机构投资者数量较少，资本市场投机氛围盛行，投资行为取决于个体对投资标的的偏好，且偏好随机性较强，增加了资本市场整体不稳定性。基于充分的信息披露与市场博弈的公允市场化定价体系仍未形成，企业在资本市场的发行仍实行核准制，证券监管机构仍保留合规性的实质性审查，但缺少约束失信的市场选择机制和行政司法惩戒机制，导致资产市场存在大量欺诈发行、带病上市，保荐机构只荐不保，会计师、律师伙同造假，信息披露不真实、不及时、不准确等问题。而且改革开放以来，中国经济高速增长累积了大量长期风险，如房地产价格泡沫、地方政府债务等结构性难题，国内资本市场在这些难题形成过程中起到了重要催化作用。故在国内资本市场未完成结构性改革前，贸然完全放开资本账户管制，大量国际资本流出将严重冲击国内经济生态平衡。资本市场结构性改革决定了中国资本账户改革的进程，但资本市场结构性改革难度往往大于资本账户改革，因此资本市场结构性改革进度往往滞后且属于被动性改革，进而加大资本账户改革的难度和风险。

第二，宏观政策协调难度加大。作为最大的发展中国家，中国需要独立货币政策来调整国内经济发展周期。目前全球经济仍较为脆弱，国际投资者避险情绪较强，欧美发达经济体的信用水平较高，其货币资产避险属性更强，如果中国贸然放开资本账户管制，庞大的国际资本流动将限制货币政策效果，降低货币政策独立性。而且根据蒙代尔不可能三角理论，中国在国际资本自由流动、固定汇率、货币政策独立性中只能三者取二，如果货币政策受国际金融环境影响只能被动调整，则面对经济冲击，中国仅能靠财政政策来调整经济发展，宏观经济政策协调难度将陡增。

第三，外汇储备流失风险加大。以外币衡量的外汇储备是一国信用的象征，是应对国内经济危机的重要对冲手段，中国需要保持合适的外汇储备规模，以应对进口商品、偿还外资、维持资本市场稳定等需求。目前中国外汇储备维持在3万多亿美元的规模，考虑到中国海外净资产收益为负数，有需要偿还的大量企业和政府外债，现有外汇储备并不是很充足。如果资本账户完全放开，外汇储备流失风险较大，则导致汇率贬值和更大规模的国际资本流出，进一步消耗本已较少的外汇储备，进而影响中国的金融经济稳定和安全。

第四，能否提高经济发展质量。目前学者对于资本账户开放与宏观经济增长关系的研究未有统一结论，存在正相关、负相关、不相关三种结论。资本账户开放成功关键在于能否促进经济高质量发展，经济高质量发展在于能否促进企业的生产发展转型。而产业和企业的生产结构和技术优化是长期改善过程，意味着为了使微观经济主体企业适应资本账户改革，资本账户改革历程也是长期改革过程。只有以实体产业和企业的实际需求为切入点进行的资本账户改革开放，才能促进经济高质量增长，才是较为成功的改革。

总之，在欧美等发达经济体主导的国际经济体系，作为最大新兴发展中国家的中国在资本账户改革过程中，面临套利套汇投机行为导致的经济损失、国内资本市场改革缓慢、历年经济发展累积的外汇储备流失、宏观经济政策协调难度加大等难题。在难题解决前，中国资本账户改革开放不可冒进，需要守住不发生金融经济危机的底线，以提高微观经济主体的生产经营效率为目标，有针对性地实施渐进式改革。

二 中国资本账户改革发展趋势

受2020年新冠肺炎疫情影响，全球经济普遍面临高通货膨胀冲击，进而加剧国家间的竞争与摩擦，尤其是中美两国存在有限脱钩的风险，资本账户进一步开放的顾虑颇多。如何统筹宏观经济安全与资本账户开放间的关系，则是未来一段时间内改革方向与趋势。

第一，适当的资本账户管控措施仍有存在价值。由投资者主导的短期国际资本流动存在较强的顺周期特征，在面临危机冲击下，本国投资者和国外投资者很有可能同向操作,即国内资本和国际资本同时流入或同时流出,放松资本账户管控措施,会导致短期国际资本流动波动更加剧烈,加大中国宏观经济政策协调难度。而宏观经济波动需要外汇储备来稳定人民币汇率,外汇储备消耗过快会加大波动幅度,适当通过资本流动管制措施来抑制短期资本大幅外流,能更有效稳定汇率和国内资产价格。就中国目前发展现状来看,保持一定的资本流动管控能力,是稳定中国国际收支、避免系统性金融危机爆发的最后防火墙,相当长一段时间内仍有保留的价值。当然资本账户管控并不意味着停止资本账户开放改革,随着中国产业升级,部分产业对外转移,中国经济或将面临持续的经常账户逆差,需要资本账户开放,引入跨境资本来平衡国际收支。

第二,国内资本市场改革是关键,需要协调推进改革。2019年以来,国务院相继公布了上海临港新片区、粤港澳大湾区、海南自贸区总体建设方案,为资本账户进一步开放积累改革经验。在改革试验田内检验监管机构的监测和管理能力,测试国际资本流动对境内金融结构的冲击风险,积极寻找金融机构和资本市场结构性改革方案和措施,提升金融机构抗风险能力,以便将累积的开放经验逐渐推广。2020年国家发展和改革委员会印发《2021年新型城镇化和城乡融合发展重点任务》,取消城区常住人口300万以下城市的落后限制,进一步有序放开放宽城市落后限制,降低城市住房与教育、医疗等公共服务间联系,有助于降低房地产泡沫。随着中国经济结构和国内资本市场结构改革渐进有序推进,资本账户开放也将进一步有序推进,二者的协调共同推进,将增加改革的效果。

第三,保持外汇储备稳定仍是资本账户改革重心。由新结构经济学理论可知,一国的金融制度内生于一国的产业结构,一国的产业结构内生于一国的资源禀赋。中国的熟练劳动力在要素禀赋中占比仍然较重,劳动密集型产业在产业结构中仍将处于主导地位,吸纳大量就业以维持社会经济稳定,产业结构转型将任重道远。考虑到资本在中国经济发展中仍将处于强势地位,相对稀缺的资本决定了中国金融制度仍需考虑为经济发展累积资本和技术,在资本账户开放过程中对资本流出进行适当管制,将外汇储备稳定在当前合理规模。当然也要兼顾中国企业去海外收购战略物资和高技术企业的需求,发挥外汇储备宏观稳定器作用,同时促进产业结构的升级转型。

第四，资本账户开放要以服务实体经济为中心。资本账户改革要能提升金融服务实体经济的专业能力，引导国际资本有序流向实体企业，让实体企业筋骨强健，提升宏观经济体系抵抗风险能力。以往制度改革会出现"一抓就死、一放就乱"的怪圈，故资本账户开放改革要以金融服务实体经济为基本原则，不惧国际资本流动的波动幅度增加，对于涉及风险不大的资本项目可先在上海临港新片区、粤港澳大湾区、海南自贸区等试验田先行先试，累积经验等条件成熟时再大面积推广。资本账户开放紧紧围绕金融服务实体的根本原则，提高企业的投资效率和生产经营能力，就能抵抗资本账户开放改革造成的冲击，形成良好的开放格局。

综合而言，国际资本账户开放改革的国际经验教训表明，在资本市场化改革和有效金融监管体系没有完全建立前贸然放开所有资本流动管制，很有可能遭受经济金融危机。目前尽管中国在利率市场化改革上取得了一定成绩，但资本市场还未完全建立有效的法人治理结构和内控机制，金融监管能力仍有待进一步提高。故在目前欧美发达经济体主导的国际货币和金融体系下，后疫情时代下大国间的竞争与冲突更加激烈，中国资本账户开放改革面临更多的困难和掣肘，需要有足够的耐心采取渐进有序的改革模式，未来较长时间段内仍需要对国际资本流出采取适当的额度管控。但这并不意味着资本账户开放改革停滞，为了稳步推进资本账户开放改革，应以金融服务实体经济为根本原则，保持外汇储备稳定同时提高企业的投资效率。同时还应与国内资本市场改革协调推进，继续按照供给侧结构性改革的要求，加大减税清费力度，加快推进国内市场化改革，改善投资环境，为国内企业和私人投资者提供更多的投资机会，提高投资边际收益和对国内外资本的吸引力。结合已经开展的金融开放试验田，进行金融风险压力测算，并累积监测和管理经验，加快推进国内资本市场改革，推进经济体制和汇率市场化形成机制改革，使资本账户开放不仅有利于稳外贸和稳外资，还能有利于释放中国经济增长的潜在动力，促进经济长期高质量发展。

第三章 国际资本流动对中国企业投资效率的影响

资本账户渐进式改革开放将增加国际资本流动规模，增加中国企业接触国际资本的机会，有助于缓解企业融资约束问题进而促进企业投资，但资本账户的开放也增加了国际资本流动的波动幅度，外部环境不稳定也会冲击企业的生产经营。虽然国际资本流动的经济影响一直是学者研究的重要问题，但已有文献主要采用总量数据实证分析国际资本流动对总投资的影响，由于忽略了地区、行业、企业等特征差异的影响，实证结果并未统一。因此本章将宏观冲击和微观企业个体结合，在考虑地区、行业差异情况下，采用上市公司数据实证分析国际资本流动对中国企业投资效率的影响。

第一节 中国企业投资效率的典型事实

随着中国经济快速发展，中国企业投资效率有所改善，但不同行业、区域的企业存在一定的差异性。故通过将2678家上市公司31个季度企业投资效率数据简单平均为31个省、自治区、直辖市的年度企业投资效率均值和72个行业的年度企业投资效率均值，本节将从地区差异、行业差异和企业类型差异视角来解析中国企业投资的发展情况，并为研究国际资本流动对中国企业投资效率的影响提供统计支持。

一 中国企业投资效率的区域差异

改革开放后，决定资本流动的主体由政府部门转向金融机构，再到国内外机构投资者，乃至个体投资者，而资本与投资在经济增长理论中仅是存量与变量的关系，区域经济发展会影响资本流动。经济越发达的地区资本流动性越强，企业用于投资的资金筹集渠道越多，投资不足现象越少。企业投资效率值采用残差绝对值衡量的，该值越大，表示企业投资效率越低。本书根据企业注册地，将企业投资效率简单加总为省、自治区、直辖市平均企业投资效率，如表3-1所示。第一，各省、自治区、直辖市的平均企业投资效率差异较大，2017年，海南省的平均企业投资效率值为0.086，约为江苏省的2倍。第二，大部分省、自治区、直辖市的平均企业投资效率值随时间推移先降低后增加，且下降幅度大于增加幅度，即大部分省、自治区、直辖市的平均企业投资效率先变大后降低。2015年以来，中国经济指标之间联动性出现背离，如居民收入增加而企业利率下降、消费上升而投资下降等现象。为了调整经济结构，实现要素最优配置，纠正经济结构分化，中央经济工作会议上首次提出"三去一降一补"去杠杆任务，力图去掉低利润、高污染的过剩产能，降低企业库存和杠杆。为了降低过剩产能和企业杠杆，中国收紧了对实体经济的融资，进而降低了企业投资规模，对企业投资效率产生了一定冲击。但后续过剩产能的持续清理，将释放融资空间，有助于提高新兴产业的投资效率。第三，总体上，东部省、自治区、直辖市的平均企业投资效率值小于中部省、自治区、直辖市的，中部省、自治区、直辖市的平均企业投资效率值小于西部的，即东部企业投资效率大于中部，中部大于西部。

表3-1　　各省、自治区、直辖市平均企业投资效率值

省、自治区、直辖市	2010年	2011年	2012年	2013年	2014年	2015年	2016年	2017年
安徽省	0.054	0.049	0.040	0.047	0.047	0.052	0.055	0.042
北京市	0.059	0.059	0.053	0.048	0.059	0.062	0.060	0.049
福建省	0.067	0.050	0.049	0.049	0.062	0.066	0.060	0.053
甘肃省	0.045	0.047	0.066	0.068	0.054	0.045	0.050	0.044
广东省	0.189	0.063	0.055	0.061	0.051	0.065	0.057	0.050
广西壮族自治区	0.066	0.080	0.052	0.058	0.053	0.064	0.062	0.039
贵州省	0.038	0.036	0.041	0.035	0.045	0.042	0.035	0.027
海南省	0.055	0.047	0.054	0.070	0.050	0.055	0.074	0.086
河北省	0.059	0.056	0.045	0.050	0.045	0.048	0.053	0.037
河南省	0.074	0.052	0.043	0.037	0.044	0.051	0.058	0.043
黑龙江省	0.061	0.100	0.044	0.049	0.049	0.074	0.071	0.058

续表

省、自治区、直辖市	2010年	2011年	2012年	2013年	2014年	2015年	2016年	2017年
湖北省	0.546	0.253	0.084	0.078	0.078	0.051	0.049	0.052
湖南省	0.067	0.118	0.148	0.091	0.066	0.057	0.053	0.049
吉林省	0.196	0.171	0.158	0.059	0.054	0.056	0.045	0.046
江苏省	0.057	0.045	0.045	0.096	0.053	0.064	0.061	0.045
江西省	0.130	0.048	0.051	0.041	0.037	0.052	0.043	0.040
辽宁省	1.069	0.331	0.090	0.069	0.062	0.076	0.055	0.044
内蒙古自治区	0.087	0.094	0.078	0.049	0.042	0.049	0.041	0.038
宁夏回族自治区	0.071	0.103	0.123	0.036	0.062	0.099	0.081	0.058
青海省	0.095	0.076	0.058	0.068	0.038	0.068	0.099	0.062
山东省	0.252	0.083	0.065	0.053	0.047	0.054	0.054	0.049
山西省	0.076	0.085	0.092	0.061	0.051	0.058	0.046	0.043
陕西省	0.065	0.050	0.050	0.042	0.053	0.062	0.059	0.050
上海市	0.091	0.068	0.053	0.050	0.057	0.063	0.057	0.042
四川省	0.053	0.047	0.053	0.048	0.051	0.058	0.056	0.049
天津市	0.040	0.048	0.053	0.041	0.044	0.055	0.055	0.031
西藏自治区	0.134	0.060	0.049	0.065	0.059	0.073	0.045	0.070
新疆维吾尔自治区	0.062	0.065	0.049	0.060	0.046	0.063	0.071	0.049
云南省	0.042	0.058	0.036	0.052	0.050	0.045	0.053	0.046
浙江省	0.051	0.052	0.044	0.043	0.048	0.055	0.058	0.046
重庆市	0.621	0.146	0.112	0.114	0.279	0.090	0.059	0.047

资料来源：作者计算所得。

为了更细致地描绘中国企业投资效率的地区差异，本书将样本数据按东部、中部、西部划分为三个子样本，其中东部地区包括，辽宁省、北京市、天津市、河北省、山东省、江苏省、上海市、浙江省、福建省、广东省、广西壮族自治区、海南省；中部地区包括，山西省、内蒙古自治区、吉林省、河南省、黑龙江省、安徽省、湖北省、湖南省、江西省；西部地区包括，甘肃省、贵州省、宁夏回族自治区、青海省、陕西省、四川省、西藏自治区、新疆维吾尔自治区、云南省、重庆市。东、中、西部地区的企业投资效率值如图3-1所示：第一，2012年以前，东、中、西部地区企业投资效率值均显著下降，即东、中、西部地

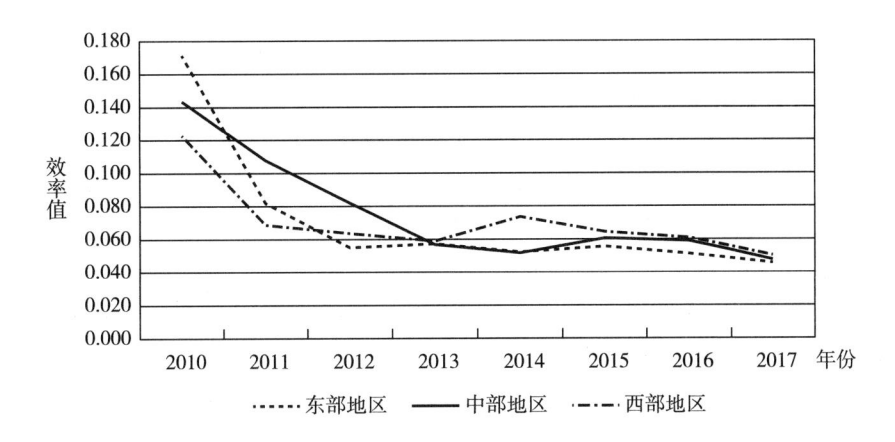

图 3-1　东部、中部、西部地区平均企业投资效率值

注：企业投资效率值采用残差绝对值衡量，该值越大，表明企业投资效率越低。东部地区包含辽宁省，而辽宁省的企业投资效率值较大，2010年甚至达到1.069（绝对值为正，实际值为负，即辽宁省存在严重投资不足，投资效率较低下的问题）。

区企业投资更加有效率，且东部地区企业投资效率值由0.171快速下降到0.055，下降幅度最大，说明东部地区企业投资效率提高最快。第二，2012—2015年，东、中、西部地区企业投资效率值变化趋势差异较大，东部地区企业投资效率值一直缓慢下降，下降到2014年的0.052，中部地区企业投资效率值先降后增，先下降到2014年的0.052再上升到2015年的0.061，西部地区企业投资效率值先增后降，先上升到2014年的0.074再下降到2015年的0.064。第三，2015年以后，东部地区企业投资效率值为0.046，小于中部地区企业投资效率值的0.048，小于西部地区企业投资效率值的0.050。东部地区经济已进入到集约增长阶段，企业投资效率保持在较高水平，中部地区企业投资效率较为接近东部，投资效率最差的为西部地区。受经济发展阶段和绩效考核机制的约束，西部地区的政府官员更有动机通过增加投资规模来促进经济增长，热衷投资于短期见效快的高污染、高能耗项目，为了筹集项目建设资金，政府官员也更偏向将项目投资成本转嫁给企业，进而扭曲企业投资行为。高污染、高能耗项目挤占了新兴产业发展空间，而且企业负担增加降低了企业可用于投资的资本，进而降低了西部地区的企业投资效率。而东部地区经济发展程度较高，降低了政府官员为晋升而干预企业投资的动力，企业投资更着眼于市场机制的引导作用，并通过提高企业投资效率来强化企业的竞争优势和能力。改革开放以来，中国经济虽历经全方位的市场化改革，但由于历史、自然条件等影响，各地区的市场化水平存在显著差异，东部地区市场化水平较高，激烈的市场化竞争使得企业投资较为谨慎，会根据价格机制和产品供需关系灵活调整产品供给，决定投资项目，既不能投资不足丧失发展机会，也不能过度投资透支企业未来，企业投资效率更高。

综合来看，不同省、自治区、直辖市的企业投资效率值差异较大，而且东部地区企业投资效率高于中部地区企业投资效率，中部地区企业投资效率高于西部地区企业投资效率，但中、西部地区的企业投资效率提高幅度要大于东部地区，中西部地区企业投资效率与东部地区的差距在缩小。地区经济发展水平、市场化进程、法治环境均是企业投资效率区域差异的重要原因，降低政府无效干预，发挥市场引导作用，企业投资意愿和能力均能得到提升。随着中国国际资本流动的日趋频繁，国际资本流动对企业投资效率影响也得到了重视，融资是企业投资的关键影响因素，国际资本相较于国内资本存在天然的信息劣势，而东部地区金融市场较为发达，金融中介获取企业的信息成本较低，能更有效评价投资项目，缓解信息不对称导致的资金匹配难问题，降低了国际资本的投资成本。进而国际资本更偏向流入金融市场更发达的东部地区，缓解企业融资约束问题，提高企业的投资效率。中西部地区由于金融市场发展较慢，信息不对称程度较高，对国际资本的吸引能力下降，导致具有好前景的项目往往因得不到外部资金的支持而投资不足，降低了企业的投资效率。随着中国资本账户的渐进式开放改革持续推进，国际资本流动规模和波动幅度均会出现更大的波动，对中西部地区企业投资的影响也将越来越大，中西部地区应加强金融市场建设，解决信息不对称问题，以增强对国际资本的吸引能力，为当地的经济发展提供更多的资本和技术。

二 中国企业投资效率的行业差异

作为宏观调控重要手段的产业政策，对国民经济发展和企业投资决策均有重要影响力。产业政策是由政府主导的，协调资源在产业间的分配，以支持引导特定产业发展，产业政策也以市场为主导，依靠市场机制和市场理论推动产业发展与创新，避免政府的过度干预，如通过财政补贴、信贷支持、税收优惠等手段支持新兴产业的发展。故企业所处行业不同,产业政策支持力度也不同,其融资能力也具有较大差异,如新能源、人工智能等国家政策支持的行业,产业政策为该类行业发展提供一定的保障,外部资金源源流入,往往导致该行业短期内投资过度。

不同行业的企业投资效率值见表3-2。第一,大部分行业的企业投资效率值随时间下降,即企业投资效率得到提升。自2015年以来,为了降低企业的负债水平,维持经济的健康发展,中国经济主动进行了去杠杆操作,导致企业面临的融资环境趋紧,可选投资范围和投资所需融资规模均有所下降,影响了企业的投资决策。但不同行业所受影响不同,如农业、林业、畜牧业、渔业等生产部门企业投资效率值波动较小,且相较于2010年,投资效率有所提升。第二,不同技术水平的企业投资效率值差异较大,如黑色金属矿采选业、有色金属矿采选业、黑色金属冶炼加工业、汽车制造业等资本密集型行业的投资效率值显著下降,尤其是汽车制造业的平均企业投资效率值由2010年的0.131下降到2017年的0.040,说明该类资本密集型行业投资效率显著提升。但也有金属制品业、专用设备制造业、仪器仪表制造业、房屋建筑业等资本密集型和劳动密集型行业的投资效率值显著上升,尤其是房屋建筑业的平均企业投资效率值由2010年的0.019上升到2017年的0.052,说明该类资本密集型行业投资效率显著下降。而非金属矿物制品业、有色金属冶炼加工业、通用设备制造业的投资效率值变化不大,投资效率没有明显改善。从资本密集程度和劳动密集程度难以区分投资效率的行业差异,可能是因为资本密集型行业和劳动密集型行业间的技术水平存在差异,进而对资本的吸引能力也存在差异。具有一定技术优势的行业,备受政府、投资者的青睐,不存在投资不足的情况,且良好的行业发展趋势也能消化增加的产能,不存在过度投资的情况。

表3-2　　　　　　　分行业平均企业投资效率值

行业名称	2010年	2011年	2012年	2013年	2014年	2015年	2016年	2017年
农业	0.071	0.055	0.050	0.047	0.079	0.057	0.059	0.052
林业	0.081	0.103	0.021	0.060	0.064	0.034	0.064	0.046
畜牧业	0.047	0.037	0.049	0.037	0.046	0.059	0.043	0.039
渔业	0.049	0.063	0.040	0.056	0.037	0.059	0.048	0.041
农、林、牧、渔服业	0.034	0.031	0.057	0.058	0.048	0.153	0.217	0.084

续表

行业名称	2010年	2011年	2012年	2013年	2014年	2015年	2016年	2017年
煤炭开采和洗选业	0.045	0.043	0.056	0.036	0.040	0.052	0.035	0.034
石油和天然气开采业	0.044	0.039	0.046	0.039	0.057	0.034	0.025	0.019
黑色金属矿采选业	0.078	0.060	0.124	0.026	0.046	0.037	0.071	0.058
有色金属矿采选业	0.425	0.114	0.100	0.077	0.047	0.059	0.053	0.039
开采辅助活动	0.038	0.038	0.040	0.034	0.052	0.044	0.055	0.027
农副食品加工业	0.078	0.059	0.065	0.064	0.058	0.055	0.069	0.054
食品制造业	0.100	0.050	0.052	0.057	0.051	0.078	0.052	0.047
酒、饮料和精制茶制造业	0.065	0.057	0.050	0.055	0.047	0.054	0.059	0.058
纺织业	0.049	0.041	0.040	0.038	0.058	0.060	0.052	0.049
纺织服装、服饰业	0.063	0.059	0.043	0.055	0.050	0.061	0.064	0.061
皮革、毛皮及制品和制鞋业	0.046	0.059	0.091	0.035	0.040	0.046	0.047	0.040
木、竹、藤、棕、草制品业	0.037	0.044	0.043	0.050	0.039	0.095	0.063	0.037
家具制造业	0.079	0.040	0.047	0.038	0.048	0.082	0.058	0.060
造纸及纸制品业	0.045	0.049	0.046	0.044	0.041	0.048	0.053	0.044
印刷和记录媒介复制业	0.050	0.043	0.033	0.043	0.036	0.044	0.038	0.047
文、教、体和娱乐品制造业	0.048	0.029	0.045	0.055	0.056	0.065	0.055	0.041
石油、炼焦及核燃料加工业	0.089	0.077	0.058	0.037	0.043	0.062	0.046	0.060
化学原料及制品制造业	0.098	0.064	0.049	0.050	0.040	0.046	0.055	0.045
医药制造业	0.052	0.047	0.043	0.055	0.050	0.060	0.053	0.051
化学纤维制造业	0.051	0.059	0.043	0.034	0.037	0.049	0.057	0.037
橡胶和塑料制品业	0.050	0.043	0.034	0.036	0.043	0.043	0.043	0.044
非金属矿物制品业	0.048	0.043	0.045	0.046	0.042	0.043	0.051	0.043
黑色金属冶炼加工业	0.676	0.089	0.046	0.031	0.032	0.047	0.044	0.034
有色金属冶炼加工业	0.058	0.047	0.064	0.052	0.050	0.051	0.045	0.051
金属制品业	0.037	0.039	0.041	0.047	0.042	0.049	0.061	0.045
通用设备制造业	0.041	0.044	0.039	0.048	0.041	0.050	0.046	0.042
专用设备制造业	0.039	0.042	0.038	0.042	0.045	0.057	0.054	0.046
汽车制造业	0.131	0.125	0.094	0.042	0.043	0.048	0.047	0.040
铁路等运输设备制造业	0.089	0.095	0.082	0.130	0.058	0.065	0.040	0.047
电气机械及器材制造业	0.063	0.051	0.046	0.042	0.045	0.055	0.062	0.047
计算机、通信等设备制造业	0.401	0.123	0.061	0.053	0.059	0.070	0.056	0.050

续表

行业名称	2010年	2011年	2012年	2013年	2014年	2015年	2016年	2017年
仪器仪表制造业	0.044	0.035	0.028	0.031	0.044	0.051	0.069	0.056
其他制造业	0.076	0.163	0.046	0.069	0.057	0.076	0.090	0.056
废弃资源综合利用业	0.146	0.103	0.133	0.069	0.103	0.083	0.066	0.073
电力、热力生产和供应业	0.062	0.045	0.049	0.038	0.053	0.052	0.052	0.032
燃气生产和供应业	0.078	0.142	0.087	0.056	0.040	0.064	0.052	0.044
水的生产和供应业	0.077	0.063	0.036	0.051	0.047	0.047	0.050	0.033
房屋建筑业	0.019	0.044	0.025	0.043	0.031	0.037	0.014	0.052
土木工程建筑业	0.069	0.067	0.065	0.048	0.050	0.045	0.044	0.036
建筑装饰和其他建筑业	0.194	0.117	0.092	0.089	0.089	0.075	0.050	0.044
批发业	0.082	0.062	0.064	0.056	0.058	0.071	0.067	0.048
零售业	0.052	0.047	0.044	0.041	0.048	0.046	0.052	0.039
铁路运输业	0.128	0.183	0.276	0.031	0.041	0.154	0.034	0.042
道路运输业	0.043	0.053	0.046	0.039	0.040	0.057	0.043	0.042
水上运输业	0.044	0.043	0.041	0.071	0.121	0.046	0.063	0.036
航空运输业	0.036	0.038	0.043	0.036	0.038	0.036	0.039	0.033
装卸搬运和运输代理业	0.035	0.072	0.045	0.037	0.042	0.068	0.097	0.041
仓储业	0.026	0.041	0.032	0.037	0.042	0.092	0.047	0.038
邮政业	0.053	0.039	0.047	0.038	0.032	0.054	0.208	0.034
住宿业	0.049	0.053	0.038	0.037	0.036	0.084	0.088	0.054
餐饮业	0.049	0.084	0.041	0.082	0.096	0.065	0.093	0.047
电信、广播电视传输服务	0.050	0.044	0.034	0.042	0.050	0.064	0.064	0.070
互联网和相关服务	0.145	0.227	0.251	0.172	0.298	0.133	0.089	0.068
软件和信息技术服务业	0.554	0.081	0.079	0.077	0.070	0.085	0.076	0.055
房地产业	0.062	0.058	0.047	0.051	0.049	0.061	0.063	0.050
租赁业	0.089	0.201	0.047	0.066	0.034	0.179	0.085	0.059
商务服务业	0.276	0.171	0.093	0.067	0.066	0.080	0.076	0.059
研究和试验发展	0.206	0.043	0.043	0.043	0.069	0.107	0.075	0.036
专业技术服务业	0.058	0.037	0.046	0.048	0.057	0.063	0.058	0.057
生态保护和环境治理业	0.060	0.048	0.076	0.913	0.077	0.038	0.052	0.038
公共设施管理业	0.044	0.084	0.071	0.048	0.048	0.053	0.063	0.045
教育	0.017	0.056	0.034	0.036	0.059	0.039	0.053	0.084

续表

行业名称	2010年	2011年	2012年	2013年	2014年	2015年	2016年	2017年
卫生	0.078	0.061	0.074	0.051	0.078	0.098	0.091	0.059
新闻和出版业	0.351	0.194	0.084	0.069	0.068	0.066	0.060	0.060
广播、电视和影视制作业	3.725	1.047	0.194	0.117	0.104	0.127	0.104	0.053
文化艺术业	0.077	0.090	0.089	0.081	0.104	0.132	0.063	0.044

资料来源：作者计算所得。

为了进一步衡量不同技术水平对企业投资效率值的影响，本书借鉴江剑和官建成（2008）的分类方法①，按照产业平均研发强度将制造业分为高技术、中技术、低技术制造业三类：低技术制造业包括农业，林业，畜牧业，渔业，农、林、牧、渔服务业，煤炭开采和洗选业，石油和天然气开采业，农副食品加工业，食品制造业，纺织业，纺织服装、服饰业，皮革、毛皮、羽毛及其制品和制鞋业，家具制造业，造纸及纸制品业，印刷和记录媒介复制业，文教、工美、体育和娱乐用品制造业，石油加工、炼焦及核燃料加工业，非金属矿物制品业；中技术制造业包括黑色金属矿采选业，有色金属矿采选业，开采辅助活动，酒、饮料和精制茶制造业，木材加工及木、竹、藤、棕、草制品业，化学原料及化学制品制造业，化学纤维制造业，黑色金属冶炼及压延加工业，有色金属冶炼及压延加工业，金属制品业，电力、热力生产和供应业，燃气生产和供应业，水的生产和供应业；高技术制造业包括医药制造业，橡胶和塑料制品业，通用设备制造业，专用设备制造业，汽车制造业，铁路，船舶，航空航天和其他运输设备制造业，电气机械及器材制造业，计算机、通信和其他电子设备制造业，仪器仪表制造业，其他制造业，废弃资源综合利用业，电信、广播电视和卫星传输服务，互联网和相关服务，软件和信息技术服务业，研究和试验发展，专业技术服务业，教育。

高技术、中技术和低技术制造业平均企业投资效率值如图3-2所示：第一，2010年，中技术制造业的平均企业投资效率值大于高技术制造业的平均企业投资效率值，高技术制造业的平均企业投资效率值大

---

① 江剑、官建成：《中国中低技术产业创新效率分析》，《科学学研究》2008年第6期。

于低技术制造业的平均企业投资效率值,说明低技术水平行业的投资效率最高。自 2001 年中国加入世界贸易组织以来,中国制造业逐渐融入全球产业链中,凭借劳动力比较优势,劳动密集型产品出口优势较大,国际需求增加了相应行业的投资需求。第二,2010—2017 年,高技术、中技术和低技术制造业平均企业投资效率值均呈现先下降再增加然后再下降的趋势,说明行业投资效率波动幅度较大,但相较于 2010 年,投资效率均有一定的提高。2008 年国际金融危机过后,国际贸易波动幅度较大,全球经济处于持续恢复过程中,外部需求波动也增加了企业生产经营风险,需要企业提高生产经营效率以应对相应风险,故企业投资效率在波动中得到提升。第三,2017 年,高技术制造业的平均企业投资效率值大于低技术制造业的平均企业投资效率值,低技术制造业的平均企业投资效率值大于中技术制造业的平均企业投资效率值,说明中技术制造业投资效率最大,高技术制造业仍需提高投资效率。高技术、中技术和低技术制造业平均企业投资效率值的时间变化趋势与中国经济发展情况一致,随着中国经济快速发展,经济结构转型升级,中国制造业企业技术水平逐渐由低技术过渡到中技术水平,因此中技术制造业企业投资效率提升最快,而高技术制造业的发展需要持续的资本等资源投入,因此高技术制造业企业投资效率没有中技术制造业企业投资效率提升得快。而且随着中国持续淘汰高污染、高能耗产能,煤炭、钢铁等低技术制造业平均企业投资效率值也大幅下降,即该行业的企业逐渐回归理性投资,过度投资现象减少也使得投资效率大幅提升。

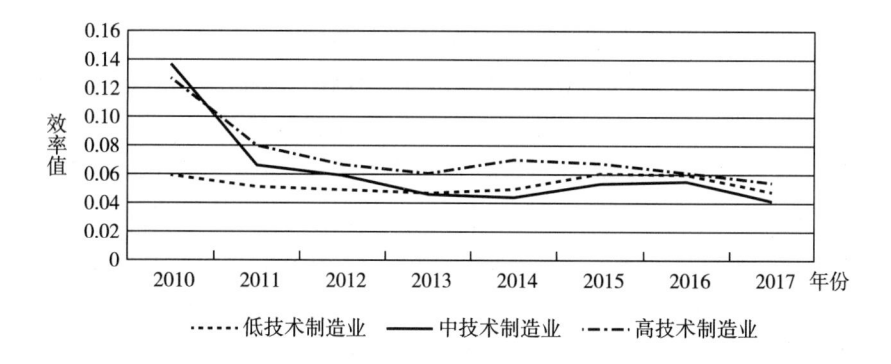

图 3-2 高技术、中技术、低技术制造业平均企业投资效率值

制造业属于国民经济的中坚行业，2010 年以来，中国制造业投资效率虽波动较大，但投资效率提升较为明显，如中技术制造业平均企业投资效率值由 2010 年的 0.137 快速下降到 2017 年的 0.042，投资效率是 2017 年三种技术中最高的。自金融危机以及欧债危机以来，发达经济体增速放缓，需求降低，并且我国制造业中大多数行业属于资本密集型和劳动密集型产业，在面临生产成本大幅上升、产能过剩困境时，中国制造业逐渐推进产业升级和投资结构调整，故中技术制造业投资效率虽波动较大，但投资效率也得到长期提高。同时高技术制造业投资效率虽也得到提高，但仍是三种技术中投资效率最低的，尤其是需要解决新兴制造业投资不足难题。随着中国加大产业结构升级力度，高技术制造业的投资价值凸显，但由于高技术制造业研发周期长、投资规模大，且面临国外先进技术的竞争，投资失败风险也较大，单依靠私人投资者难以解决投资不足难题。资本账户改革开放带来的国际资本也可助力高技术制造业发展，因此在经济转型重要时期，需要加强宏观调控，完善投资机制，并引入合理的激励机制，以市场方式引导国际资本流入高技术制造业。

三　中国企业投资效率的企业类型差异

国有企业和民营企业由于产权性质不同，在市场中的地位和担负的社会责任也存在差异，相较于民营企业，国有企业在应对激烈的市场竞争，灵活应对能力较差，投资效率较低。但考虑到国有产权带来的融资优势，近年来非国有企业投资效率相对更低。为了衡量不同类型企业对企业投资效率影响，本书将企业分为国有企业、民营企业、外资企业和公众企业四类，四类企业的平均投资效率值如图 3-3 所示。第一，国有企业、民营企业、外资企业和公众企业投资效率值呈现先下降后上升再下降趋势，说明四类企业投资效率虽有波动，但都有所提高。改革开放 40 多年来，中国投资建设和体制改革取得了一定的成效，再者融入全球经济体系后，中国企业也逐渐适应了来自国外企业的激烈竞争，在竞争过程中锻炼了企业生产经营能力。第二，在所有类型企业中，国有企业投资效率最高，平均投资效率值由 2010 年的 0.139 下降到 2017 年的 0.047。国有企业受制于国有性质，在应对市场变化时缺乏一定的灵活性，但其在金融市场中具有一定的融资优势，从而面临较小的融资约束困境。国有产权能给国有企业增信，带来融资的便利和优惠，能通过银行等金融中介机构获得持续的资金支持。资金支持能缓解国有企业的融资约束困境，再者国有企业生产经营较为稳健，激进投资现象较少，故中国国有企业投资效率保持持续改善状态。第三，2013年前，民营企业投资效率值不是最大的，但2013年以后，民营企业投资效率值最大，说明相较于其他类型企业，民营企业受困融资难等问题，投资效率相对处于下降趋势。自2008年国际金融危机以来，国际需求仍较为疲软，产能过剩较为严重，为了降低中国经济风险，中国实施的去杠杆等宏观经济调控政策也增加了民营企业生产经营的不确定性。民营企业在面临融资渠道窄、资金成本高、企业负担重困境下，投资意愿下降，导致投资效率提升相对不明显。

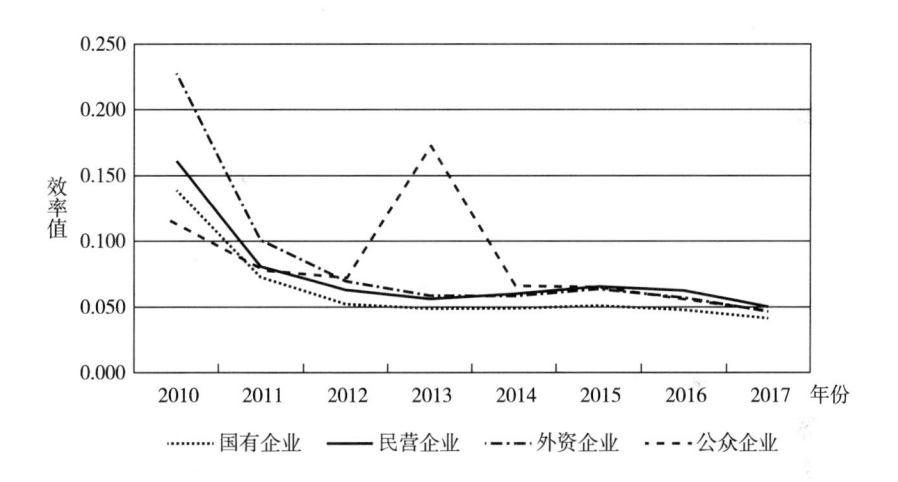

图 3-3 不同类型企业平均投资效率值

注：公众企业指的是无实际控制人的企业。

企业产权性质会影响企业投资效率，投资效率又会影响投资者的关注度，而国际资本具有信息劣势，会进一步降低对民营企业的投资规模。但民营企业投资具有机制灵活、潜力大、效率高、可持续性强等特点，是民营经济发展的重要引擎，是国民经济的重要组成部分。民营企业还提供了50%以上的税收、60%以上的国内生产总值、70%以上的技术创新、80%以上的城镇劳动力就业、90%以上的企业数量。资本账户渐进式开放改革受到冲击最大的是民营企业，如何引导国际资本流入民营企业，助力民营企业发展，是中国进一步改革开放能否成功的关键研判因素。

四 中国国际资本流动与企业投资效率的总量分析

国际资本流动规模扩大一方面能缓解流入国的资金短缺问题，增加企业融资渠道和融资规模；另一方面增加资本市场波动加大对企业的优胜劣汰，市场竞争增加有利于引导企业投资活动，提高投资效率。如图3-4所示，国际资本流动与企业投资效率值呈反向关系，说明国际资本流入能降低企业投资效率值，提高企业投资效率。国际资本流入能缓解企业面临的融资约束，且能提高资本资源配置效率，进而提高企业的投资效率。国际资本流动与企业投资效率的总量关系，虽一定程度上与已有研究一致，但除了尖端点外，其他季度数据未能明显体现上述关系，如自2014年第二季度以来，国际资本呈持续流出状态，企业投资效率值与国际资本流动呈相同走势，说明国际资本流出降低了企业投资效率，未能发挥优化资源配置作用。

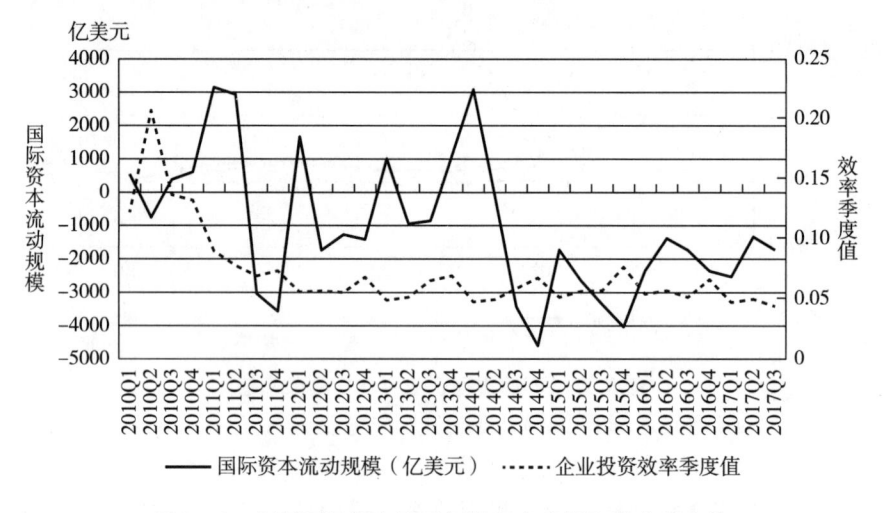

图 3-4 中国国际资本流动规模和企业投资效率季度值

企业所处区域、行业、产权性质不同，其在资本市场融资能力也存在较大差异，东部地区经济发达，资本市场更为发达，信息不对称程度较轻，其对国际资本吸引能力较强，国有企业信用水平较高，是投资者优质投资标的，具有羊群效应的国际投资者也会更偏向国有企业。而季度总量数据忽略了不同市场、行业、企业间的横截面差异，从而不能有效揭示二者间的关系。

第二节 实证模型设定

中国经济已逐渐深度融入世界经济,而且随着资本账户的进一步开放,最终形成全面开放格局。在开放经济背景下,资本账户将进一步开放,国际资本流动无论是规模还是波动幅度都将变大。国际资本流动是否能增加投资机会多的企业更多投资,即能否提高企业的投资效率?本节将构建计量模型,采用微观上市企业数据实证分析上述问题。

一 实证模型构建

为了避免出现企业投资效率、区域控制变量与企业控制变量等具有时间序列变化的企业特征变量产生反向作用的内生性问题,本书对主要控制变量都取滞后一期值,并借鉴已有研究[①],采用以下基本实证方程研究国际资本流动与企业投资效率间的关系:

$$IE_{it} = \alpha + \beta GCF_t + \gamma_1 Pro_{t-1} + \gamma_2 Industry_{t-1} + \gamma_3 Ent_{t-1} + \varepsilon_{it} \quad (3-1)$$

其中 i 表示企业,t 表示时间,IE_{it} 为企业 i 的投资效率。GCF_t 为中国的国际资本流动。Pro_{t-1} 为省、自治区、直辖市控制变量,包括对外贸易规模 Trade、国内生产总值增长率 Dgdp、通货膨胀率 CPI、贷款利率 LoanR。$Industry_{t-1}$ 表示行业虚拟变量。Ent_{t-1} 为企业控制变量,包括营运资金比率 CFO、资产负债率 Lev、资产规模 Size、上市年限 Age、股票收益率 Return、有形资产比率 Tan、现金持有量 Cash、销售增长率 Growth。

由于 ST 企业有退市风险,股票波动性较大,金融和保险企业的营运活动和融资活动难以区分,投资效率衡量误差较大,故样本企业中剔除了 ST 企业、金融和保险企业。样本数据包括 2678 家上市企业 2010—2017 年季度数据。样本数据包含不同省份、不同行业数据,极易产生内生性问题:第一,国际资本流动易受国内利率影响,而国内利率决定了企业间接融资成本,影响企业投资效率。因此,国际资本流动与企业投资效率存在共同影响因素,进而存在双向因果关系。第二,企

---

① 韩乾、袁宇菲、吴博强:《短期国际资本流动与我国上市企业融资成本》,《经济研究》2017 年第 6 期。

业投资决定由高管做出，非理性投资者情绪能影响企业投资行为，企业高管为了私人利益，进行大量非必要投资，导致企业投资过度，以牺牲长期利益换取短期企业业绩高增长，吸引处于信息劣势地位的国际资本投资该企业[①]，即企业高管非理性投资行为也能影响国际资本流动。第三，解释变量包含滞后期，存在动态面板偏误，传统工具变量法难以克服动态面板偏误。

为了克服内生性导致的偏误，本书采用系统广义矩估计方法和工具变量方法估计上述实证方程。系统广义矩估计方法可以解决差分广义矩估计方法中存在低估估计系数情况，以及弱工具变量问题。[②] 差分广义矩估计方法对模型进行一阶差分以消除个体异质性，再将内生变量的滞后变量作为工具变量，虽在一定程度上降低了内生性影响，但在有限样本下也存在潜在偏误、弱工具变量问题，导致系数估计结果精度较差。而系统广义矩估计方法对原模型和差分模型同时进行估计，可以修正未观察到的个体异质性、遗漏变量偏差、测量误差导致的内生性问题，比混合普遍最小二乘方法和固定效应方法的估计结果更准确。由于美国是世界上最大经济体，且构建了以美元为中心的金融体系，美国宏观经济会单向影响其他国家的经济政策。美国通货膨胀率会推升美国的无风险利率，中美利差缩小会导致国际资本流出中国，进而提高中国短期国际资本的融资成本，说明美国通货膨胀率与中国的国际资本流出存在显著负相关关系，而且美国通货膨胀率主要由美国国内消费情况决定，鲜少受中国企业投资效率影响，故可利用美国季度通胀率作为工具变量进行稳健性检验。

二 变量界定

本书重点分析国际资本流动对中国企业投资效率的影响，故需要在实证前，清晰准确界定并衡量国际资本流动、中国企业投资效率以及相应的控制变量。国际资本流动和企业投资效率已有研究众多，衡量方法也各具特色，故需要选择适合微观上市公司数据维度的衡量方法。

---

① 张彬、葛伟：《总投资和未来收益率的长期关系及影响机制：基于贝叶斯估计方法的实证分析》，《经济理论与经济管理》2017年第7期。

② Arellano M, Bond S, "Some Tests of Specification for Panel Data: Monte Carlo Evidence and an Application to Employment Equations", *The Review of Economic Studies*, Vol. 58, No. 2, 1991.

(一) 企业投资效率衡量

如何准确定量衡量企业投资效率，一直是企业投资效率研究的核心问题，现有定量衡量模型主要有投资—现金流敏感模型、残差度量模型等方法。已有学者基于融资约束角度提出了投资—现金流敏感度模型，认为外部融资成本过高，因此企业进行投资时首选内部融资，其次才是外部融资。[1] 由于资本市场存在信息不对称、交易摩擦等问题，融资约束会使投资和内部现金流之间存在正相关关系，企业内部资金越充足，投资规模越大，融资约束问题对其影响也越弱。因此投资—现金流敏感度越高，说明企业所受融资约束影响越严重，投资不足导致的企业投资效率较低。但投资—现金流敏感度模型仅在资本市场存在严重缺陷时才成立[2]，融资约束对企业投资影响越大，企业投资对现金流也就越敏感，模型捕获的投资效率也越精确。自 2008 年国际金融危机以来，全球主要国家均实施宽松的货币政策，导致资本泛滥，优质投资标的匮乏导致融资约束对企业投资规模限制降低，也影响了投资—现金流敏感模型的测量精度。故后续学者在投资—现金流敏感度模型基础上，研究现金流对企业投资的重要影响到底是外部融资约束造成的还是企业过度使用现金造成的，即通过引入现金流与投资机会的交互项，定量分析企业投资效率[3]，如托宾 Q 测量方法。但由于投资机会需要对企业进行估值定价，托宾 Q 值通过企业股票价格来衡量企业的投资机会，但企业发行股票未必会用于实业，股票市场非理性波动也会影响企业的投资价值，故引入现金流与投资机会交互项的测量方法也存在一定误差。

为了降低上述问题对模型测量精度的影响，Richardson (2006) 将投资分解为维持正常运作投资和新建项目投资两部分，再将新建项目分解为正净现值项目和负净现值项目两部分，分析投资不足和过度投资的具体呈现，并采用残差度量模型来衡量企业投资偏离企业最优投资水

---

[1] Fazzari S, Hubbard R G, Petersen B, "Investment, Financing Decisions, and Tax Policy", *The American Economic Review*, Vol. 78, No. 2, 1988.

[2] Kaplan S N, Zingales L, "Do Financing Constraints Explain Why Investment is Correlated with Cash Flow?" *Quarterly Journal of Economics*, Vol. 112, No. 1, 1995.

[3] Vogt S C, "The Cash Flow/Investment Relationship: Evidence from U. S. Manufacturing Firms", *Financial Management*, Vol. 23, No. 2, 1994.

平①,偏离程度越低说明企业的投资效率越高。考虑到中国资本市场尚未完善,上市公司股票价格非理性波动难以匹配企业价值,再者企业产权性质不同,企业对现金流敏感度差异也较大,难以准确刻画企业投资效率。故综合考量,本书将残差度量模型中的残差绝对值作为投资效率的替代变量,残差绝对值越大,表明企业实际投资规模偏离最优投资水平程度也越大,投资效率越低。残差度量模型基本假设如下:

$$I_{it} = \alpha + \beta_1 Growth_{it-1} + \beta_2 Lev_{it-1} + \beta_3 Cash_{it-1} + \beta_4 Age_{it-1} + \beta_5 Size_{it-1} + \beta_6 Return_{it-1} + \beta_7 I_{it-1} + Year + Industry + \varepsilon_{it} \quad (3-2)$$

其中 I_{it} 表示企业 i 在 t 期的实际新增投资支出,用当期投资额与上期投资额之差来表示。借鉴已有研究,② 上市公司新增投资计算公式如下:

$$I_{it} = \frac{NOA_{it} - NOA_{it-1} + RE_{it}}{\frac{1}{2} * (TA_{it} + RE_{it} + TA_{it-1} + RE_{it-1})} \quad (3-3)$$

其中 RE_{it} 为企业 i 在 t 期的研发费用,TA_{it} 为企业 i 在 t 期的总资产,NOA_{it} 表示企业 i 在 t 期的营运资产,NOA_{it} 计算公式如下:

$$NOA_{it} = (TA_{it} - C_{it} - SI_{it}) - (TL_{it} + LS_{it} - L_{it}) \quad (3-4)$$

其中,C_{it} 为企业 i 在 t 期的货币资金,SI_{it} 为企业 i 在 t 期的交易性金融资产,TL_{it} 为企业 i 在 t 期的总负债,LS_{it} 为企业 i 在 t 期的少数股东权益,L_{it} 为企业 i 在 t 期的短期和长期借款。式(3-2)中的 $Growth_{it-1}$ 表示企业 i 在 $t-1$ 期的投资机会,现有研究主要以托宾 Q 值或销售增长率来表示,但由于中国资本市场尚不完善,一般不用托宾 Q 值代替投资机会,而采用销售收入增长率替代投资机会。③ Lev_{it-1} 表示企业 i 在 $t-1$ 期的杠杆率,用企业的资产负债率来表示。$Cash_{it-1}$ 表示企业 i 在 $t-1$ 期的现金流,用企业的现金资产比率来表示。Age_{it-1} 表示企业 i 在 $t-1$ 期的上市年龄,$Size_{it-1}$ 表示企业 i 在 $t-1$ 期的资产规模。Year 表示时间虚拟变量,Industry 表示行业虚拟变量,以控制时间趋势和行业对实证结果的

---

① Richardson S, "Over-investment of Free Cash Flow", Review of Accounting Studies, Vol. 11, No. 2-3, 2006.
② Arif S, Lee C M C, "Aggregate Investment and Investor Sentiment", The Review of Financial Studies, Vol. 27, No. 11, 2014.
③ 王卫星、张佳佳:《地区竞争压力、要素配置扭曲与企业投资效率》,《审计与经济研究》2017 年第 6 期。

影响，行业分类标准为 2012 年版证监会行业分类代码。$Return_{it-1}$ 为企业 i 在 $t-1$ 期的股票收益率，国泰安研究服务中心数据库提供的月度股票收益率计算公式如下：

$$Return_{iT} = \frac{P_{iT}}{P_{iT-1}} - 1 \qquad (3-5)$$

其中 P_{iT} 表示股票 i 在 T 月的最后一个交易日的考虑现金红利再投资的日收盘价的可比价格，P_{iT-1} 表示股票 i 在 $T-1$ 月的最后一个交易日的考虑现金红利再投资的日收盘价的可比价格。根据上述定义公式，本书将月度股票收益率转换成季度股票收益率，转换公式如下：

$$Return_{it} = (Return_{i1} + 1)(Return_{i2} + 1)(Return_{i3} + 1) - 1 \qquad (3-6)$$

其中 R_{i1}、R_{i2} 和 R_{i3} 分别表示股票 i 在 t 季度的第一个月、第二个月和第三个月的月度股票收益率。股票未来收益率采用下一季度股票收益率表示，即 $Return_{it+1}$，表示对企业未来收益率的预期。

（二）国际资本流动衡量

已有研究中的国际资本流动衡量方法主要有直接法、间接法和混合法。直接法将国际收支平衡表中的几个项目简单相加，以估计国际资本流动规模。[①] 直接法具有简单、直观等特点，但存在以下两个缺点：第一，国际收支平衡表中的项目需均为国际资本流动，但国际收支平衡表中的误差与遗漏项也存在统计偏差导致的误差，故直接法测量的国际资本流动规模与现实情况存在一定的差距。第二，直接法将国际收支平衡表中的其他项目均排除在衡量公式中，暗含减少这些项目均不属于国际资本流动项目，存在低估国际资本流动的情况，事实上直接法测量的国际资本流动规模偏小。混合法是将直接法和间接法混合使用的方法[②]，该方法具有直接法和间接法共有的缺陷，并且相关研究文献较少。

间接法又称余额法，采用外汇储备增减量扣除国际收支平衡表中的几个项目，进而得到国际资本流动规模，普遍采用"外汇储备增量—

[①] 刘莉亚：《境外"热钱"是否推动了股市、房市的上涨？——来自中国市场的证据》，《金融研究》2008 年第 10 期。

[②] 李扬：《中国经济对外开放过程中的资金流动》，《经济研究》1998 年第 2 期；王信、林艳红：《90 年代以来我国短期资本流动的变化》，《国际金融研究》2005 年第 12 期。

贸易顺差—FDI 净流入"来衡量国际资本流动规模。① 间接法暗含除了扣除的几个项目外，国际收支平衡表中的其他项目均与国际资本流动有关，存在高估国际资本流动的情况。由于本书重点关注短期国际资本流动对企业生产经营的冲击，而且随着中国资本账户的渐进式改革开放，国际资本流动规模和频率只会更大，故国际资本流动规模高估更能反映国际资本的未来流动趋势。再者间接法也是目前使用较多的国际资本流动衡量方法，因此本书采用外汇储备的变化量与贸易顺差和外商直接投资净值之和的差值来衡量国际资本流动规模。

（三）控制变量衡量

国际资本流动属于宏观经济冲击，而企业投资效率属于微观企业生产经营行为，实证方程既存在宏观影响因素也存在微观影响因素，如省、自治区、直辖市的贸易规模越大，该区域内企业接触国际资本市场的机会越多，国际投资者对其也越熟悉，该区域内企业对国际资本的吸引能力也越强，显然国际资本流动对不同贸易规模的区域内企业投资效率的影响也不同。再者行业所处成长周期不同，其企业融资能力差异也较大，具有产业政策支持的行业越受金融中介机构的青睐，融资约束对其影响也越弱。因此为了控制区域、行业等变量对实证结果影响，本书在实证方程中加入区域、行业、企业等控制变量。

第一，省、自治区、直辖市控制变量 Pro_{t-1}：进出口总额（Trade），各省、自治区、直辖市贸易总额越大，其企业利用国际资本市场的机会越多，其受融资约束影响越小，有利于提高该区域内企业的投资效率；国内生产总值增长率（Dgdp），Dgdp 值越大，表明产出越接近最优产出，高涨的经济增长有助于缓解企业的融资约束问题，促进企业追加投资；通货膨胀率（CPI），CPI 值越大，对借贷者越有利，会鼓励居民消费而不利于储蓄，国内资本市场规模将难以满足企业的投资需求，消费增加会促进企业扩大投资，国际资本会填补投资资金缺口；贷款利率（LoanR）衡量了企业融资成本，贷款利率越高，企业融资成本上升，降低企业借贷投资的动力进而导致投资不足，由于各省、自治区、直辖市贷款利率

---

① 王世华、何帆：《中国的短期国际资本流动：现状、流动途径和影响因素》，《世界经济》2007 年第 7 期。

数据缺失，本书利用人民币贷款余额来替代①，贷款利率与贷款余额呈负相关关系，贷款余额越高，则贷款利率越低，企业借贷投资的动力越大。

第二，行业控制变量 $Industry_{t-1}$：本书利用2012年版证监会行业分类代码将样本企业分为75个行业，并在实证方程中加入该控制变量。与此同时，本书按照产业平均研发强度将制造业分为高技术、中技术、低技术制造业三类，分析不同产业技术水平对实证结果的影响。样本企业所属行业技术水平越高，其能享受到的政策优惠也越多，未来庞大的发展空间能吸引众多投资者投资，一般受融资约束影响也越低。

第三，企业控制变量 Ent_{t-1}：资产规模（Size）和有形资产比率（Tan）用来控制资产规模及构成对实证结果的影响，大企业由于信用水平较高，在资本市场中具有一定的融资优势，也更能吸引国际投资者的注意力；资产负债率（Lev）用来控制企业负债对实证结果的影响，企业负债规模越大，说明企业受融资约束问题影响也越大，可动用资金难以满足生产经营需要；营运资金比率（CFO）、上市年限（Age）、股票收益率（Return）和现金持有量（Cash）用来控制企业经营情况对实证结果的影响，企业生产经营情况越好，对投资者吸引能力也就越强，可动用投资资金也就越多。

三 数据来源与描述性分析

计算企业投资效率所需的总资产、货币资金、交易性金融资产、总负债、少数股东权益、短期和长期借款数据来源于国泰安研究服务中心数据库，研发费用和销售增长率数据来源于Wind数据库。计算国际资本流动所需的外汇储备数据来源于中国人民银行，贸易顺差数据来源于中国统计局，外国直接投资数据来源于国泰安研究服务中心数据库。省、自治区、直辖市控制变量中的进出口、国内生产总值增长率、通货膨胀率、人民币贷款余额数据来源于Wind数据库。行业控制变量数据，企业控制变量中的资产规模、有形资产比率、资产负债率、营运资金比率、上市年龄、股票收益率、现金资产比率、销售增长率数据均来源于国泰安研究服务中心数据库。为便于理解实证方程和实证结果，上述变量界定及数据来源见表3-3。

---

① Larrain M, Stumpner S, "Capital Account Liberalization and Aggregate Productivity: The Role of Firm Capital Allocation", *The Journal of Finance*, Vol. 72, No. 4, 2017.

表 3-3　　变量定义及数据来源

Panel A：因变量，企业投资效率 IE		
IE	企业投资效率	数据来源于 Wind 数据库和国泰安研究服务中心数据库
Panel B：核心解释变量，国际资本流动 GCF		
GCF	国际资本流动，外汇储备的变化量与贸易顺差和外商直接投资之的差值	中国人民银行、中国统计局、国泰安服务中心研究数据库
ACPI	美国季度通货膨胀率，月度数据转换成季度数据	Wind 数据库
Panel C：省、自治区、直辖市控制变量 Pro		
Trade	各省、自治区、直辖市季度进出口总额	Wind 数据库
Dgdp	各省、自治区、直辖市季度 GDP 增长率	Wind 数据库
CPI	各省、自治区、直辖市季度通货膨胀率	Wind 数据库
LoanR	各省、自治区、直辖市季度人民币贷款余额	Wind 数据库
Panel D：行业控制变量 Industry		
Industry	行业分类代码	国泰安研究服务中心数据库
Panel E：企业控制变量 Ent		
Size	企业资产规模	国泰安研究服务中心数据库
Tan	有形资产比率，有形资产与总资产的比值	国泰安研究服务中心数据库
Lev	资产负债率	国泰安研究服务中心数据库
CFO	营运资金比率	国泰安研究服务中心数据库
Age	上市年限	国泰安研究服务中心数据库
Return	股票收益率	国泰安研究服务中心数据库
Cash	现金资产比率，上市公司持有现金及等价物与总资产的比值	国泰安研究服务中心数据库
Growth	销售增长率	国泰安研究服务中心数据库

相关变量的描述性统计情况如表 3-4 所示，从中可知企业投资效率均值为 0.068，但最大值为 74.166，最小值为零，说明中国上市公司投资效率差异较大，样本中可能存在异常值。为了降低异常值对实证结果的影响，本书对连续变量进行 5% 的缩尾处理，剔除极端值。国际资本流动均值为负，说明中国国际资本呈流出状态，且最近几个季度国际资本的流出规模大于之前的流入规模，势必冲击中国企业的生产经营活动。美国季度通货膨胀率最大值为 0.02，最小值为 -0.014，差距明显。进出口总额最大值 3112.32，最小值 1.17，均与均值 851.739 有较

大距离，说明省、自治区、直辖市的进出口规模差异较大，而季度通货膨胀率最大值为 0.046，最小值为 -0.023，均值为 0.006，区域差异不大。上市公司特征变量差异更大，如资产负债率最大值为 276.33，最小值为 -0.68，均值为 0.462，优秀上市公司没有负债，资金较为充裕，而处于夕阳产业且产能过剩的上市公司很有可能资不抵债。正因为微观上市公司特征差异较大，国际资本流动对不同类型企业影响也存在较大差异，导致国际资本流动的影响很难在宏观层面上反映出来，需要从微观企业视角审视国际资本流动的影响。

表 3-4　　　　　　　　变量描述性统计

变量	观测值	均值	标准差	最小值	最大值
IE	69405	0.068	0.582	0.000	74.166
GCF	31	-2364.651	3860.796	-9474.174	5342.251
$ACPI$	31	0.004	0.007	-0.014	0.020
$Trade$	961	851.739	820.829	1.170	3112.320
$Dgdp$	961	0.051	0.240	-0.679	1.017
CPI	961	0.006	0.009	-0.023	0.046
$LoanR$	961	125833.800	77324.430	756.900	344587.900
$Size$	69405	12700	68000	0	2400000
Tan	69400	0.932	0.092	0.105	1.000
Lev	69405	0.462	1.794	-0.680	276.330
CFO	69400	0.208	1.769	-275.331	1.681
Age	69405	38.369	26.883	0.000	107.000
$Return$	69405	0.079	0.948	-1.184	83.921
$Cash$	69405	1700	6740	0	320000
$Growth$	69405	4.550	647.459	-197.323	151461.000

注：变量 $Size$ 和 $Cash$ 最小值为 0，主要是因为部分变量值缺失，而在 *stata* 中缺失值默认为零。

第三节　实证结果分析

由理论分析可知，国际资本流动通过影响企业面临的融资约束环境和资本资源配置效率进而影响企业的投资效率。已有研究大多从宏观视角分析国际资本流动与企业投资效率间的关系，但从图3-4的直观关系来看，二者间的关系较为复杂，并不存在直接的线性关系。表3-5显示了将微观企业数据简单平均加总成总量数据，得到的实证回归结果。表中第（1）列报告了单元回归结果，国际资本流动系数值为0.103，在10%显著性水平上并不显著，说明宏观层面上，国际资本流动对企业投资效率没有显著影响。表中第（2）列报告了加入贷款利率控制变量后的回归结果，国际资本流动系数值为0.108，但在10%显著性水平上仍然不显著。无论是否加入贷款利率控制变量，国际资本流动系数均不显著，表明从总量水平来看，国际资本流动与企业投资效率间不存在相关关系。正如中国企业投资效率典型事实所述，企业投资效率因企业所属产权、产业类型、企业类型不同而存在差异，进而在实证回归中产生内生性问题，导致实证结果有偏，需要区分不同企业所处区域、产业、企业类型差异，从微观视角论证国际资本流动对企业投资效率的影响。

表3-5　　国际资本流动对企业投资效率的总量回归结果

变量	(1)	(2)
GCF	0.103 (0.690)	0.108 (0.720)
$LoanR$		-0.035 (-0.210)
常数项	-0.128 (-1.010)	-0.128 (-0.980)
调整的 R^2	0.099	0.101
观测值	30	30

注：此表中的 $LoanR$ 为中国人民银行公布的6个月贷款基准利率。括号内为 t 值。

一　面板数据回归结果分析

宏观总量数据忽略了企业特征差异对投资效率的影响，而且企业投资效率也会影响国际资本流动规模，极易产生内生性问题，故为了克服总量数据缺陷，本书采用系统广义矩估计方法对企业微观面板数据进行实证回归，面板数据包含企业横截面数据，可以控制行业、企业等差异特征对实证结果的偏误影响。表3-6报告了逐渐加入控制变量的面板数据回归结果。从实证结果来看，国际资本流动与企业投资效率值显著负相关，即国际资本流动规模上升会显著降低企业投资效率值，由于企业投资效率值采用残差绝对值衡量，该值越小，表明企业投资效率越高，说明国际资本流动能提高企业投资效率。表中第（1）列为不加入控制变量的回归结果，国际资本流动系数值为 -0.012，在1%显著性水平上显著，说明国际资本流动提高了企业投资效率。表中第（2）列为加入区域控制变量后的回归结果，国际资本流动系数值为 -0.008，在1%显著性水平上显著，说明加入区域控制变量后国际资本流动仍提高了企业投资效率，但作用大小由0.012下降到0.008。而且 *Trade* 和 *Dgdp* 系数均显著为正，说明外贸规模越大、国内生产总值增长速率越快的省份，所需融资企业也多，融资成本增加将使企业投资不足，降低企业投资效率。而 CPI 系数显著为负，由菲利普斯曲线理论可知，短期内通货膨胀能促进经济增长，增加企业投资，进而提升企业投资效率。表中第（3）列为加入行业控制变量后的回归结果，国际资本流动系数值为 -0.005，在1%显著性水平上显著，说明加入行业控制变量后国际资本流动仍提高了企业投资效率，但作用大小进一步下降到0.005。而且 *LoanR* 系数显著为正，说明贷款余额越大，企业过度投资的概率也越大，进而降低了企业投资效率。表中第（4）列为加入企业控制变量后的回归结果，国际资本流动系数值为 -0.002，在1%显著性水平上显著，说明加入企业控制变量后国际资本流动仍提高了企业投资效率，但作用大小进一步下降到0.002。而且 Size 系数显著为负，说明企业规模越大，越容易获得信贷，企业有效投资受融资约束问题影响越弱，投资效率也越高。而 *Tan*、*Lev*、*CFO*、*Age* 系数显著为正，说明重资产、资产负债率越高、营运资金比例越高、上市时间越久的企业，投资效率越低，主要因为重资产、资产负债率高、营运资金比例高的企业生产经营情况较差，受行业周期和企业管理决策冲击风险较大，信用水平相对较低，其在金融市场上的融资能力受限，影响了企业融资和投资活动。*Return*、*Cash* 和 *Growth* 系数显著为负，说明收益率越高、持有现金量越大、销售增长率越快的企业，投资效率越高，主要因为收益效率和销售增长率高的企业，当前和未来业绩增加了对投资者的吸引力，筹集资金再投入高增长项目，进而提高企业业绩形成良性循环。现金持有量大的企业并不缺乏投资资金，不存在投资不足情况，同时宁肯持有现金而未进行非理性投资，不存在过度投资情况，企业投资规模和水平较为符合企业发展需求，投资效率较高。

表3-6　国际资本流动对企业投资效率的面板数据回归结果

变量	(1)	(2)	(3)	(4)
GCF	-0.012***	-0.008***	-0.005***	-0.002***
	(0.000)	(0.000)	(0.000)	(0.000)
$Trade(-1)$		0.011*	-0.002	0.016***
		(0.006)	(0.256)	(0.002)
$Dgdp(-1)$		0.006***	0.011***	0.007***
		(0.001)	(0.001)	(0.001)
$CPI(-1)$		-0.002**	0.009***	0.009***
		(0.001)	(0.000)	(0.001)
$LoanR(-1)$		-0.006	0.019***	0.061***
		(0.005)	(0.002)	(0.003)
$Size(-1)$				-0.124***
				(0.014)
$Tan(-1)$				0.095***
				(0.001)
$Lev(-1)$				1.902***
				(0.007)
$CFO(-1)$				1.599***
				(0.007)
$Age(-1)$				0.031***
				(0.006)
$Return(-1)$				-0.008***
				(0.001)
$Cash(-1)$				-0.038***
				(0.006)
$Growth(-1)$				-0.051***
				(0.005)
常数项	-0.023***	-0.018***	-0.032***	-0.032***
	(0.000)	(0.001)	(0.003)	(0.004)
控制行业异质性	否	否	是	是
Sargan统计值（p值）	0.252	0.327	0.334	0.367
AR（1）	0.094	0.049	0.030	0.027
AR（2）	0.270	0.604	0.516	0.341
观测值	69405	69405	69405	69405

注：此表中的（-1）表示变量的滞后一期项。括号内为稳健标准误。***、**、*分别代表1%、5%和10%水平上显著。

如表3-6所示，国际资本流动有助于提高企业投资效率，而且分别加入区域、行业、企业控制变量后，系数符号和显著性均未发生改变，说明实证结果是稳健的。表中Sargan统计值在10%显著性水平上均不显著，不能拒绝工具变量有效性的原假设，说明广义矩估计方法不存在工具变量过度识别问题，实证中选择的工具变量是合适的。另外AR（2）的P值均大于0.10，即在10%显著性水平上均不显著，不能拒绝扰动项不存在二阶序列相关的原假设，说明工具变量不存在二阶序列相关，估计系数是一致估计，实证结果是稳健的。由于国际资本流动影响因素众多，极易导致国际资本流动与实证方程误差项间存在共同影响因素，进而产生内生性问题。为了进一步克服内生性影响，保证实证结果稳健性，本书利用美国季度通货膨胀率作为工具变量重新对实证方程（3-1）进行实证分析。美国通货膨胀率上升会推高美国无风险利率，导致美元回流，中国的国际资本存在流出趋势，即二者间存在负相关关系，中国国际资本流动与美国通货膨胀率相关系数为-0.553，且在1%显著性水平上显著。而且美国通货膨胀率只与美国国内经济有关联，中国企业投资效率对美国通货膨胀率没有直接显著影响。因此滞后一期的美国通货膨胀率会显著影响中国国际资本流动规模，但与中国企业投资效率无关，满足工具变量所必须具备的与模型中随机解释变量高度相关，却与随机误差项不相关的要求，采用美国通货膨胀率做稳健性回归具有一定的合理性。

利用美国季度通货膨胀率作为工具变量进行稳健性回归的实证结果如表3-7所示。表中第（1）列为不加入控制变量的回归结果，美国季度通货膨胀率系数值为0.016，在1%显著性水平上显著，说明美国季度通货膨胀率上升导致中国国际资本流出，企业面临更为严重的融资约束问题进而降低了企业投资效率。表中第（2）列为加入区域控制变量后的回归结果，美国季度通货膨胀率系数值为0.039，在1%显著性水平上显著，说明加入区域控制变量后美国季度通货膨胀率仍降低了中国企业投资效率。而且 *Trade* 和 *Dgdp* 系数仍然显著为正，说明外贸规模越大、国内生产总值增长速率越快的省份，所需融资企业也多，降低企业投资效率。而CPI系数显著为负，短期内通货膨胀能增加企业投资，进而提升企业投资效率。而LoanR系数在10%显著性水平上显著为负，贷款余额越大，预示着贷款利率下降，企业在资本市场上的融资难度下降，有助于增加企业投资，企业投资不足现象显著下降。表中第（3）列为加入行业控制变量后的回归结果，美国季度通货膨胀率系数值为 0.042，在 1% 显著性水平上显著，说明加入行业控制变量后美国季度通货膨胀率仍降低了企业投资效率。表中第（4）列为加入企业控制变量后的回归结果，美国季度通货膨胀率系数值为 0.038，在 1% 显著性水平上显著，说明加入企业控制变量后美国季度通货膨胀率仍降低了企业投资效率。而且 $Size$ 系数显著为负，说明企业规模越大，投资效率也越高。而 Tan、Age 系数显著为正，说明重资产、上市时间越久的企业，投资效率越低。表 3-7 的控制变量与表 3-6 的控制变量在系数符号和显著性上基本相同，而且 Sargan 统计值和 AR 值在 10% 显著性水平上均不显著，表明以美国季度通货膨胀率为工具变量不存在过度识别和二阶序列相关问题，美国季度通货膨胀率上升导致中国国际资本流动变化，降低了中国企业投资效率的实证结果是稳健的。

表 3-7　　　　　　　　面板数据稳健性检验回归结果

变量	(1)	(2)	(3)	(4)
$ACPI(-1)$	0.016*** (0.004)	0.039*** (0.008)	0.042*** (0.008)	0.038*** (0.008)
$Trade(-1)$		0.130*** (0.040)	0.127*** (0.040)	0.131*** (0.042)
$Dgdp(-1)$		0.078*** (0.013)	0.079*** (0.014)	0.077*** (0.013)
$CPI(-1)$		-0.019** (0.006)	-0.019*** (0.006)	-0.014** (0.007)
$LoanR(-1)$		-0.050* (0.028)	-0.005 (0.029)	-0.030 (0.031)
$Size(-1)$				-0.661*** (0.127)
$Tan(-1)$				0.312*** (0.051)
$Lev(-1)$				0.040 (0.042)
$CFO(-1)$				-0.008 (0.043)

续表

变量	(1)	(2)	(3)	(4)
$Age\,(-1)$				0.331**
				(0.138)
$Return\,(-1)$				-0.007
				(0.005)
$Cash\,(-1)$				0.044
				(0.031)
$Growth\,(-1)$				-0.006
				(0.006)
常数项	-0.023	-0.038*	0.016	-0.024
	(0.016)	(0.020)	(0.023)	(0.025)
控制行业异质性	否	否	是	是
Sargan 统计值（p 值）	0.154	0.191	0.112	0.127
AR（1）	0.001	0.000	0.000	0.000
AR（2）	0.578	0.605	0.680	0.499
观测值	69405	69405	69405	69405

注：本表仅将表 3-6 的 GCF 换成 ACPI（-1），其中的（-1）表示变量的滞后一期项。括号内为稳健标准误。***、**、*分别代表 1%、5% 和 10% 水平上显著。

从上述实证结果来看，国际资本流动提高了中国企业的投资效率，而且以美国季度通货膨胀率作工具变量也证实了上述结论，美国通货膨胀率下降导致中国国际资本流出规模下降，进而能提高中国企业的投资效率。但不同区域、行业的企业，吸引国际资本能力也存在一定的差异，东部发达区域的高技术产业，因有产业政策的扶持，比较受国际投资者的青睐，显然国际资本流动规模也对其影响较大，故需进一步分析国际资本流动对中国企业投资效率影响的区域差异、行业差异、企业类型差异。

二 国际资本流动对企业投资效率影响的区域效应分析

不同区域的企业，其对国内资本和国际资本吸引力不同，相较于发达地区，欠发达地区企业接触国际资本机会更少，其主要依靠国内资本融资。但当资本账户逐渐开放时，欠发达地区企业也有机会接触国际资本，国际资本和国内资本竞争替代导致发达地区资本市场饱和，进而资本流向更为稀缺的中西部地区，更有助于降低欠发达地区的融资成本，缓解该地区企业投资不足的境况。虽然东部地区企业投资效率一直高于中西部地区企业投资效率，但 2012 年以后，东部地区企业投资效率值波动幅度逐渐小于中西部地区，意味着国际资本流动对中西部地区的影响高于东部地区，资本市场间的竞争更为激烈，资本由已较为饱和的东部市场外溢，有利于中西部地区经济发展。为了验证国际资本流动对企业投资效率影响的区域效应，本书将样本数据分为东部、中部、西部三个区域，利用系统广义矩估计方法进行实证回归，同时利用工具变量进行稳健性检验。

将样本数据分为东部、中部、西部时的回归结果，如表 3-8 所示。表中第（1）列为不加入控制变量的回归结果，东部地区的国际资本流动系数值为 -0.088，中部地区的国际资本流动系数值为 -0.098，西部地区的国际资本流动系数值为 -0.089，均在 1% 显著性水平上显著，说明国际资本流动提高了东部、中部、西部地区企业的投资效率。且国际资本流动对中部的影响最大，其次是西部，影响最小的是东部，说明国际资本确实强化了中国资本市场的竞争强度，资本由发达地区向欠发达地区外溢增加，缓解了欠发达地区企业融资约束问题，有助于激活欠发达地区企业投资生产热情，促进欠发达地区的经济发展。表中第（2）列为加入区域和行业控制变量后的回归结果，东部地区的国际资本流动系数值为 -0.049，中部地区的国际资本流动系数值为 -0.054，西部地区的国际资本流动系数值为 -0.057，均在 1% 显著性水平上显著，说明加入区域和行业控制变量后国际资本流动仍提高了东部、中部、西部的企业投资效率，且国际资本流动对西部的影响最大，其次是中部，影响最小的是东部。而且东部和中部地区的 $Trade$ 和 $Dgdp$ 系数均显著为正，说明外贸规模越大、国内生产总值增长速率越快的东部和中部省份，经济发展增加了融资需求，进而导致融资成本上升降低了企业投资效率。中部地区的 CPI 系数值为 -0.017，在 5% 显著性水平上显著，说明中部地区产业结构以制造业为主，短期内通货膨胀能增加制造业企业生产利润，导致企业追加投资，进而提升中部地区企业的投资效率。而且中部地区的 $LoanR$ 系数值为 -0.576，在 1% 显著性水平上显著，说明中部地区贷款余额多，投资机会多且企业投资意愿也较强，投资效率得到改善。表中第（3）列为加入企业控制变量后的回归结果，东部地区的国际资本流动系数值为 -0.061，中部地区的国际资本流动系数值为 -0.060，西部地区的国际资本流动系数值为 -0.068，均

表 3-8 国际资本流动对企业投资效率的分区域面板数据回归结果

变量	东部			中部			西部		
	(1)	(2)	(3)	(1)	(2)	(3)	(1)	(2)	(3)
GCF	-0.088*** (0.014)	-0.049*** (0.008)	-0.061*** (0.010)	-0.098*** (0.023)	-0.054*** (0.016)	-0.060*** (0.017)	-0.089*** (0.018)	-0.057*** (0.018)	-0.068*** (0.021)
Trade(-1)		0.048* (0.029)	0.056* (0.032)		0.824** (0.430)	0.989** (0.441)		0.388 (0.440)	0.459 (0.432)
Dgdp(-1)		0.034*** (0.007)	0.031*** (0.008)		0.034*** (0.009)	0.028*** (0.009)		0.007 (0.008)	0.006 (0.008)
CPI(-1)		-0.007 (0.007)	0.004 (0.008)		-0.017** (0.008)	-0.003 (0.012)		-0.011 (0.009)	0.011 (0.012)
LoanR(-1)		-0.026 (0.028)	-0.003 (0.030)		-0.576*** (0.159)	-0.449** (0.183)		-0.060 (0.308)	0.218 (0.528)
Size(-1)			-0.762*** (0.143)			-0.720*** (0.187)			-0.302* (0.179)
Tan(-1)			0.369*** (0.038)			0.263*** (0.054)			0.148*** (0.051)
Lev(-1)			0.020 (0.050)			0.011 (0.085)			-0.015 (0.071)
CFO(-1)			-0.053 (0.048)			-0.058 (0.075)			0.132* (0.075)

续表

变量	东部			中部			西部		
	(1)	(2)	(3)	(1)	(2)	(3)	(1)	(2)	(3)
Age (-1)			0.301*** (0.108)			0.376* (0.197)			-0.286 (0.382)
Return (-1)			-0.009* (0.005)			-0.009 (0.010)			0.001 (0.009)
Cash (-1)			0.049 (0.033)			0.132** (0.068)			0.008 (0.069)
Growth (-1)			-0.017** (0.007)			-0.021 (0.014)			-0.029** (0.011)
常数项	-0.039 (0.028)	-0.013 (0.027)	0.012 (0.031)		0.166 (0.416)	0.393 (0.463)	-0.087** (0.037)	0.213 (0.459)	0.629 (0.691)
控制行业异质性	否	是	是	否	是	是	否	是	是
Sargan 统计值 (p 值)	0.123	0.283	0.148	0.199	0.633	0.553	0.525	0.795	0.828
AR (1)	0.001	0.000	0.000	0.001	0.000	0.000	0.000	0.001	0.000
AR (2)	0.659	0.222	0.418	0.178	0.646	0.577	0.200	0.729	0.593
观测值	48460	48460	48460	12503	12503	12503	8442	8442	8442

注：此表中的 (-1) 表示变量的滞后一期项。括号内为稳健标准误。***、**、* 分别代表 1%、5% 和 10% 水平上显著。

在 1% 显著性水平上显著，说明加入企业控制变量后国际资本流动仍提高了东部、中部、西部的企业投资效率，且国际资本流动对西部的影响最大，其次是东部，影响最小的是中部。东部、中部和西部地区的 Size 系数显著为负，说明企业规模越大，企业投资效率也越高，而且东部地区企业规模作用最大，东部发达地区市场竞争最为激烈，优胜劣汰导致企业规模较大，规模大且发展良好的企业融资渠道也多，有助于改善企业的投资效率。东部、中部和西部地区的 Tan 系数显著为正，说明重资产的企业，投资效率越低，重资产企业需要持续更新机械设备，故每年投资额较大，重资产越多的企业其人力资本、技术资本等轻资产越少，随着中国处于产业升级关键阶段，重资产企业的竞争压力较大，未来营收不确定性加大了企业融资难度，而且东部地区产业升级更快，重资产企业生存压力也相较于中西部地区相应企业更大，故东部地区重资产企业的投资效率下滑得更大。西部地区的 CFO 系数值为 0.132，在 10% 显著性水平上显著，说明西部地区企业营运资金比率高，相对缺乏投资机会，企业保有大量流动资产而非在投资生产，需要激活企业管理者的投资热情。东部和中部地区的 Age 系数值分别为 0.301 和 0.376，在 10% 显著性水平上均显著[①]，说明东部和中部地区的企业上市时间越长，企业投资效率也越低，上市公司融资渠道增加，融资难度下降，但上市时间越长意味着企业的发展越成熟，业务范围拓展和产品创新难度加大，需要企业保持持续创新开拓能力来打破自身发展的上限。东部地区的 Return 系数值为 -0.009，在 10% 显著性水平上显著，东部地区企业的盈利能力较强，盈利回收资金可作为投资的内部资金，而且盈利能力越强，说明行业发展越不饱和，企业扩大再投资的未来回报率也有保障，投资活动不缺资金，也能提高资金配置效率，投资效率将逐渐得到改善。中部地区的 Cash 系数值为 0.132，在 5% 显著性水平上显著，中部地区企业持有大量现金而未进行投资，可能缺乏合适的投资机会，抑或是投资过度导致无法追加投资，进而降低了企业投资效率。东部和西部地区的 Growth 系数值分别为 -0.017 和 -0.029，在 5% 显著性水平上均显著，说明东部和西部企业的销售增长率越快，该行业发展前景较

---

① 为了简化内容，本书将具有相同影响方向的控制变量统一解释，其显著性水平以其低者为准。

好，企业具有扩大投资的机会和动力，有助于改善东部和中部企业的投资效率。

国际资本流动均能改善处于东部、中部、西部企业的投资效率，但该影响能力有较大差异，国际资本流动对中部和西部企业的影响大于对东部企业的影响，说明国际资本流动对企业投资效率影响具有一定的区域效应，东部地区经济较为发达，资本市场也相对较为完善，企业的融资渠道更为畅通，融资成本更低，故资本账户渐进式开放后引入的国际资本进一步加剧了东部地区资本竞争程度，导致资本流向更为稀缺的中部和西部地区，减少中部和西部地区企业面临的融资约束问题，改善企业投资效率。故国际资本流动导致中国区域资本的均衡流动，有助于欠发达地区的经济增长，有利于解决中国区域发展失衡问题。在逐渐增加控制变量过程中，控制变量系数的符号和显著性普遍未发生显著变化，说明实证结果具有一定的稳健性，而且 Sargan 统计值和 AR 值在 10% 显著性水平上也不显著，表明广义矩估计方法中的工具变量不存在过度识别和二阶序列相关问题。为了进一步增加实证结果的可信性，本书还利用美国季度通货膨胀率作为工具变量分别对东部、中部、西部样本数据进行实证分析。

利用美国季度通货膨胀率作为工具变量对东部、中部、西部样本数据进行稳健性回归的实证结果，如表 3-9 所示。表中第（1）列为加入区域和行业控制变量后的回归结果，东部地区的通货膨胀率系数为 0.036，中部地区的通货膨胀率系数为 0.020，西部地区的通货膨胀率系数为 0.021，均在 10% 显著性水平上显著，说明美国季度通货膨胀率系数降低了东部、中部、西部的企业投资效率。且美国季度通货膨胀率对东部的影响最大，其次是西部，影响最小的是中部。东部、中部、西部地区的 $Trade$ 和 $Dgdp$ 系数仍然均显著为正，说明外贸规模越大、国内生产总值增长速率越快的东部、中部、西部地区企业，融资需求增加，降低了企业的投资效率。中部和西部地区的 CPI 系数均显著为负，中部和西部地区产业结构以制造业和农业为主，对通货膨胀较为敏感，故通货膨胀率越大，企业的短期绩效越好，能促进企业增加投资，进而改善企业的投资效率。中部地区的 $LoanR$ 系数值为 -0.591，在 1% 显著性水平上显著，中部地区的贷款余额越大，预示着贷款利率下降，企业在资本市场上的融资难度下降，有助于增加企业投资，企业投资不足现象显著下降。表中第（2）列为加入企业控制变量后的回归结果，东部地区的通货膨胀率系数为 0.022，中部地区的通货膨胀率系数为 0.020，西部地区的通货膨胀率系数为 0.035，均在 10% 显著性水平上显著，说明美国季度通货膨胀率系数降低了东部、中部、西部的企业投资效率，而且美国季度通货膨胀率对西部的影响最大，其次是东部，影响最小的是中部，体现了资本资源外溢更加促进了中部和西部地区的企业投资。东部、中部、西部地区的 Size 系数均显著为负，说明企业规模越大，东部、中部、西部地区企业的投资效率也越高。东部、中部、西部地区的 Tan 系数均显著为正，说明重资产越多，企业投资效率也就越低。中部和西部地区的 Age 系数均显著为正，中部和西部地区应加强对上市时间长的公司的监管力度，谨防这些企业利用融资优势进行非理性投资，购买对企业发展没有提升的资产形成大额商誉，进而产生商誉减值风险。东部和中部地区的 Cash 系数值分别为 0.096 和 0.133，在 5% 显著性水平上显著，说明东部和中部地区企业持有大量现金而未进行投资，可能缺乏合适的投资机会，抑或是投资过度导致无法追加投资。东部和西部地区的 Growth 系数值分别为 -0.020 和 -0.036，在 10% 显著性水平上均显著，说明东部和西部企业的销售增长率越快，该行业发展前景越好，企业具备扩大投资的机会和动力。表 3-9 的控制变量与表 3-8 的控制变量在系数符号和显著性上基本相同，而且 Sargan 统计值和 AR 值在 10% 显著性水平上均不显著，表明以美国季度通货膨胀率为工具变量对东部、中部、西部样本数据进行稳健性回归检验，实证结果不存在过度识别和二阶序列相关问题。

表 3-9　　　　　　　　面板数据稳健性检验回归结果

变量	东部		中部		西部	
	(1)	(2)	(1)	(2)	(1)	(2)
$ACPI\ (-1)$	0.036***	0.022**	0.020*	0.020*	0.021*	0.035**
	(0.007)	(0.010)	(0.011)	(0.011)	(0.013)	(0.015)
$Trade\ (-1)$	0.102***	0.028	1.189***	1.260***	2.357***	2.768***
	(0.030)	(0.028)	(0.407)	(0.436)	(0.551)	(0.540)
$Dgdp\ (-1)$	0.060***	0.024**	0.052***	0.050***	0.025*	0.031**
	(0.009)	(0.013)	(0.011)	(0.011)	(0.013)	(0.014)

续表

变量	东部 (1)	东部 (2)	中部 (1)	中部 (2)	西部 (1)	西部 (2)
$CPI(-1)$	-0.009 (0.007)	-0.005 (0.007)	-0.016* (0.009)	-0.012 (0.013)	-0.042*** (0.012)	-0.016 (0.016)
$LoanR(-1)$	-0.028 (0.028)	0.004 (0.032)	-0.591*** (0.159)	-0.507*** (0.183)	-0.273 (0.318)	-0.452 (0.538)
$Size(-1)$		-0.563*** (0.128)		-0.743*** (0.189)		-0.925*** (0.173)
$Tan(-1)$		0.281*** (0.058)		0.272*** (0.055)		0.283*** (0.061)
$Lev(-1)$		0.062 (0.045)		0.004 (0.086)		-0.040 (0.098)
$CFO(-1)$		0.027 (0.046)		-0.049 (0.076)		0.057 (0.093)
$Age(-1)$		0.216 (0.163)		0.477** (0.198)		0.603* (0.375)
$Return(-1)$		0.001 (0.005)		-0.001 (0.010)		0.011 (0.012)
$Cash(-1)$		0.096*** (0.030)		0.133** (0.068)		-0.055 (0.098)
$Growth(-1)$		-0.020* (0.012)		-0.007 (0.013)		-0.036** (0.016)
常数项	-0.034 (0.027)	0.019 (0.033)	0.488 (0.400)	0.572 (0.464)	1.906*** (0.551)	2.036*** (0.769)
控制行业异质性	是	是	是	是	是	是
Sargan 统计值（p 值）	0.201	0.259	0.676	0.605	0.417	0.370
AR(1)	0.000	0.029	0.000	0.000	0.000	0.000
AR(2)	0.240	0.238	0.607	0.577	0.522	0.728
观测值	48460	48460	12503	12503	8442	8442

注：此表中的（-1）表示变量的滞后一期项。括号内为稳健标准误。***、**、*分别代表1%、5%和10%水平上显著。

综合来看，国际资本流动对中国企业投资效率影响确实存在区域效应，国际资本流动对中部和西部企业的影响大于对东部企业的影响，国际资本流动引起的中国资本市场竞争，迫使东部发达地区富裕资本开始寻找新的投资标的和投资机会，而中部和西部地区产业结构以制造业和农业等资本密集型和劳动密集型产业为主，企业发展需要大量外部资金以支撑设备更新、技术研发等投资活动。在国际资本流动导致的竞争压力下，资本重新流动与分配，促进中部和西部地区企业投资，改善企业的投资效率，既能促进中国经济的区域发展平衡，也能提高资本利用效率和收益率。控制行业变量能影响国际资本流动对企业投资效率的作用大小，说明行业的资源密集程度和技术水平差异，其对资本的吸引能力也存在较大差异。由于国际资本存在一定的信息壁垒，难以及时掌握并处理本土企业的宏观发展环境和企业信用水平变化，因此国际资本投资风格偏谨慎，而高技术产业虽然未来发展前景较大，投资者关注程度较高，但投资不确定性和风险也较大，国际资本未必愿意投资风险较大的高技术产业。而中国目前处于产业结构升级的关键节点，需要将资金引入急需资金支持的高技术产业，尤其是国际资本所具有的技术和管理经验，对中国高技术产业发展具有重要的支撑作用。那么国际资本流动是进入高技术行业促进中国经济高质量发展，还是流入低技术的夕阳产业形成资产泡沫进而增加中国经济运行风险，关系到中国资本账户开放渐进式改革能否成功，是需要进行重点研究的问题。

三　国际资本流动对企业投资效率影响的行业效应分析

不同行业的企业，其对国内资本和国际资本的吸引力不同，国际资本流动对不同行业的资本配置效率影响也不同，企业的投资效率呈现一定的行业差异。高技术、中技术和低技术制造业平均企业投资效率值均呈现先下降再增加然后再下降的趋势，但高技术制造业的平均企业投资效率小于低技术制造业的平均企业投资效率，而低技术制造业的平均企业投资效率小于中技术制造业的平均企业投资效率。也就是说中技术制造业的投资效率最高，那么国际资本是按已有资本资源配置方式投资中技术制造业，还是有长远目标进而投向中国的高技术行业呢？故为了刻画国际资本流动对企业投资效率影响的行业效应，本书将样本按技术水平分为高技术、中技术和低技术三个子样本，分别进行实证分析。

企业拥有技术水平不同，其融资能力也不同，将样本数据分为高技术、中技术和低技术三个子样本时的回归结果，如表3-10所示。表中第（1）列为不加入控制变量的回归结果，高技术制造业的国际资本流

表 3-10 国际资本流动对企业投资效率的分行业面板数据回归结果

变量	高技术			中技术			低技术		
	(1)	(2)	(3)	(1)	(2)	(3)	(1)	(2)	(3)
GCF	0.071*** (0.021)	0.040*** (0.015)	0.057*** (0.016)	-0.052*** (0.014)	-0.033** (0.014)	-0.053*** (0.017)	-0.049*** (0.015)	-0.026* (0.017)	-0.035* (0.022)
Trade (-1)		-0.037 (0.039)	-0.024 (0.045)		0.061 (0.073)	0.104 (0.075)		0.078 (0.081)	0.096 (0.096)
Dgdp (-1)		0.020** (0.009)	0.024** (0.012)		0.042*** (0.010)	0.029*** (0.009)		0.039*** (0.013)	0.048*** (0.016)
CPI (-1)		-0.023** (0.009)	-0.001 (0.011)		-0.001 (0.009)	0.025** (0.011)		-0.012 (0.013)	-0.001 (0.018)
LoanR (-1)		0.039 (0.046)	0.034 (0.048)		-0.095 (0.084)	-0.037 (0.094)		-0.072 (0.060)	-0.029 (0.066)
Size (-1)			-0.530** (0.207)			-0.415** (0.182)			-0.584* (0.353)
Tan (-1)			0.234*** (0.066)			0.283*** (0.065)			0.222** (0.087)
Lev (-1)			0.150** (0.063)			-0.013 (0.085)			-0.262*** (0.096)
CFO (-1)			0.006 (0.067)			0.040 (0.080)			-0.204** (0.102)

续表

变量	高技术			中技术			低技术		
	(1)	(2)	(3)	(1)	(2)	(3)	(1)	(2)	(3)
Age（-1）			0.349* (0.201)			-0.160 (0.189)			-0.076 (0.281)
Return（-1）			-0.018*** (0.007)			-0.015* (0.010)			-0.005 (0.012)
Cash（-1）			0.192*** (0.055)			-0.040 (0.051)			0.131* (0.084)
Growth（-1）			-0.020* (0.012)			-0.042*** (0.013)			-0.015 (0.023)
常数项	-0.093** (0.047)	-0.060 (0.044)	-0.044 (0.060)	-0.176*** (0.027)	-0.139 (0.031)	0.036 (0.073)	-0.141** (0.036)	-0.182*** (0.047)	-0.134** (0.063)
控制行业异质性	否	是	是	否	是	是	否	是	是
Sargan统计值（p值）	0.138	0.409	0.225	0.398	0.830	0.777	0.169	0.741	0.656
AR（1）	0.015	0.006	0.038	0.000	0.000	0.000	0.000	0.001	0.009
AR（2）	0.345	0.628	0.766	0.836	0.316	0.685	0.956	0.836	0.259
观测值	31694	31694	31694	13292	13292	13292	8966	8966	8966

注：此表中的（-1）表示变量的滞后一期项。括号内为稳健标准误。***、**、*分别代表1%、5%和10%水平上显著。

动系数值为 0.071，中技术制造业的国际资本流动系数值为 -0.052，低技术制造业的国际资本流动系数值为 -0.049，均在 1% 显著性水平上显著，说明国际资本流动提高了中技术和低技术制造业的企业投资效率，而降低了高技术制造业的企业投资效率，国际资本流动对高技术制造业的影响最大，其次是中技术制造业，影响最小的是低技术制造业。有国家背书的高新技术产业，会成为资本的宠儿，导致该行业投资过度，而逐渐褪去政策光环的高新技术产业，则因需要长期持续技术创新投入而出现融资难问题，导致投资不足。国际资本进入国内后，也将因投资者情绪等非理性因素追逐投资热点，进而降低了高技术制造业的企业投资效率。国际资本流动降低了中技术和低技术企业投资效率值，提高了中技术和低技术企业投资效率，中国政府一直推行供给侧端改革，降低了低技术企业投资，从而提升了低技术企业投资效率。中技术制造业具有一定的比较优势，国际资本的持续流入有助于改善企业投资效率，保持比较优势。但正如已有研究发现，煤炭、钢铁等过剩产能现有总投资体量过大，未来收益率下降使非理性投资者加大投资[①]，因此国际资本流动有可能会流向低技术制造业企业，导致该类企业投资过度，增加中国经济运行风险。

表中第（2）列为加入区域和行业控制变量后的回归结果，高技术制造业的国际资本流动系数值为 0.040，中技术制造业的国际资本流动系数值为 -0.033，低技术制造业的国际资本流动系数值为 -0.026，均在 10% 显著性水平上显著，说明国际资本流动提高了中技术和低技术制造业的企业投资效率，而降低了高技术制造业的企业投资效率，且国际资本流动对高技术制造业的影响最大，其次是中技术制造业，影响最小的是低技术制造业。高技术、中技术、低技术制造业的 $Dgdp$ 系数均显著为正，投资是中国宏观经济增长的核心驱动力之一，故国内生产总值增长速率越快，意味着经济发展对投资规模的依赖程度增强，为了维持经济的高速增长，只能不断追加投资，进而导致投资规模超过实际需求降低了不同技术水平制造业的企业投资效率。高技术制造业的 CPI 系数值为 -0.023，在 5% 显著性水平上显著，通货膨胀率虽短期内能增

---

① 张彬、葛伟：《总投资和未来收益率的长期关系及影响机制：基于贝叶斯估计方法的实证分析》，《经济理论与经济管理》2017 年第 7 期。

加制造业企业的利润,但劳动力和投入品的成本也会上升进而侵蚀企业的利润,高技术制造业的盈利能力较强对通货膨胀率的负面影响抵抗能力也较强,因此高技术制造业的投资机会凸显,不断增加的投资资本也会加快高技术制造业的发展,良好的投资循环改善了高技术制造业的企业投资效率。

表中第(3)列为加入企业控制变量后的回归结果,高技术制造业的国际资本流动系数值为0.057,中技术制造业的国际资本流动系数值为-0.053,低技术制造业的国际资本流动系数值为-0.035,均在10%显著性水平上显著,说明国际资本流动提高了中技术和低技术制造业的企业投资效率,而降低了高技术制造业的企业投资效率,且国际资本流动对高技术制造业的影响最大,其次是中技术制造业,影响最小的是低技术制造业。中技术制造业的CPI系数值为0.025,在5%显著性水平上显著,说明通货膨胀率提升带来的短期利润增加导致该充分竞争产业竞争更加激烈,为了在激烈竞争中生存下去,中技术制造业大量增加投资,导致过度投资,进而降低了企业投资效率。高技术、中技术、低技术制造业的Size系数显著为负,说明企业规模越大,企业投资效率也越高,无论企业所处的技术水平如何,企业规模越大,其生产经营的灵活性越弱,投资决策也越谨慎,既不能投资不足以错失发展机会,也不能过度投资以陷企业于危机中。高技术、中技术、低技术制造业的Tan系数显著为正,说明重资产的企业,投资效率更低,高技术制造业由于行业竞争激烈程度相对较低,故生产设备更新换代没有那么频繁,而在中国制造业中占据重要地位的中技术制造业,在全球产业链中占据一定的比较优势,为了维持竞争优势,必须大量追加投资,因此重资产最多的中技术制造业的企业投资效率下降得最多。高技术制造业的Lev系数值为0.150,在5%显著性水平上显著,而低技术制造业的资产负债率系数值为-0.262,在1%显著性水平上显著,一般而言资产负债率越高,说明企业的未来不确定性越大,倒闭风险越高,理性的投资者会降低该类企业的投资,进而促进该产业进行内部兼并以提高企业的生产经营效率,但高技术制造业的未来发展前景较大,继续追加投资以期在行业中占据领先优势,投资者会继续追加投资,进而导致高技术制造业过度投资,降低企业的投资效率。低技术制造业的CFO系数值为-0.204,在5%显著性水平上显著,低技术制造业要想保持较高的营运资金比率，只能通过削减过剩产能，关闭不能产生正资金流的生产线，投资规模收缩符合企业发展现状，能提高企业的投资效率。高技术制造业的 Age 系数值为 0.349，在 10% 显著性水平上显著，说明高技术制造业的企业上市时间越长，企业投资效率也越低，上市时间越长也意味着高技术制造业的发展压力也越大，为了取悦投资者，高技术制造业的企业管理层更有动机进行非理性投资，以牺牲长期利润来换取短期利润，维持上市公司的股价和融资能力。但这种竭泽而渔的做法，显然不利于高技术制造业的发展，中国资本市场监管者应该强化对企业盈余管理的监管，并加大企业投资信息披露，引导企业重视长期投资价值。高技术和中技术制造业的 Return 系数值分别为 -0.018 和 -0.015，在 10% 显著性水平上均显著，企业的盈利能力较强，盈利回收资金可作为投资的内部资金，而且行业技术水平越高，投资收回再投资的循环越良性，行业未来发展也越健康，企业投资也越有保障，故高技术制造业的盈利能力对企业投资效率的改善作用大于中技术制造业。高技术和低技术制造业的 Cash 系数值分别为 0.192 和 0.131，均在 10% 显著性水平上显著，高技术制造业企业持有大量现金而未进行投资，更有可能是行业内关键技术尚未突破，缺乏合适的投资机会，而低技术制造业企业持有大量现金而未进行投资，更有可能是投资过度导致无法追加投资，进而降低了企业投资效率。高技术和中技术制造业的 Growth 系数值分别为 -0.020 和 -0.042，均在 10% 显著性水平上显著，说明高技术和中技术制造业的销售增长率越快，越有助于改善企业的投资效率，而且更具比较优势的中技术制造业销售增长率对企业投资效率改善作用更大。

在逐渐增加控制变量过程中，控制变量系数的符号和显著性未发生改变，而且 Sargan 统计值和 AR 值在 10% 显著性水平上也不显著，表明广义矩估计方法中的工具变量不存在过度识别和二阶序列相关问题，说明实证结果较为稳健。为了进一步克服内生性影响，验证分行业实证结果稳健性，本书利用美国季度通胀率作为工具变量分别对高技术、中技术、低技术制造业样本数据进行实证分析。

利用美国季度通货膨胀率作为工具变量对高技术、中技术、低技术制造业样本数据进行稳健性回归的实证结果，如表 3-11 所示。表中第（1）列为加入区域和行业控制变量后的回归结果，高技术制造业的通货膨胀率系数为 -0.047，中技术制造业的通货膨胀率系数为 0.047，低技术制造业的通货膨胀率系数为 0.032，均在 10% 显著性水平上显著，说明美国季度通货膨胀率系数降低了中技术和低技术制造业的企业投资效率，而增加了高技术制造业的企业投资效率。美国季度通货膨胀率对高技术和中技术制造业影响最大，影响最小的是低技术制造业。中技术和低技术制造业的 Trade 系数仍然显著为正，说明外贸规模大的省份的中技术和低技术制造业，融资需求增加，融资约束难题降低了企业的投资效率。高技术、中技术和低技术制造业的 Dgdp 系数仍然在 1% 显著性水平上为正，说明国内生产总值增长速率越快，对投资的过度依赖降低了不同技术水平企业的投资效率。高技术制造业的 CPI 系数值为 −0.019，在 10% 显著性水平上显著，说明通货膨胀率越大，能促进高技术制造业企业增加投资，改善企业的投资效率。表中第（2）列为加入企业控制变量后的回归结果，高技术制造业的通货膨胀率系数为 −0.047，中技术制造业的通货膨胀率系数为 0.052，低技术制造业的通货膨胀率系数为 0.021，均在 5% 显著性水平上显著，说明美国季度通货膨胀率系数降低了中技术和低技术制造业的企业投资效率，而增加了高技术制造业的企业投资效率。美国季度通货膨胀率对中技术制造业影响最大，其次是高技术制造业，影响最小的是低技术制造业。高技术、中技术和低技术制造业的 Size 系数均显著为负，说明企业规模越大，高技术、中技术和低技术制造业的企业投资效率也越高。高技术、中技术和低技术制造业的 Tan 系数均显著为正，说明重资产越多，企业投资效率也就越低。高技术制造业的 Lev 系数值为 0.146，在 5% 显著性水平上显著，而低技术制造业的资产负债率系数值为 −0.421，在 1% 显著性水平上显著，说明高技术制造业中资产负债率高的企业仍会继续追加投资以期在行业中占据领先优势，导致高技术制造业过度投资，而低技术制造业的企业相反会收缩投资，提高企业投资效率以应对生产经营风险。低技术制造业的 CFO 系数值为 −0.376，在 1% 显著性水平上显著，低技术制造业较高的营运资金比率，能提高企业的投资效率。高技术和低技术制造业的 Age 系数均显著为正，说明高技术和低技术制造业的企业上市时间越长，企业投资效率也越低。高技术和低技术制造业的 Cash 系数值分别为 0.183 和 0.157，在 10% 显著性水平上显著，说明高技术制造业企业持有大量现金而未进行投资，更有可能是缺乏合适的投资机会，而低技术制造业企业持有大量现金而未进行投资，更有可能是投资过度导致无法追加投资。表 3-11 的控制变量与表 3-10 的控制变量在系数符号和显著性上基本相同，而且 Sargan 统计值和 AR 值在 10% 显著性水平上均不显著，表明以美国季度通货膨胀率为工具变量对高技术、中技术、低技术制造业样本数据进行稳健性回归检验，实证结果不存在过度识别和二阶序列相关问题。

表 3-11　　　　　　　　　面板数据稳健性检验回归结果

变量	高技术		中技术		低技术	
	(1)	(2)	(1)	(2)	(1)	(2)
$ACPI(-1)$	-0.047***	-0.047***	0.047***	0.052***	0.032***	0.021**
	(0.011)	(0.011)	(0.012)	(0.012)	(0.011)	(0.010)
$Trade(-1)$	0.011	0.024	0.138*	0.157**	0.203**	0.225**
	(0.044)	(0.045)	(0.077)	(0.080)	(0.094)	(0.100)
$Dgdp(-1)$	0.050***	0.056***	0.081***	0.049***	0.081***	0.081***
	(0.014)	(0.015)	(0.011)	(0.012)	(0.013)	(0.012)
$CPI(-1)$	-0.019*	-0.008	-0.007	0.017	-0.013	-0.009
	(0.011)	(0.011)	(0.010)	(0.011)	(0.013)	(0.016)
$LoanR(-1)$	0.028	0.032	-0.116	-0.050	-0.099	-0.092
	(0.045)	(0.047)	(0.084)	(0.095)	(0.070)	(0.076)
$Size(-1)$		-0.587***		-0.446**		-1.019***
		(0.204)		(0.186)		(0.376)
$Tan(-1)$		0.248***		0.290***		0.323***
		(0.065)		(0.065)		(0.063)
$Lev(-1)$		0.146**		-0.009		-0.421***
		(0.064)		(0.085)		(0.092)
$CFO(-1)$		0.005		0.047		-0.376***
		(0.066)		(0.079)		(0.087)
$Age(-1)$		0.408**		-0.076		0.487**
		(0.198)		(0.194)		(0.192)
$Return(-1)$		-0.006		-0.008		0.015
		(0.007)		(0.010)		(0.012)
$Cash(-1)$		0.183***		-0.039		0.157*
		(0.055)		(0.051)		(0.084)
$Growth(-1)$		-0.008		-0.032***		-0.014
		(0.012)		(0.011)		(0.014)
常数项	-0.067	-0.034	-0.077***	0.043	-0.063***	-0.058
	(0.054)	(0.060)	(0.026)	(0.073)	(0.024)	(0.064)

续表

变量	高技术		中技术		低技术	
	（1）	（2）	（1）	（2）	（1）	（2）
控制行业异质性	是	是	是	是	是	是
Sargan 统计值（p 值）	0.187	0.136	0.793	0.867	0.278	0.312
AR（1）	0.023	0.027	0.000	0.000	0.000	0.000
AR（2）	0.775	0.908	0.560	0.548	0.918	0.982
观测值	31694	31694	13292	13292	8966	8966

注：此表中的（-1）表示变量的滞后一期项。括号内为稳健标准误。***、**、*分别代表1%、5%和10%水平上显著。

综合来看，国际资本流动对中国企业投资效率影响确实存在行业效应，提高了中技术和低技术制造业的企业投资效率，而降低了高技术制造业的企业投资效率，自改革开放以来，中国经济实现了持续性的快速增长，人力成本也随之增加，劳动密集型产业的竞争优势逐渐降低，需要中国保持定力持续升级产业结构，提高产业的技术水平和创新能力，而资本资源配置仅考虑短期收益，导致国际资本流动更有利于中技术和低技术制造业发展，国际资本并未如预期那样，进入高技术制造业，为中国高技术制造业发展提供技术和资金支持。当然高技术制造业投资不确定性和风险更大，国际资本存在一定的信息劣势进而导致长期投资风格偏稳健、短期投机动机更强，因此政府一方面应该加强去产能、去杠杆力度，实施投资负面清单制度，尤其是与碳中和目标不相符的高能耗、高污染、低技术水平的产业，应逐年压降产能，并与地方政府绩效相挂钩，强化政策的激励和惩罚作用；另一方面应加大政府引导作用，成立以新能源、人工智能、5G等为代表的新兴产业长期投资基金，提高国际资本对高技术制造业的关注度，促进高技术制造业的良性发展。对风险较为厌恶的国际资本不利于提高中国高技术制造业的投资效率，作为国民经济重要组成部分的民营企业更需要资金支持，那么国际资本流动是否有利于提高民营企业的投资效率，也是关系到中国资本账户开放渐进式改革能否成功，需要进行重点研究的问题。

四 国际资本流动对企业投资效率影响的企业类型效应分析

国有企业、民营企业、外资企业和公众企业投资效率值呈现先下降后上升再下降趋势，但国有企业投资效率波动较小，而民营企业和外资企业投资效率波动幅度较大，公众企业投资效率甚至出现异常值。国际资本对风险更加厌恶，将更偏好国有企业以锁定投资收益。但也有研究发现，目前非国有企业投资效率低于国有企业，而且外部融资依赖越高的行业，这种差距也越大[1]，说明在中国现有资本市场中，国有企业有国家信用作支撑，信用水平和融资能力均较强，国有企业投资决策复杂且管理层对投资负有较大责任，因此不存在过度投资和投资不足等非效率投资行为。也就是说国有企业投资效率较高，融资渠道畅通，国际资本流动引起的资本市场竞争是否会像区域效应那样，资本外溢到民营企业呢？企业投资行为与企业融资能力息息相关，国际资本流动造成国内融资环境和资本资产配置改变，国际资本流入导致资本更加丰裕，资本间的竞争有可能改变民营企业在资本市场融资能力较弱的困境，促进民营企业发展。故为了刻画不同企业类型对实证结果的影响，本书将样本按企业类型分为国有企业、民营企业、外资企业和公众企业四个子样本，分别进行实证回归。

企业产权属性不同，其信用水平也有所差异，将样本数据分为国有企业、民营企业、外资企业和公众企业四个子样本时的回归结果如表 3-12 所示。表中第（1）列为不加入控制变量的回归结果，国有企业的国际资本流动系数值为 -0.013，但在 10% 显著性水平上不显著，而民营企业和外资企业的国际资本流动系数值分别为 -0.083 和 -0.070，公众企业的国际资本流动系数值为 0.085，均在 1% 显著性水平上显著，说明国际资本流动提高了民营企业和外资企业的投资效率，降低了公众企业的投资效率，对国有企业的投资效率无显著影响，而且国际资本流动对民营企业的影响最大。国有企业信用水平和融资能力较强，再加上对国有资产流失的严格监管，管理层也没有动力进行过度投资，故国际资本流动引起的资本资源配置对国有企业影响不大。而民营企业和外资企业则不同，其生产经营存在一定的资金缺口，尤其是民营企业创新能

---

[1] 喻坤、李治国、张晓蓉、徐剑刚：《企业投资效率之谜：融资约束假说与货币政策冲击》，《经济研究》2014 年第 5 期。

表 3-12 国际资本流动对企业投资效率的分企业类型面板数据回归结果

变量	国有企业			民营企业			外资企业			公众企业		
	(1)	(2)	(3)	(1)	(2)	(3)	(1)	(2)	(3)	(1)	(2)	(3)
GCF	-0.013 (0.014)	-0.011 (0.010)	-0.001 (0.011)	-0.083*** (0.017)	-0.077*** (0.016)	-0.053*** (0.017)	-0.070*** (0.018)	-0.057*** (0.020)	-0.066*** (0.019)	0.085*** (0.024)	0.048** (0.025)	0.040* (0.026)
Trade (-1)		0.078* (0.044)	0.098** (0.045)		0.017 (0.052)	0.104 (0.075)		-0.014 (0.059)	0.065 (0.063)		0.002 (0.081)	-0.106 (0.085)
Dgdp (-1)		0.023*** (0.006)	0.016*** (0.006)		0.046*** (0.014)	0.029*** (0.009)		-0.022* (0.014)	-0.025** (0.013)		0.066*** (0.023)	0.108*** (0.023)
CPI (-1)		-0.002 (0.006)	0.010 (0.007)		-0.019* (0.011)	0.025** (0.011)		-0.079*** (0.015)	-0.055*** (0.016)		0.029* (0.018)	0.017 (0.025)
LoanR (-1)		0.070* (0.040)	-0.038 (0.041)		0.048 (0.046)	-0.037 (0.094)		-0.007 (0.069)	0.006 (0.074)		-0.268*** (0.068)	-0.225*** (0.080)
Size (-1)			-0.368*** (0.100)			-0.415** (0.182)			-0.042 (0.236)			-0.942*** (0.324)
Tan (-1)			0.222*** (0.046)			0.283*** (0.065)			0.225*** (0.053)			0.129* (0.076)
Lev (-1)			0.064 (0.060)			-0.013 (0.085)			-0.101 (0.083)			-0.182 (0.143)
CFO (-1)			0.103* (0.058)			0.040 (0.080)			0.382*** (0.080)			-0.189 (0.139)

续表

变量	国有企业 (1)	国有企业 (2)	国有企业 (3)	民营企业 (1)	民营企业 (2)	民营企业 (3)	外资企业 (1)	外资企业 (2)	外资企业 (3)	公众企业 (1)	公众企业 (2)	公众企业 (3)
Age(-1)			-0.294*** (0.107)			-0.160 (0.189)			-0.357* (0.222)			0.108 (0.286)
Return(-1)			-0.005 (0.006)			-0.015* (0.010)			0.004 (0.015)			-0.054*** (0.017)
Cash(-1)			-0.028 (0.030)			-0.040 (0.051)			-0.193** (0.080)			0.672*** (0.104)
Growth(-1)	-0.432*** (0.075)	-0.218*** (0.032)	-0.022*** (0.008)	-0.011 (0.017)		-0.042*** (0.013)			-0.036** (0.015)			0.029 (0.020)
常数项			-0.144** (0.074)		0.004 (0.051)	0.036 (0.073)	0.062 (0.045)	0.048 (0.060)	-0.108 (0.089)	0.025 (0.065)	0.178** (0.090)	0.230** (0.118)
控制行业异质性	否	是	是	否	是	是	否	是	是	否	是	是
Sargan统计值 (p值)	0.131	0.385	0.449	0.550	0.433	0.777	0.195	0.287	0.193	0.219	0.396	0.216
AR(1)	0.005	0.000	0.000	0.000	0.003	0.000	0.000	0.000	0.000	0.000	0.000	0.000
AR(2)	0.372	0.690	0.594	0.970	0.463	0.685	0.955	0.959	0.987	0.913	0.710	0.415
观测值	26715	26715	26715	38437	38437	38437	2220	2220	2220	2033	2033	2033

注：此表中的(-1)表示变量的滞后一期项。括号内为稳健标准误。***、**、*分别代表1％、5％和10％水平上显著。

力相对较弱，所处行业大多属于完全竞争市场，激烈的市场竞争放大了市场风险，融资约束问题对民营企业投资活动影响最大，故国际资本流入缓解了民营企业的资金缺口，对民营企业的影响最大。公众企业由于没有实际控制人，存在重组预期，为了吸引投资者投资，公众企业有动机进行过度投资，追求市场热点或短期利润以吸引投资者注意力，拉升上市公司股价，国际资本非理性投机行为将进一步恶化公众企业的投资效率。

表中第（2）列为加入区域和行业控制变量后的回归结果，国有企业的国际资本流动系数值为 -0.011，但在 10% 显著性水平上不显著，而民营企业和外资企业的国际资本流动系数值分别为 -0.077 和 -0.057，公众企业的国际资本流动系数值为 0.048，均在 5% 显著性水平上显著，说明国际资本流动提高了民营企业和外资企业的投资效率，降低了公众企业的投资效率，对国有企业的投资效率无显著影响，而且国际资本流动对民营企业的影响最大。国有企业的 $Trade$ 系数值为 0.078，在 10% 显著水平上显著，说明外贸规模大的省份的国有企业，融资难度增加进而降低了企业的投资效率。国有企业、民营企业和公众企业的 $Dgdp$ 系数均在 1% 显著性水平上显著为正，国内生产总值增长速率越快，意味着经济发展对投资规模的依赖程度增强，导致投资规模超过实际需求降低了企业的投资效率，而外资企业的投资分散在全球，非理性投资行为较弱，故外资企业的 $Dgdp$ 系数在 10% 显著性水平上显著为负。民营企业和外资企业的 CPI 系数值分别为 -0.019 和 -0.079，在 10% 显著性水平上显著，说明通货膨胀率导致劳动力和投入品的成本上升进而侵蚀企业的利润，民营企业和外资企业风险承受能力较低，因此投资更为谨慎合理，而公众企业投机氛围更浓，通货膨胀带来的短期利润会诱使其大量追加投资，以期抬高股票价格，故公众企业的 CPI 系数值显著为正。

表中第（3）列为加入企业控制变量后的回归结果，国有企业的国际资本流动系数值为 -0.001，但在 10% 显著性水平上不显著，而民营企业和外资企业的国际资本流动系数值分别为 -0.053 和 -0.066，公众企业的国际资本流动系数值为 0.040，均在 10% 显著性水平上显著，说明国际资本流动提高了民营企业和外资企业的投资效率，降低了公众企业的投资效率，对国有企业的投资效率无显著影响，而且国际资本流动对外资企业的影响最大。国有企业、民营企业和公众企业的 Size 系数显著为负，说明企业规模越大，企业投资效率也越高。国有企业、民营企业、外资企业和公众企业的 Tan 系数显著为正，重资产越多的企业，对投资依赖性也越大，而且重资产企业普遍处于完全竞争市场环境下，为了最大化规模效应，只能不断追加投资甚至过度投资，进而降低企业的投资效率。国有企业和外资企业的 CFO 系数值分别为 0.103 和 0.382，在 10% 显著性水平上显著，国有企业和外资企业信用相对较高，不需要保持较高的营运资金比率，故营运资金比率越高，说明企业生产资源未得到最优化配置，进而降低了企业的投资效率。国有企业和外资企业的 Age 系数值分别为 -0.294 和 -0.357，在 10% 显著性水平上显著，说明国有企业和外资企业上市时间越长，企业投资效率也越高，国有企业和外资企业的发展压力较小，没有必要为了取悦投资者而进行非理性投资，故上市时间越长的国有企业和外资企业能从企业长期利润出发，以长远规划为指导进行合理长期投资。民营企业和公众企业的 Return 系数值分别为 -0.015 和 -0.054，在 10% 显著性水平上均显著，说明企业的盈利能力较强，盈利回收资金可作为投资的内部资金，企业内部资金成本较低，企业投资也越有保障，能改善企业的投资效率。外资企业的 Cash 系数值为 -0.193，在 5% 显著性水平上显著，外资企业持有大量现金而未进行投资，更有可能是缺乏合适的投资机会，企业管理机制又有效抑制了管理层的非理性投资行为，提高了企业的投资效率，而公众企业持有大量现金而未进行投资，更有可能是投资过度导致无法追加投资，降低了企业投资效率，故公众企业的 Cash 系数值为 0.672，在 1% 显著性水平上显著。国有企业、民营企业和外资企业的 Growth 系数值分别为 -0.022、-0.042 和 -0.036，均在 5% 显著性水平上显著，说明国有企业、民营企业和外资企业的销售增长率越快，越有助于改善企业的投资效率。

在逐渐增加控制变量过程中，控制变量系数的符号和显著性未发生改变，而且 Sargan 统计值和 AR 值在 10% 显著性水平上也不显著，表明广义矩估计方法中的工具变量不存在过度识别和二阶序列相关问题，说明实证结果较为稳健。为了进一步克服内生性影响，验证分企业类型实证结果稳健性，本书利用美国季度通货膨胀率作为工具变量分别对国有企业、民营企业、外资企业和公众企业四个子样本数据进行实证分析。

利用美国季度通货膨胀率作为工具变量对国有企业、民营企业、外资企业和公众企业样本数据进行稳健性回归的实证结果，如表3-13所示。国有企业的美国季度通货膨胀率系数值为0.019，但在10%显著性水平上不显著，而民营企业和外资企业的美国季度通货膨胀率系数值分别为0.040和0.025，公众企业的美国季度通货膨胀率系数值为-0.047，均在5%显著性水平上显著，说明美国季度通货膨胀率降低了民营企业和外资企业的投资效率，提高了公众企业的企业投资效率，对国有企业的投资效率无显著影响，而且国际资本流动对民营企业的影响比较大。美国季度通货膨胀率上升，国际资本流出迫使公众企业降低无效投资，进而提高了企业的投资效率。国有企业的Trade系数值为0.146，在10%显著水平上显著，说明外贸规模越大的省份的国有企业，企业的投资效率越低。国有企业、民营企业和公众企业的Dgdp系数均在1%显著性水平上显著为正，国内生产总值增长速率越快，企业的投资效率越低。民营企业和外资企业的CPI系数值分别为-0.016和-0.080，在10%显著性水平上显著，说明面对中国通货膨胀宏观冲击，民营企业和外资企业投资更为谨慎合理。国有企业、民营企业、外资企业和公众企业的Size系数均在1%显著性水平下显著为负，说明企业规模越大，不同产权属性的企业投资效率也越高。国有企业、民营企业、外资企业和公众企业的Tan系数均在10%显著性水平下显著为正，重资产越多的企业，不同产权属性的企业的投资效率也越低。国有企业和外资企业的CFO系数值分别为0.122和0.365，在5%显著性水平上显著，说明国有企业和外资企业信用的营运资金比率越高，生产资源配置效率越差，进而降低了企业的投资效率。国有企业的Age系数值为-0.198，在10%显著性水平上显著，说明国有企业的发展压力较小，上市时间越长，企业投资效率也越高，而民营企业为了取悦投资者而进行非理性投资，故民营企业的Age系数值显著为正。公众企业的Return系数值为-0.040，在5%显著性水平上显著，盈利回收资金可作为投资的内部资金，能改善企业的投资效率。民营企业和公众企业的Cash系数值分别为0.164和0.675，均在1%显著性水平上显著，说明民营企业持有大量现金而未进行投资，更有可能是缺乏合适的投资机会，而公众企业持有大量现金而未进行投资，更有可能是投资过度导致无法追加投资。国有企业和外资企业的Growth系数值分别为-0.010和-0.039，均在

10% 显著性水平上显著，说明国有企业和外资企业的销售增长率越快，越有助于改善企业的投资效率。表 3 – 13 的控制变量与表 3 – 12 的控制变量在系数符号和显著性上基本相同，而且 Sargan 统计值和 AR 值在 10% 显著性水平上均不显著，表明以美国季度通货膨胀率为工具变量对国有企业、民营企业、外资企业和公众企业样本数据进行稳健性回归检验，实证结果不存在过度识别和二阶序列相关问题。

表 3 – 13　　　　　　面板数据稳健性检验回归结果

变量	国有企业	民营企业	外资企业	公众企业
$ACPI(-1)$	0.019	0.040***	0.025***	-0.047**
	(0.021)	(0.010)	(0.007)	(0.023)
$Trade(-1)$	0.146***	0.066	0.089	-0.145
	(0.046)	(0.050)	(0.089)	(0.093)
$Dgdp(-1)$	0.037***	0.069***	0.025	0.112***
	(0.008)	(0.016)	(0.018)	(0.022)
$CPI(-1)$	0.001	-0.016*	-0.080***	0.013
	(0.007)	(0.010)	(0.017)	(0.024)
$LoanR(-1)$	-0.046	0.065	0.051	-0.224***
	(0.041)	(0.051)	(0.082)	(0.079)
$Size(-1)$	-0.373***	-1.007***	-0.896***	-0.964***
	(0.102)	(0.188)	(0.199)	(0.323)
$Tan(-1)$	0.230***	0.303***	0.341***	0.117*
	(0.047)	(0.060)	(0.071)	(0.075)
$Lev(-1)$	0.072	0.055	0.058	-0.165
	(0.059)	(0.059)	(0.072)	(0.138)
$CFO(-1)$	0.122**	0.003	0.365***	-0.172
	(0.058)	(0.058)	(0.104)	(0.139)
$Age(-1)$	-0.198*	0.417**	0.104	0.068
	(0.111)	(0.188)	(0.216)	(0.279)
$Return(-1)$	0.001	-0.003	0.005	-0.040**
	(0.006)	(0.006)	(0.015)	(0.018)
$Cash(-1)$	-0.028	0.164***	-0.076	0.675***
	(0.030)	(0.052)	(0.077)	(0.102)
$Growth(-1)$	-0.010*	0.005	-0.039**	0.004
	(0.006)	(0.011)	(0.020)	(0.024)

续表

变量	国有企业	民营企业	外资企业	公众企业
常数项	0.096 (0.072)	-0.020 (0.056)	-0.233*** (0.084)	0.263** (0.124)
控制行业异质性	是	是	是	是
Sargan 统计值（p 值）	0.249	0.169	0.208	0.200
AR（1）	0.000	0.001	0.000	0.000
AR（2）	0.529	0.621	0.890	0.398
观测值	26715	38437	2220	2033

注：此表中的（-1）表示变量的滞后一期项。括号内为稳健标准误。***、**、* 分别代表 1%、5% 和 10% 水平上显著。

综合来看，国际资本流动对中国企业投资效率影响确实存在企业类型效应，国际资本流动提高了民营企业和外资企业的投资效率，降低了公众企业的投资效率，对国有企业的投资效率无显著影响，而且国际资本流动对民营企业的影响最大。由于国有企业信用水平较高，融资约束问题对其影响不大，故国际资本流动带来的资本增加对国有企业没有影响，但解决了民营企业融资难问题，提高了民营企业投资效率。国际资本流入导致的中国资本市场竞争加剧，资本外溢一方面缓解了民营企业面临的融资约束问题；另一方面资本资源流向融资难的民营企业优化了资本资源配置，但融资约束和资本资源配置在国际资本流动对民营企业投资效率的影响过程中分别扮演什么角色，在对其他类型企业的影响过程中又分别扮演什么角色？这些问题需要重点分析，以充分发挥国际资本流动对中国企业投资效率的正效应。

本章小结

中国经济早已深度融入世界经济，中国的资本账户将进一步对外开放，资本市场的竞争程度增加，也将影响企业融资环境和资本资源配置，进而影响企业的投资效率。而且国际资本与境内资本在对当地法律法规、企业信息了解上存在一定的信息差，进而短期投机氛围浓，长期投资风格更偏稳健。本章立足于中国资本账户渐进式开放，利用面板数据分析方法实证分析国际资本流动对不同区域、不同行业、不同企业类型的企业投资效率的影响。本章的主要结论有：

第一，利用系统广义矩估计方法对微观企业数据进行回归分析。实证结果显示，国际资本流动有助于提高企业的投资效率，当逐渐加入区域、行业、企业控制变量时，实证结果仍然较为稳健。为了克服内生性对实证结果影响，本书利用美国季度通货膨胀率作为工具变量重新进行实证分析，实证结果仍然稳健，且工具变量通过了相关检验，说明国际资本流动提高了中国资本市场运转效率，能够有效缓解企业投资不足，抑制过度投资等问题，提高企业的投资效率。

第二，将样本按区域划分。实证结果显示，国际资本流动对企业投资效率的影响存在区域效应，国际资本流动均有助于提高东部、中部、西部地区的企业投资效率，但国际资本流动对东部地区企业的影响低于对中部和西部地区企业的影响，主要是因为东部地区经济和海外贸易发达，东部地区企业更有机会接触到国外资本。当资本市场逐渐开放时，东部地区资本资源本就比较丰裕，国际资本的进入导致资本市场竞争加大，资本资源开始外溢到中部和西部欠发达地区，有助于促进中国经济的均衡发展。故国际资本流动有助于中部和西部地区的经济发展，但国际资本短期内也有投机动机，中部和西部地方政府应警惕新增的资本投向房地产、夕阳产业等泡沫资产，引导资本资源流向当地具有比较优势且技术水平高的产业，促进当地实体经济发展。国际资本流动对中部和西部地区经济的促进作用是短期的还是长期的，取决于国际资本流动影响的是低技术制造业还是高技术制造业。

第三，将样本按技术划分。实证结果显示，国际资本流动对企业投资效率的影响存在行业效应，国际资本流动提高了中技术和低技术制造业的企业投资效率，降低了高技术制造业的企业投资效率，且对高技术制造业的冲击最大。高技术制造业投资存在较大不确定性和风险，长期投资风格稳健的国际资本未必会流向高技术制造业，而且中国在中技术和低技术产品生产上具有劳动力成本和产业链优势，也是资本投资的主要标的，但随着中国经济发展和产业结构升级，中技术和低技术制造业优势会逐渐消失，真正驱动中国经济高质量发展的是新兴高技术产业，政府需要引导资金流入高技术制造业，否则高技术制造业会像民营企那样面临严重的融资约束难题。

第四，将样本按企业类型划分，实证结果显示，国际资本流动对企业投资效率的影响存在企业类型效应，国际资本流动对国有企业投资效率没有影响，但有助于民营企业和外资企业投资效率的提升，不利于公众企业投资效率的提升。国际资本流动规模和波动增加，意味着中国资本市场竞争更为激烈，国有企业在国内资本市场上具有融资优势，投资效率较高，国际资本流动对其影响较小。但民营企业普遍存在融资约束难题，资本市场的充分竞争可驱使资本离开舒适区，寻找更具投资价值的标的，以充分发挥金融中介资本资源配置的作用，促进优秀民营企业扩大生产规模，同时淘汰经营管理不佳的民营企业，实现资本资源的最优化配置。民营企业作为国民经济的重要组成部分，在就业、税收、创新等方面具有重要的社会价值，国际资本流动如能实现民营企业的优胜劣汰，促进民营经济的健康发展，则国际资本流动对宏观经济稳定的冲击在可控范围内。

综上所述，本章利用系统广义矩估计方法对2678家上市公司31个季度数据进行实证回归，实证结果显示，国际资本流动能促进企业投资效率的提升，而且存在区域效应、行业效应、企业类型效应：国际资本流动对东部地区企业的影响低于对中部和西部地区企业的影响；国际资本流动促进中技术企业和低技术企业投资趋于合理，但降低了高技术企业投资效率；国际资本流动能促进民营企业和外资企业投资趋于合理，但不利于公众企业投资效率改善，对国有企业投资效率没有影响。企业投资与融资息息相关，融资又取决于资本市场的发展成熟度，资本市场越健全，借贷双方的信息透明度越高，金融中介机构才能有效发挥中介作用，将资本资源匹配给生产经营效率最优的企业，而非进行投机行为干扰经济运行稳定性。从实证结果来看，国际资本流动既能提高欠发达地区企业的投资效率，促进区域均衡发展，还能提高民营企业的投资效率，促进民营经济发展。但国际资本流动是通过资本流入解决企业面临的融资约束问题，还是通过资本竞争提高资本市场配置效率，进而提高企业的投资效率？如果国际资本流动仅解决了企业面临的融资约束问题，当国际资本快速流出时，企业将面临更大的融资约束问题进而威胁到企业生存，短期内导致的大量企业破产会冲击一国经济稳定性。如果国际资本流动能提高资本市场配置效率，资本流入新兴高技术产业，淘汰落后的夕阳产业，资本市场的竞争调整带动企业的优胜劣汰，提高微观企业抵御宏观风险能力，企业投资形成的良性发展吸引国际资本长期投资，不仅不会产生危机，还能提高企业的发展质量，促进中国经济高质量发展。故国际资本流动是通过融资约束机制还是资本资源配置机制影响企业投资效率，事关国际资本流动对中国经济高质量发展的影响，是下一章研究重点。

第四章　国际资本流动对中国企业投资效率的影响机制

资本账户渐进式改革开放将增加国际资本流动规模，增加中国企业接触国际资本的机会，有助于缓解企业面临的融资约束问题进而促进企业投资，但资本账户的开放增加了国际资本流动的波动幅度，外部环境不稳定也会冲击企业的生产经营，需要企业持续提高投资效率，改善企业业绩以增强企业抵抗外部风险能力。也就是说，国际资本流动虽导致资本流动波动幅度更大，但只要在可控范围内，外部环境不稳定性也会导致企业的优胜劣汰，有助于提高资本市场的资本资源配置能力。资本流动障碍逐渐取消，能缓解企业尤其是民营企业面临的融资约束困境，但突发的宏观经济事件也能导致资本短期内快速流出，进而诱发金融危机甚至是经济危机。国际资本流动如能增加中国资本市场竞争，促进资本市场的进一步完善，促进投资者更加看重长期收益，将资本资源投向更具发展优势、发展前景的新兴技术产业，促进中国产业结构升级，足以提高中国微观经济主体的抵抗风险能力。故国际资本流动虽能改善中国企业的投资效率，更关键在于国际资本流动是通过改善企业面临的融资约束困难，还是提高资本资源配置效率，能否助力企业的长远发展。因此本章将宏观冲击和微观企业个体结合，在考虑地区、行业差异的情况下，采用上市公司数据实证分析国际资本流动对中国企业投资效率的影响机制。

第一节　国际资本流动影响机制的典型事实

国际资本流动能提高企业投资效率，一方面资本账户渐进式改革开放吸引国际资本流入，缓解了企业面临的融资约束环境；另一方面国际资本进入加剧了中国资本市场竞争程度，有助于资本资源由较为丰裕的东部地区外溢到较为稀缺的中部和西部地区，同时资本竞争程度增加也迫使金融中介机构努力寻找更具长远发展意义的投资目标，转向价值投资，中国资本市场的逐渐完善使其更易发挥资本资源配置功能。不同区域、不同产权属性、不同企业类型的企业投资效率随时间变化存在显著的差异性，说明企业所属的区域、产权属性、企业类型不同，其面临的融资约束和资本配置环境也存在一定的差异。因此本节分析融资约束、资本配置效率的地区差异、行业差异和企业类型差异，为研究国际资本流动对中国企业投资效率的影响机制提供事实支持。

一 国际资本流动影响机制的区域差异

中国企业投资效率存在地区差异，东部地区企业投资效率先大幅提升后缓慢提升，而中、西部地区企业投资效率波动幅度较大，东部地区资本市场较为发达，企业面临的融资约束问题不如中西部严重，资本资源配置效率也相应较高，但随着中国资本账户渐进式改革推进，资本市场的竞争程度增加，企业所处区域不同，面临的融资约束和资本资源配置环境也存在一定的差异。

（一）融资约束机制的区域差异

中国资本市场存在较为明显的区域差异，上海和深圳证券交易所均位于经济较为发达的东部地区，资本市场也相对较为活跃，无论是融资规模还是融资结构都优于中部和西部地区，企业在更为活跃的资本市场上融资渠道更多，融资成本更低，有助于缓解企业面临的融资约束问题。本书根据企业注册地，将企业融资约束值简单加总为省、自治区、直辖市平均企业融资约束值，平均融资约束值越大，说明企业对外部资金依赖越严重，面临的融资约束问题也越严重，如表 4-1 所示：第一，各省、自治区、直辖市的融资约束值差异较大，2017 年吉林省的平均融资约束值为 -1116.39，广东省约为其 50 倍，说明不同区域的企业融资环境差异较大。第二，大部分省、自治区、直辖市的平均融资约束值随时间先降低后增加，如安徽省的平均融资约束值先由 2010 年的 18.337 快速下降到 2013 年的 -1.509，再曲折上升到 2017 年的 18.817。为了应对 2008 年国际金融危机，中国政府启动了积极的财政和货币政策，带来经济的 V 形反弹，经济快速恢复吸引了大量的国际资本流入中国，进而缓解了企业所面临的融资约束问题。积极的财政政策也导致了低效投资和资源浪费等后遗症，政府主导的大规模基建存在一定的重复投资、低效投资甚至无效投资，而且还进一步加剧了投资消费比例失衡，导致如钢铁、煤炭等一些行业处于全行业亏损、严重产能过剩。积极的财政和货币政策虽保住了经济增长势头，却是以牺牲产业结构投资调整为代价，企业产能过剩同时过度举债导致企业杠杆高企。故为了力图去低利润、高污染的过剩产能，中国政府开启了"三去一降一补"去杠杆任务，收紧了对实体经济的融资，对企业的融资活动产生了一定冲击。国际资本的流出进一步恶化了企业面临的融资约束问题，不同区域的资本市场发达程度和企业去杠杆任务不同，也导致国际资本流动影响企业面临的融资约束问题存在一定的区域差异。

表4-1　　　　各省、自治区、直辖市平均企业融资约束值

省份	2010年	2011年	2012年	2013年	2014年	2015年	2016年	2017年
安徽	18.337	1.894	5.017	-1.509	12.312	0.726	30.165	18.817
北京	17.459	-11.010	17.765	6.612	8.436	24.041	-0.847	51.603
福建	3006.366	12.690	0.649	9.015	12.822	-2.220	9.035	-5.381
甘肃	-8.541	-5.269	-3.489	1.641	1.823	3.302	3.207	5.155
广东	17.749	25.963	-17.784	31.232	-22.155	-0.018	-13.944	22.333
广西	0.607	2.657	-0.988	6.785	-1.210	1.551	-8.564	-4.030
贵州	1.714	8.222	5.342	2.174	1.130	9.008	8.352	39.171
海南	-129.377	7.443	24.075	19.609	148.795	4.422	-9.475	71.073
河北	1.081	7.087	3.271	2.642	-1.089	2.656	6.963	151.102
河南	1.239	3.719	0.280	0.805	-0.553	-0.530	9.803	-1.065
黑龙江	1.915	-28.492	-2.402	3.501	-6.508	8.944	-4.454	-39.833
湖北	-77.133	53.486	-78.779	19.259	30.145	122.996	12.213	-26.499
湖南	-58.704	11.181	2.241	2.318	1.552	0.966	1.458	3.221
吉林	-54.135	-15.620	-258.068	390.892	969.484	-1123.883	-450.001	-1116.390
江苏	10.400	6.454	2.612	38.391	0.792	3.420	-10.124	20.516
江西	14.285	-4.099	-3.870	-29.687	-118.393	-26.768	-0.438	10.172
辽宁	3.095	4.561	48.050	32.660	74.583	606.729	454.196	6.252
内蒙古	9.301	3.122	6.119	1.413	5.848	-2.064	-2.362	2.185

续表

省份	2010年	2011年	2012年	2013年	2014年	2015年	2016年	2017年
宁夏	0.812	4.840	323.285	44.918	7.941	14.868	4.437	-24.266
青海	-16.379	0.521	-62.434	94.458	9.287	-11.857	1.644	6.111
山东	32.634	60.370	8.490	-5.365	36.842	-10.261	67.587	43.602
山西	-112.201	23.455	20.479	1.118	9.295	64.851	308.763	3.422
陕西	4.227	10.367	8.130	3.343	1.269	3.186	6.828	5.377
上海	13.709	-48.360	69.817	-22.225	30.268	44.079	-79.864	831.786
四川	0.959	4.010	0.922	4.936	1.778	3.353	33.890	103.201
天津	15.019	-20.512	-67.514	-77.497	98.324	123.322	149.001	-17.188
西藏	235.471	59.208	667.408	1978.366	-833.499	-98.428	2.778	-8.732
新疆	-0.145	1.667	1.451	0.764	-3.282	-5.008	-1.830	9.571
云南	11.869	24.677	23.619	-0.462	21.126	8.819	2.129	-20.891
浙江	0.378	10.286	-10.763	10.518	4.856	-5.336	-63.612	-68.077
重庆	6.063	10.873	0.990	4.917	11.973	-152.951	6.116	48.001

资料来源：作者计算得到。

为了更直观描述融资约束机制的区域差距，本书将各省、自治区、直辖市的融资约束值按东部、中部、西部进行简单平均，分别得到东部、中部和西部地区的平均企业融资约束值，如图4-1所示：第一，东部地区的平均企业融资约束值先由2010年的27.084快速下降到2012年的12.972，再快速上升到2013年的23.08，随后缓慢增长到2016年的23.075，再快速上升到2017年的27.349，整体上涨幅度不大。第二，中部地区的平均企业融资约束值先由2010年的30.497快速下降到2011年的20.604，再快速上升到2013年的27.429，随后下降到2015年的23.779，再快速上升到2017年的30.797，整体上涨幅度也不大。第三，西部地区的平均企业融资约束值先由2010年的18.342缓慢下降到2011年的17.091，再波动下降到2013年的16.066，随后快速上升到2017年的29.241，整体上涨幅度较大。第四，整体来看，东部、中部和西部地区的平均企业融资约束值基本上都随时间变大了，且中部地区的平均企业融资约束值大于西部，西部地区的平均企业融资约束值大于东部，说明中部、西部地区的企业面临的融资约束问题比东部地区的企业更为严重。而且西部地区平均企业融资约束值相较于2010年上涨了约1倍，上涨幅度远大于东部和西部地区的企业，说明西部地区企业的融资环境恶化情况更为严重。经济发达的地区，企业面临的融资约束难题相对较轻，企业融资环境相对较好。

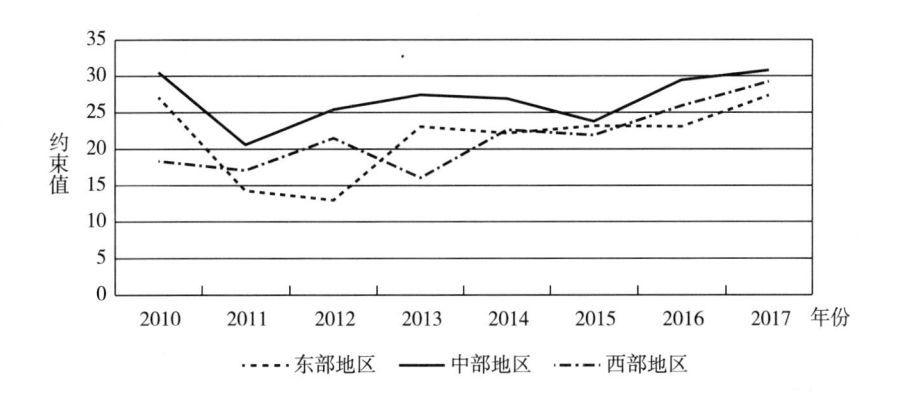

图4-1　东部、中部和西部地区平均企业融资约束值

国际资本流入能缓解企业面临的融资约束问题，而流出则恶化了企业面临的融资约束问题。自2010年以来，中国的国际资本多数年份呈流出状态，且流出规模加大，故企业面临的融资约束情况也有所恶化，但不同区域的企业融资约束问题存在一定差异。东部和中部的资本市场相对较为完善，且企业的生产经营状态整体相对较好，平均融资约束值上涨幅度有限，尤其是东部地区的企业，平均融资约束值与中部地区的差距越来越大，而西部地区以高污染、高能耗的资源生产类企业为主，受去杠杆宏观政策的影响较大，故西部地区的平均企业融资约束值逐渐超过东部地区的平均企业融资约束值，且与东部地区的差距越来越小。显然西部地区的企业受宏观政策冲击最大，国际资本流出持续恶化了企业的融资约束问题，但去杠杆导致的融资约束收紧也有利于发挥资本市场的资源配置功能，优胜劣汰增加企业和行业的竞争能力。

(二) 资本资源配置机制的区域差异

资本市场价格机制通过股票价格波动来对企业进行有效的监督，以反映企业的生产经营状况，也反映企业家的水平与能力。如果资本市场发展较为完善，则定价体系顺畅，股票价格完全能够真实反映上市企业现状和未来价值，投资者可通过"用脚投票机制"买卖股票，将稀缺的资本与具有成长前景的企业相匹配，在提高企业生产经营效率的同时将资产泡沫压缩到最小，实现资本资源的最优配置。但资本市场定价不可能完全有效，受限于产权约束激励机制、寻租行为和信用约束机制等外部因素，如制造业和服务业的资产结构差异较大，高技术服务企业存在大量专利等无形资产和因技术收购而产生的商誉，投资者极易因无形资产和商誉产生认知差异，能提高投资者对企业估值，但也存在一定的资产泡沫。经济发展程度不同，区域资产定价体系有效性也存在较大差异，影响资本市场对资本资源的配置效率。本书根据企业注册地，将企业资本配置效率值简单加总为省、自治区、直辖市平均企业资本配置效率值，该值越大，说明资本市场定价体系越有效，稀缺的资本资源越能配置给具有发展前景的企业，提高资本资源配置效率，如表 4 - 2 所示：第一，各省、自治区、直辖市的平均企业资本配置效率值差异较大，2017 年广东省的平均企业资本配置效率值为 0.055，而贵州省的平均企业资本配置效率值为 - 0.606，说明不同区域的企业面临的资本配置环境差异较大。第二，大部分省、自治区、直辖市的平均企业资本配置效率值随时间先降低后增加，如安徽省的平均企业资本配置效率值先由 2010 年的 0.014 快速下降到 2012 年的 - 0.103，再曲折上升到 2017 年的 0.231。与融资约束机制类似，资本资源配置机制也深受中国宏观政策影响，为了应对 2008 年国际金融危机，中国政府启动了积极的财政和货币政策，缓解了企业面临的融资约束环境的同时，资本增多导致"资产荒"现象较为突出，优质的投资标的越来越少，资金只能涌入高污染、低效率的落后产能，导致资本市场泡沫膨胀，对金融乃至经济安全造成一定的干扰和冲击。为了化解过剩产能累积的宏观经济风险，中国政府开启了"三去一降一补"去杠杆任务，收紧资本市场流动性，资本存量下降虽恶化了企业融资环境，但也使落后产能和僵尸企业融资难度加大，并逐渐破产退出市场，提高了资本市场资源配置能力。国际资本流动也与中国宏观经济发展相关，2010 年年初国际资本呈流入趋势，随着去杠杆推进，国际资本流出加快，恶化了企业面临的融资约束问题，迫使生产市场逐渐出清，由于不同区域的资本市场发达程度和企业去杠杆任务不同，也导致国际资本流动对资本资源配置效率影响存在一定的区域差异。

表4-2 各省、自治区、直辖市平均企业资本配置效率值

省份	2010年	2011年	2012年	2013年	2014年	2015年	2016年	2017年
安徽	0.014	-0.108	-0.103	0.090	0.237	-0.149	-0.080	0.231
北京	-0.056	0.202	0.061	-0.104	0.042	0.117	0.089	-0.015
福建	-0.083	0.108	-0.330	0.011	-0.139	-0.067	-0.119	0.056
甘肃	0.110	-0.115	-0.031	0.640	0.113	-0.061	0.167	0.253
广东	-0.026	0.201	0.187	-0.018	0.093	0.130	-0.049	0.055
广西	-0.420	0.264	0.208	0.259	-0.129	0.168	0.177	0.079
贵州	-0.170	0.305	0.026	0.574	-0.199	-0.123	-0.137	-0.606
海南	0.428	-0.111	0.072	0.667	0.202	-0.200	0.298	0.276
河北	0.156	-0.048	-0.062	0.436	-0.253	-0.257	0.156	0.152
河南	0.218	-0.452	-0.124	0.014	-0.111	0.024	-0.268	-0.033
黑龙江	0.350	-0.073	0.146	0.046	0.483	0.036	0.546	-0.167
湖北	0.074	0.148	0.207	0.150	0.055	0.009	0.147	0.140
湖南	-0.050	-0.222	0.044	0.235	-0.025	0.129	-0.112	0.327
吉林	0.527	0.501	0.241	0.180	0.235	0.248	-0.068	-0.143
江苏	0.159	-0.004	-0.112	0.254	0.265	0.197	0.056	-0.001
江西	-0.009	-0.017	0.014	-0.244	-0.040	0.041	0.140	-0.022
辽宁	0.097	0.112	0.226	-0.111	0.025	0.332	0.049	0.118
内蒙古	-0.109	0.270	-0.037	0.231	0.382	-0.464	-0.004	0.103
宁夏	0.657	0.116	0.035	-0.013	-0.038	0.051	0.023	0.241
青海	0.957	-0.647	-0.384	0.164	0.522	0.234	0.744	0.123
山东	0.031	0.215	0.200	-0.082	0.129	0.115	0.021	0.166
山西	0.128	0.172	0.250	0.262	0.148	0.182	-0.212	-0.199
陕西	0.326	0.238	-0.320	0.265	0.255	-0.123	-0.129	-0.605
上海	0.168	0.229	0.098	0.040	0.104	0.102	-0.015	0.087
四川	-0.117	0.239	0.005	0.129	0.290	0.258	0.001	0.068
天津	-0.048	-0.085	0.187	-0.216	0.062	-0.190	0.129	0.052
西藏	-0.705	-0.424	-0.406	0.997	1.535	0.708	-0.476	0.146
新疆	0.199	0.217	0.036	-0.119	-0.270	-0.054	0.122	0.031
云南	0.003	0.017	0.307	0.186	0.375	-0.282	-0.005	0.147
浙江	0.129	0.193	-0.034	-0.005	0.099	0.015	0.165	0.118
重庆	-0.676	0.166	0.192	0.540	-0.065	-0.088	0.242	-0.175

资料来源：作者计算得到。

中国资本市场的区域不均衡相较于经济发展不均衡更为严重，为了更直观描述资本资源配置机制的区域差距，本书将各省、自治区、直辖市的融资约束值按东部、中部、西部进行简单平均，分别得到东部、中部和西部地区的企业资本配置效率值，如图4-2所示：第一，东部地区的企业资本配置效率值先由2010年的0.104快速上升到2011年的0.146，再快速下降到2013年的0.037，随后持续增长到2017年的0.089。说明东部地区的企业资本配置效率值总体波动幅度较小，东部地区经济发展程度较高，资本市场也逐渐完善，对宏观经济波动对冲能力较强。第二，中部地区的企业资本配置效率值先由2010年的0.092快速下降到2011年的0.025，再快速上升到2013年的0.120，随后下降到2015年的0.007，再快速上升到2017年的0.114。说明中部地区的平均企业资本配置效率值总体波动幅度较大，中部地区企业本就面临较为严重的融资约束问题，企业对外部资金依赖程度较高，融资环境改善促使企业大量举债扩产能，融资环境恶化又不得不进行收缩谋求生存空间，故宏观经济和政策对中部地区企业的冲击较大。第三，西部地区的平均企业资本配置效率值先由2010年的0.049快速上升到2011年的0.145，再波动下降到2014年的0.051，随后缓慢上升到2017年的0.072。说明西部地区的企业资本配置效率值总体波动幅度较小，但与东部地区不同，西部地区企业对宏观经济环境变动反应较为迟钝，西部地区制造业较为薄弱，产业对外部融资依赖较低，资本市场的资源配置功能难以充分发挥作用。第四，整体来看，东部、中部和西部地区的平均企业资本配置效率值基本上都随时间变大了，且中部地区的平均企业资本配置效率值大于东部，东部地区的平均企业资本配置效率值大于西部，说明东部和中部地区的企业面临的资本资源配置环境比西部地区的企业更优。而且中部地区平均企业资本配置效率值相较于2015年上涨了约16倍，上涨幅度远大于东部和西部地区的企业，中部地区以制造业为主，对外部资本依赖程度较大，生产经营易受宏观环境影响，行业进入门槛普遍较低也加剧了产业间的竞争强度，企业股价难以充分反映企业的真实价值，企业管理者有进行盈余管理的动机，导致企业过度投资从而干扰了资本市场的资源配置功能，而东部地区高端制造业和高等服务业占比较多，投资者普遍看好该类产业的发展前景，企业股价能在一定程度上反映企业所拥有的价值。更为严重的是西部地区，产业结构较为落后，且以资源生产类行业为主，对外部资本依赖程度较低虽能在一定程度上对冲宏观经济冲击，但也阻碍了经济长期稳健发展。

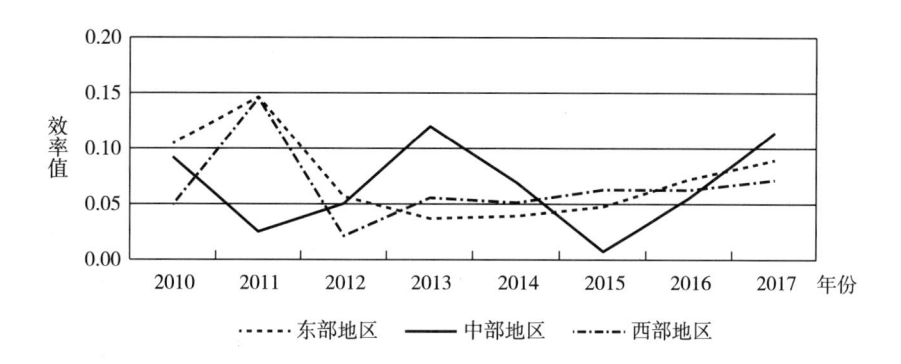

图 4-2 东部、中部和西部地区的平均企业资本配置效率值

国际资本流出虽恶化了企业面临的融资约束问题，但也增强了资本市场的资源配置功能。自 2010 年以来，中国的国际资本多数年份呈流出状态，且流出规模加大，对外部资本依赖较大的行业所受冲击最大，尤其是中部地区的制造业，其规模大于西部地区制造业规模，但技术水平又低于东部地区，去杠杆宏观调控政策收紧了企业融资环境，导致国际资本加大流出，中部地区的企业在行业内竞争程度加强，有助于企业间的优胜劣汰，强化资本市场定价能力。东部地区资本市场竞争程度较高，资产定价能在一定程度上反映企业的未来发展前景，对宏观经济波动对冲能力较强，西部地区产业结构和规模相对较为薄弱，对外部资本依赖程度低，同时宏观经济波动对其冲击也较弱，故中部地区的平均企业资本配置效率值大于东部地区和西部地区的平均企业资本配置效率值，且与西部地区的差距越来越大，存在明显的区域差距。显然国际资本流动对中部地区企业的冲击最大，持续恶化了企业的融资约束问题，但去杠杆导致的融资约束收紧也有利于发挥资本市场的资源配置功能，优胜劣汰增加中部地区企业的竞争能力。

二 国际资本流动影响机制的行业差异

企业所处行业不同，技术水平也差异较大，而且中国制造业处于持续产业结构升级过程中，需要引导大量资本流入高技术制造业，促进中国经济高质量增长。但随着中国宏观经济政策调整，企业整体融资环境收紧，而高技术制造业需要持续大额投资且投资风险较大，私人资本和国际资本难以长期投资高技术制造业，进而加剧高技术制造业的融资困难，同时高技术制造业已有投资者因看好行业前景以及前期大量投入，很难因生产经营不善而退出生产，为了维持企业运作只能不断追加投入。对于中技术和低技术制造业而言，融资环境较为宽松时，通货膨胀推升资产泡沫，会促进该类制造业融资和投资，而当融资环境收紧时，也能快速调整融资和投资规模，即融资环境变差但资本资源配置效率上升。宏观经济政策调整导致国际资本流动规模和幅度变大，不同行业所面临的融资和资本资源配置环境存在差异，即国际资本流动影响机制存在一定的行业差异。

（一）融资约束机制的行业差异

企业所处行业不同，产业政策支持力度也不同，如新能源、5G、生命科学等国家政策支持的行业，产业政策为该类行业发展提供一定的保障，提高了该类企业的融资能力。但诸如农业、资源加工类顺周期产业，技术水平较低且受宏观经济环境影响较大，对投资者吸引能力较弱。与企业的投资效率相似，企业面临的融资约束也存在较大的行业差异，不同行业的融资约束值如表4-3所示。第一，大部分行业的平均企业融资约束值随时间增加，即企业面临的融资约束问题更大。自2015年以来，为了降低企业的负债水平，中国经济主动进行了去杠杆操作，导致企业面临的融资环境趋紧。第二，不同技术水平的平均企业融资约束值差异较大，如纺织服装和服饰业、造纸及纸制品业、黑色金属冶炼加工业、化学原料及制品制造业等资本密集型行业的平均企业融资约束值显著增加，尤其是纺织服装服饰业的平均企业融资约束值由2010年的0.945上升到2017年的256.249。纺织服装和服饰业不仅是资本密集型行业还是劳动密集型行业，而据中国统计局数据显示，2019年中国劳动人口总量为8.96亿人，自2012年首次下降以来连续8年下降，8年间减少近3000万人，劳动红利逐渐消失导致劳动密集型产业的比较优势逐渐弱化，生产成本上升将侵蚀企业的经营利润，降低企业投资价值，进而增加企业融资难度。但也有石油和天然气开采业、有色金属矿采选业、医药制造业、化学纤维制造业、金属制品业、汽车制造业等资本密集型和劳动密集型行业的平均企业融资约束值显著降低，尤其是汽车制造业的平均企业融资约束的绝对值由2010年的41.270下降到 2017 年的 3.852，说明该类资本密集型行业面临的融资约束问题有所缓解。从资本密集程度和劳动密集程度难以区分融资约束问题的行业差异，技术水平会影响资本密集型行业和劳动密集型行业的未来发展前景，进而对资本的吸引能力也存在差异。具有一定技术优势的行业，在面对劳动力比较优势下降时，可通过技术和资本改造升级生产线，降低生产过程对劳动力依赖，尽可能降低劳动力不足对企业生产经营冲击，但技术研发投入较大且投资风险较高，而且也有企业管理者为了骗取补贴和资本市场套现，包装成高技术企业，信息不对称导致投资者投资风险和损失加大，降低了高技术制造业信用水平。

表 4-3　　　　　　分行业平均企业融资约束值

行业名称	2010 年	2011 年	2012 年	2013 年	2014 年	2015 年	2016 年	2017 年
农业	-13.292	1.445	-0.621	-7.053	-30.174	-24.488	-29.049	-135.074
林业	4.613	93.841	10.170	96.363	32.878	15.260	59.452	14.049
畜牧业	1.290	0.094	0.398	0.584	0.707	0.572	0.249	0.969
渔业	1.308	0.737	-0.955	1.215	1.430	4.381	31.395	-96.927
农、林、牧、渔服务业	1.351	0.617	2.103	-0.389	0.082	0.506	12.753	13.333
煤炭开采和洗选业	-0.250	-0.086	0.432	1.915	1.222	-0.526	0.218	0.876
石油和天然气开采业	21.606	4.189	-12.430	-1.713	1.796	0.234	-0.859	0.864
黑色金属矿采选业	-0.319	-5.647	-0.757	3.140	2.824	-0.821	0.333	-2.567
有色金属矿采选业	19.271	9.418	36.904	-7.122	-7.151	-1.123	-23.391	3.631
开采辅助活动	0.890	0.956	1.027	1.777	0.618	2.050	1.281	23.885
农副食品加工业	-3.352	2.238	2.954	-0.597	3.397	1.057	-8.465	0.526
食品制造业	1.350	-3.473	-120.343	2.651	0.672	-1.351	-0.261	0.244
酒、饮料和精制茶制造业	0.752	0.400	-3.338	1.938	1.690	0.425	-3.769	-1.581
纺织业	-1.118	0.816	-2.031	7.569	52.396	6.001	0.808	-2.908
纺织服装和服饰业	0.945	2.899	0.296	9.925	3.462	2.642	0.710	256.249
皮革、毛皮及制鞋业	0.366	-4.775	0.347	-0.039	-0.168	-2.071	-8.333	-14.094
木、竹等制品业	267.061	305.056	-5.025	-4.157	338.943	-15.646	13.779	-1.124
家具制造业	0.773	0.481	-2.659	-0.040	1.509	23.952	-1.251	-0.762
造纸及纸制品业	2.962	3.852	2.874	10.352	1.606	-1.163	3.105	-23.988
印刷和记录媒介复制业	0.814	0.428	0.084	0.154	0.345	1.754	1.594	1.789

续表

行业名称	2010年	2011年	2012年	2013年	2014年	2015年	2016年	2017年
文、教、娱乐制造业	0.788	0.478	0.382	0.691	0.960	1.717	-2.446	4.956
石油、炼焦及核燃料加工业	2.904	1.172	6.599	-3.795	9.801	106.231	650.504	-24.018
化学原料及制品制造业	-0.387	1.246	-4.639	13.883	1.096	-10.074	-0.268	37.384
医药制造业	1.510	2.362	1.028	2.571	0.250	-10.215	59.513	-0.455
化学纤维制造业	28.555	0.528	-1.259	2.373	-18.634	18.996	-2.522	4.323
橡胶和塑料制品业	1.093	1.259	0.716	4.826	0.477	-0.255	60.758	3.984
非金属矿物制品业	6.805	-3.812	-8.104	0.549	1.851	3.278	6.851	2.775
黑色金属冶炼加工业	-1.627	0.029	0.512	3.334	6.290	2.777	-2.702	-21.300
有色金属冶炼加工业	0.897	3.661	10.270	4.265	75.312	3.623	8.152	12.291
金属制品业	-48.490	-283.067	1.269	1.127	0.582	0.787	2.805	3.120
通用设备制造业	1.129	0.438	1.377	2.401	1.615	3.470	1.507	9.897
专用设备制造业	15.770	-15.751	2.574	-4.268	1.580	3.534	1.423	21.821
汽车制造业	-41.270	1.176	0.806	0.707	0.805	0.681	0.558	3.852
铁路等运输设备制造业	5.153	17.139	7.676	27.608	1.872	2.806	3.276	29.480
电气机械及器材制造业	5.884	8.251	1.590	0.585	0.958	9.382	2.083	18.450
计算机、通信等设备制造业	10.982	24.240	15.705	2.520	1.550	0.767	4.659	88.232
仪器仪表制造业	1.416	2.074	1.671	0.859	1.677	2.034	2.175	12.547
其他制造业	-14.569	207.736	-722.517	-11.989	-1.351	28.150	21.725	30.755
废弃资源综合利用业	0.188	4.763	18.520	2.039	0.872	2.371	8.997	-0.514
电力、热力生产和供应业	0.164	-0.527	-2.199	-1.807	-0.661	0.488	-261.264	1.704
燃气生产和供应业	-484.047	49.398	-469.403	-3.111	-2.520	160.955	0.499	3.163
水的生产和供应业	0.216	0.257	0.025	0.986	0.055	-0.413	-0.188	0.589
房屋建筑业	-10.981	-4.453	-0.264	-4.010	-23.486	-37.173	0.631	-19.974
土木工程建筑业	41.736	188.623	4.389	9.195	21.062	38.033	3.091	-13.537
建筑装饰和其他建筑业	0.229	-8.574	2.271	5.627	5.752	21.889	38.026	53.643
批发业	13.084	-6.383	-6.861	30.310	14.363	887.729	488.868	58.677
零售业	0.196	6.307	3.875	1.998	-0.764	2.401	15.002	25.912
铁路运输业	-0.889	-0.927	720.108	0.449	0.148	7.297	-1.276	-28.316

续表

行业名称	2010年	2011年	2012年	2013年	2014年	2015年	2016年	2017年
道路运输业	-3.026	-0.331	3.305	-128.686	91.446	-141.881	-49.277	928.778
水上运输业	-0.064	-1.283	0.804	-8.851	22.684	15.917	29.470	-8.316
航空运输业	-0.422	-0.804	-1.226	-1.988	-1.818	-0.572	-0.343	-0.546
装卸搬运和运输代理业	14.640	-18.182	0.510	57.465	-1.712	-1.191	-3.463	0.190
仓储业	0.588	0.966	-0.309	0.863	0.370	-1.254	3.660	7.443
邮政业	2.319	1.512	1.863	2.274	0.033	-6.017	-0.910	0.644
住宿业	-0.549	0.791	-0.751	-0.097	-0.512	-0.717	-0.006	-4.522
餐饮业	-0.245	-1.018	-0.691	-0.997	-1.184	-1.198	0.545	-0.531
电信、广播电视传输服务	3.087	0.616	0.952	2.145	0.455	0.636	1.176	2.436
互联网和相关服务	-12.446	-0.086	1.051	-22.253	0.640	1.320	11.550	-2.488
软件和信息技术服务业	4.296	5.880	7.283	32.861	5.975	11.614	5.863	50.548
房地产业	93.434	31.839	158.760	321.207	331.066	-232.015	-344.081	-574.616
租赁业	32.567	-0.060	1.147	-1.883	3.432	30.767	33.457	91.492
商务服务业	6652.313	38.585	-206.622	-59.240	-356.117	-60.254	5.808	87.579
研究和试验发展	-12.783	-3.081	-0.165	0.683	-2.094	-2.429	2.703	1.301
专业技术服务业	9.701	1.037	3.151	1.017	6.719	1.203	3.881	33.847
生态保护和环境治理业	2.044	3.021	1.699	516.892	2.170	4.066	5.716	16.078
公共设施管理业	-0.252	18.197	-0.760	0.810	1.197	0.311	0.379	3.056
教育	-0.420	2.855	-0.054	-1.836	-0.269	-2.952	-1.880	-2.686
卫生	9.062	0.673	-1.787	949.510	20.608	-3.161	2.181	4.993
新闻和出版业	-256.477	41.868	9.679	1.940	4.991	8.125	0.937	14.380
广播、电视和影视制作业	-20.583	-19.386	242.503	18.540	82.733	-636.174	10.002	273.854
文化艺术业	-888.608	-6.455	2.174	-3.092	14.135	92.087	11.880	24.004

资料来源：作者计算得到。

随着中国产业结构转型升级，企业的技术水平和创新能力对于企业融资越来越重要，为了更好衡量产业间的技术水平差异，图4-3描述了高技术、中技术和低技术制造业平均企业融资约束值：第一，高技术制造业平均企业融资约束值先由 2010 年的 4.136 波动上升到 2013 年的 7.96，再快速下降到 2014 年的 3.287，随后快速增长到 2017 年的 30.045。中国高技术制造业虽有长足发展，但以中小企业为主体的创新企业数量众多，资金需求巨大，但由于缺乏有效抵押品和稳定的经营利润导致创新企业缺乏融资渠道，当融资环境收紧后，难以承担较高风险的国际资本首先会从创新企业退出，恶化高技术制造业的融资约束问题。第二，中技术制造业平均企业融资约束的绝对值先由 2010 年的 32.979 快速下降到 2013 年的 6.441，再快速上升到 2016 年的 69.246，随后快速下降到 2017 年的 14.42。自改革开放以来，中国积极融入全球经济体系，利用自身劳动力优势发展劳动密集型和资本密集型制造业，并牢牢嵌入全球价值链中，是联合国认证的唯一一个具备全部 39 大类工业体系的国家。制造业在快速发展过程中，也面临劳动力短缺以及东南亚国家的激烈竞争，导致行业盈利能力有所下降，中国宏观经济政策调整收紧融资环境也导致中技术制造业的融资能力下降，但中技术制造业在制造业仍占据重要地位，随着去杠杆任务的逐渐完成，中技术制造业生产经营有所改善，融资能力也有所提升。第三，低技术制造业平均企业融资约束的绝对值先由 2010 年的 3.108 快速下降到 2011 年的 1.505，再快速上升到 2016 年的 60.416，随后快速下降到 2017 年的 11.725。低技术制造业主要包括农业、林业、畜牧业、煤炭、石油和天然气以及纺织业等行业，生产过程中密集使用土地、劳动力以及自然资源，技术水平较低且对外部资本依赖较大，易受宏观经济影响进而导致企业融资约束值波动较大。改革开放以来，中国农业获得了快速发展，但生产过程中粗放经营管理、广种薄收等现象仍较为普遍，削弱了农业可持续发展能力，落后的生产技术还导致劳动生产力低下，难以与国际规模化的现代农业相竞争。2016 年 10 月 17 日，中国国务院编制的《全国农业现代化规划（2016—2020 年）》正式实施，支持通过土地流转、土地托管、土地入股等多种形式发展适度规模经营，提高农业生产机械化水平和生产效率。以农村集体资产确权到户和股份合作制改革为基础的农村集体产权制度改革，吸引众多企业投资现代农业，缓解农业发展面临的融资约束问题的同时，推动中国农业向规模集约化、分工产业化和精准智能化方向发展。

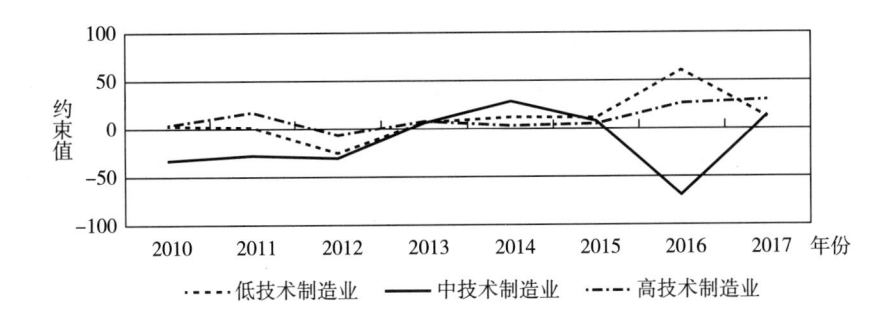

图 4-3　高技术、中技术、低技术制造业平均企业融资约束值

国际资本流出恶化了企业面临的融资约束问题，但不同技术水平的企业融资约束问题也存在一定差异：第一，2010 年，中技术制造业的平均企业融资约束绝对值大于高技术制造业的平均企业融资约束值，高技术制造业的平均企业融资约束值大于低技术制造业的平均企业融资约束值，说明中技术水平制造业融资约束问题最大。2008 年国际金融危机发生后，财政和货币政策双管齐下，中国经济虽率先复苏，但海外市场仍较为疲软，使具有比较优势的中技术制造业的出口贸易仍未得到完全恢复，企业盈利水平下降也弱化了再融资能力，受到融资约束问题冲击也最大。第二，2010 年至 2015 年，高技术、中技术和低技术制造业的平均企业融资约束值均呈现先下降再增加的趋势，中国政府通过投资基础设施建设调动了社会资本，增加了对制造业产品的需求，而宽松的货币政策推动产品和资产价格上涨，企业盈利水平逐渐得到改善，企业经营者能在资本市场获得融资支持，也有动力融资再投资以应对增加的需求，故不同技术水平的制造业企业融资环境有所改善。第三，2015 年以后，不同技术水平制造业面临的融资环境存在较大的分化，高技术水平制造业企业的融资环境继续恶化，在三者中平均企业融资约束值最大，而低技术制造业企业的融资环境与 2015 年没有变化，中技术水平制造业企业的融资环境在波折中轻微恶化，且平均企业融资约束值大于低技术制造业企业。中技术和低技术制造业对宏观经济政策和环境反应较快，当受到外部环境压力时，具有比较优势的中技术制造业会适当压缩产能以改善行业盈利状况，缺乏进入门槛导致外部压力下降后产能会迅速恢复，企业融资难题随之而来，而低技术制造业在面对外部环境压力时，淘汰落后产能并改变行业生产经营模式，有助于改善企业面临的

融资环境。高技术制造业在面临外部环境压力时，因行业发展前景和前期沉没成本，既不同于中技术制造业的压缩产能也不同于低技术制造业的生产经营模式升级，企业的坚持经营和技术尚未突破会持续恶化融资环境。因此随着中国持续淘汰高污染、高能耗产能，产业结构升级会使不同技术水平制造业企业逐渐回归理性投资，融资约束问题对企业投资效率的影响存在一定的行业差异。

（二）资本资源配置机制的行业差异

如果资本市场能充分发挥资源配置功能，企业目前和未来发展前景越好则越能获得投资者青睐，融资约束问题对企业生产经营影响也越少，因此不同技术水平的企业面临的融资约束存在较大的行业差异，说明平均企业资本配置效率也存在一定的行业差异。不同行业的平均企业资本配置效率值如表 4-4 所示：第一，大部分行业的资本配置效率值随时间增加，即资本资源配置效率有所提高。资本市场上资金减少能降低因投资标的稀缺导致的盲目投资，资本市场流动性泛滥虽可降低企业融资成本，但也会导致缺乏优质投资标的进而盲目投资，进一步吹大不良资产泡沫。第二，不同技术水平的平均企业资本配置效率值差异较大，如农林牧渔业、化学原料及制品制造业、化学纤维制造业、有色金属冶炼加工业、铁路运输业等劳动密集型和资本密集型行业的平均企业资本配置效率值显著增加，尤其是化学原料及制品制造业的平均企业资本配置效率值由 2010 年的 -0.093 上升到 2017 年的 0.263。无论是农林牧渔业还是基础制造业，比较优势是建立在劳动力和资金成本较低的基础上，技术水平仍有待大幅提升，宏观经济能显著改变行业生产格局，经济下行将导致利润率较低的企业退出该行业，过剩产能得到快速压缩，市场上存活企业竞争能力相对较强，生存压力也会导致该类企业进行技术研发以进一步提高企业竞争能力。过剩产能削减和不能适应市场竞争企业退出生产市场，使优质企业更能获得资本市场青睐，提高稀缺资本资源的配置能力。但也有石油和天然气开采业、专用设备制造业、汽车制造业、电气机械及器材制造业、计算机及通信设备制造业等资本密集型和劳动密集型行业的平均企业资本配置效率值显著降低，尤其是专用设备制造业的平均企业资本配置效率值由 2010 年的 0.268 下降到 2017 年的 0.163，说明该类资本密集型行业资本资源配置效率有所下降。

表4-4　　　　　　　分行业平均企业资本配置效率值

行业名称	2010年	2011年	2012年	2013年	2014年	2015年	2016年	2017年
农业	0.617	-0.266	-0.289	0.495	0.017	0.169	-0.158	0.153
林业	-0.382	0.145	0.884	-0.635	-0.002	-0.090	-0.636	0.328
畜牧业	0.263	2.460	0.002	0.058	-0.531	-0.194	0.014	0.242
渔业	-0.091	0.275	-1.001	0.223	0.089	0.284	0.333	0.378
农、林、牧、渔服务业	-1.192	0.063	4.291	0.109	-4.076	2.037	1.212	-0.593
煤炭开采和洗选业	2.115	-0.105	-0.085	-0.258	-0.156	0.021	-0.197	0.137
石油和天然气开采业	-2.398	-2.747	0.680	1.289	-0.648	0.634	0.660	1.627
黑色金属矿采选业	-0.633	-0.249	1.024	3.550	-0.529	0.139	0.733	0.257
有色金属矿采选业	-0.013	0.150	-0.075	0.860	0.638	0.311	-0.018	-0.693
开采辅助活动	0.587	0.648	-0.576	0.613	0.327	-0.096	0.128	-0.014
农副食品加工业	-0.220	0.250	-0.072	0.227	-0.095	0.125	-0.172	0.251
食品制造业	0.504	-0.011	-0.395	0.215	0.528	0.101	-0.373	0.283
酒、饮料和精制茶制造业	-0.018	-0.054	-0.088	-0.029	-0.013	0.251	-0.079	0.397
纺织业	-0.085	0.454	-0.116	-0.160	-0.178	-0.307	-0.182	-0.083
纺织服装和服饰业	-0.197	-1.013	-0.411	0.791	-0.585	-0.278	0.642	0.076
皮革、毛皮及制鞋业	-0.126	-0.959	0.200	2.924	-4.588	-0.298	1.633	-0.777
木、竹等制品业	0.024	0.172	-0.511	-1.089	1.553	0.845	0.434	-0.365
家具制造业	-0.470	-2.997	-1.041	0.279	0.432	-0.412	-0.352	-0.092
造纸及纸制品业	0.526	0.368	0.156	0.132	0.027	0.413	-0.016	0.470
印刷和记录媒介复制业	1.664	-0.588	0.193	-0.103	-0.946	-0.229	0.773	-0.757
文、教、娱乐制造业	-2.509	0.774	0.428	-1.046	1.137	-0.673	0.620	0.204
石油、炼焦及核燃料加工业	0.212	-0.350	0.811	-0.063	0.065	0.594	0.200	0.414
化学原料及制品制造业	-0.093	-0.106	0.055	0.329	0.184	0.156	0.026	0.263
医药制造业	0.020	0.082	0.330	0.270	0.259	-0.082	-0.026	-0.053
化学纤维制造业	0.209	0.085	0.105	0.150	-0.141	0.256	0.320	0.499
橡胶和塑料制品业	0.304	0.875	0.449	0.385	0.128	-0.175	0.093	-0.335
非金属矿物制品业	0.128	0.123	-0.319	-0.010	0.082	-0.098	0.089	0.100
黑色金属冶炼加工业	0.116	0.089	-0.023	0.160	0.097	0.100	-0.203	0.007
有色金属冶炼加工业	0.041	0.161	-0.037	-0.063	0.029	-0.062	-0.084	0.184

续表

行业名称	2010年	2011年	2012年	2013年	2014年	2015年	2016年	2017年
金属制品业	0.056	-0.127	-0.383	-0.192	0.263	0.174	0.079	0.039
通用设备制造业	-0.101	0.618	0.337	0.106	0.123	0.186	-0.201	0.096
专用设备制造业	0.268	0.241	0.120	0.091	0.075	0.064	-0.014	0.163
汽车制造业	-0.003	0.044	0.020	-0.104	-0.172	0.221	0.295	-0.035
铁路等运输设备制造业	-0.238	0.000	-0.252	0.253	0.031	0.247	0.110	0.297
电气机械及器材制造业	0.069	0.161	0.064	0.229	0.144	0.085	0.008	-0.038
计算机、通信等设备制造业	0.017	-0.146	0.017	-0.141	0.099	0.060	0.064	-0.103
仪器仪表制造业	0.553	0.261	0.194	-0.142	-0.020	-0.142	-0.075	0.151
其他制造业	0.799	0.496	0.306	0.729	0.213	0.651	0.507	0.672
废弃资源综合利用业	1.031	-0.453	-0.149	0.531	0.111	-0.492	-0.292	-3.864
电力、热力生产和供应业	0.006	0.076	0.232	-0.248	0.177	0.360	0.187	-0.044
燃气生产和供应业	-0.069	0.364	0.190	0.076	0.205	0.411	0.181	-0.164
水的生产和供应业	1.082	0.937	-0.695	0.880	0.287	0.238	0.484	0.670
土木工程建筑业	0.387	0.219	0.000	-0.162	0.782	-0.102	0.117	0.310
建筑装饰和其他建筑业	-0.141	0.222	0.263	0.333	0.247	0.130	0.203	0.618
批发业	0.394	0.224	0.290	0.050	0.221	0.565	0.106	0.131
零售业	0.065	0.139	-0.263	0.065	0.081	0.032	-0.083	-0.038
铁路运输业	3.720	0.906	-0.313	-0.666	14.091	-1.625	-1.492	7.184
道路运输业	-0.448	0.411	-0.820	0.720	0.198	0.538	-0.938	0.372
水上运输业	0.888	0.316	0.105	-0.012	0.125	0.226	0.511	0.306
航空运输业	-0.424	-0.188	-0.841	0.555	-2.118	1.000	-2.020	0.307
装卸搬运和运输代理业	-0.086	-0.646	0.071	1.842	-0.982	-14.391	3.058	2.457
仓储业	-0.142	-0.829	-2.161	-4.870	0.059	-3.299	0.318	-0.485
邮政业	-1.923	0.624	-0.262	1.506	-0.988	0.053	0.544	-2.237
住宿业	-0.329	-2.480	0.651	1.391	0.209	-0.586	-0.619	-0.231
餐饮业	-6.375	1.350	-7.268	-2.462	0.671	1.595	-4.735	-1.168
电信、广播电视传输服务	-0.308	-0.951	0.767	-0.301	1.038	0.250	0.974	0.431

续表

行业名称	2010年	2011年	2012年	2013年	2014年	2015年	2016年	2017年
互联网和相关服务	0.437	0.076	-0.059	0.156	0.137	0.061	-0.074	0.035
软件和信息技术服务业	0.116	0.183	0.128	-0.027	0.112	-0.012	-0.048	-0.070
房地产业	-0.052	0.383	0.173	0.062	-0.058	0.084	0.023	0.010
租赁业	1.772	3.819	1.998	4.025	5.197	1.760	-2.342	-3.233
商务服务业	0.137	0.054	-0.179	0.505	0.163	0.112	-0.037	0.524
研究和试验发展	-0.181	15.506	0.723	1.001	-0.488	0.689	-0.456	0.462
专业技术服务业	0.722	0.575	-0.057	-1.314	0.659	-0.025	0.503	0.056
生态保护和环境治理业	-0.617	-0.210	0.574	0.476	1.141	-0.281	0.190	0.718
公共设施管理业	-0.213	-0.083	0.154	0.412	0.309	-0.379	0.336	0.365
教育	—	—	—	—	—	—	-1.033	-1.529
卫生	1.560	-0.597	-0.140	-0.620	-0.449	-0.282	0.157	-0.152
新闻和出版业	0.117	0.207	0.261	0.062	0.373	-0.471	-0.277	0.200
广播、电视和影视制作业	-0.094	-0.114	-0.106	0.075	0.132	-0.342	0.507	-0.295
文化艺术业	-0.269	1.890	1.377	0.540	0.641	1.793	-5.531	0.895

资料来源：作者计算得到。

从要素密集程度来看，无论是劳动密集型产业还是资本密集型产业，平均企业的资本配置效率值有升有降，并不统一，说明单从要素密集程度难以区分资本资源配置机制的行业差异。而技术水平差异会影响行业在资本市场的融资能力，即使目前行业普遍亏损，投资者基于未来发展预期也会投资高技术制造业，融资难度下降也会吸引大批投机者进入该行业，在财政补贴和资本市场套现诱惑下，行业内僵尸企业及其管理者不必主动退出该行业，行业的过度包装导致信息不对称问题凸显，使资本难以配置到最优企业，同时也加剧了整个行业面临的融资约束问题。中技术和低技术制造业在资本市场中缺乏强势谈判能力，行业内的投机者较少，信息不对称下降反而改善了行业内企业面临的融资环境和资本资源配置环境。为了刻画技术水平对资本资源配置效率影响，本书也按技术水平将样本分为低技术、中技术和高技术制造业，分别计算不同技术水平下的平均企业资本配置效率值。

高技术、中技术和低技术制造业的平均企业资本配置效率值，如图 4-4 所示：第一，高技术制造业的平均企业资本配置效率值先由 2010 年的 0.098 下降到 2013 年的 0.057，再快速上升到 2014 年的 0.098，随后持续快速下降到 2017 年的 -0.012。去杠杆政策主要针对的是以基础制造业为主的落后产能，鲜少波及高技术制造业，而且随着中国力推产业结构升级，产业政策向高技术制造业倾斜力度较大，吸引了大批投机者，进而持续降低了高技术制造业的资本资源配置效率。中国是较早推广新能源汽车的国家之一，在财税扶持政策推动下，中国是全球新能源汽车保有量最多的国家，但在巨额利益诱惑下，也有些生产企业采用"有车无电""有牌无车""车辆闲置"等方式套取财政补贴，人为制造企业生产经营繁荣假象，误导投资者投资。第二，中技术制造业的平均企业资本配置效率值先由 2010 年的 0.023 快速上升到 2011 年的 0.098，再快速下降到 2012 年的 0.014，随后快速上升到 2015 年的 0.189，最终下降到 2017 年的 0.077。中技术制造业相对竞争较为充分，且大量进行出口贸易，对中国乃至全球的宏观经济较为敏感，前期大量资本投入迫使企业的生产经营决策较为稳健，经济繁荣时企业经营利润改善，吸引资本扩大产能提高企业的资本资源配置效率；经济衰退时投资者恐慌性资金回撤，虽能快速降低过剩产能，但投资者资金过度回撤也增加了行业发展的不确定性，降低行业内企业的资本资源配置能力。第三，低技术制造业的平均企业资本配置效率值先由 2010 年的 0.057 波折上升到 2013 年的 0.078，再波折下降到 2016 年的 -0.021，随后快速上升到 2017 年的 0.174。与中技术制造业类似，低技术制造业

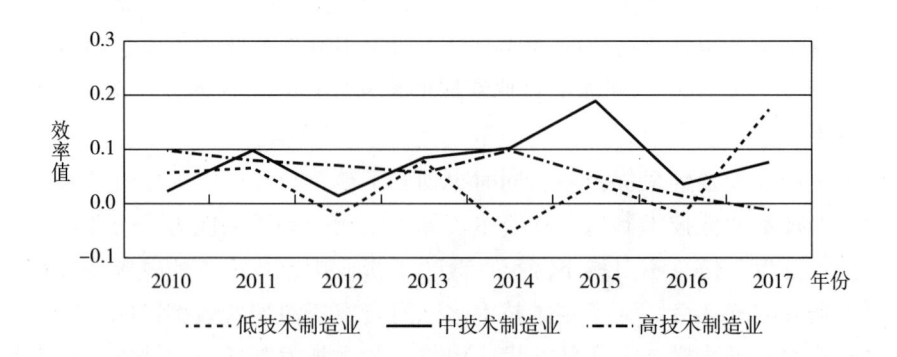

图 4-4 高技术、中技术、低技术制造业平均企业资本配置效率值

对宏观经济变化反应也较为灵敏，不同的是，低技术制造业产能降低后难以在宏观经济变好后快速恢复，且除了具有一定技术创新能力的企业，投资者会逐渐退出低技术制造业，故低技术制造业的企业资本资源配置效率提升较为明显。

随着宏观经济政策调整，国际资本流动趋势也随之改变，不同技术水平的企业的资本配置效率也存在一定差异：第一，2010年，高技术制造业的平均企业资本配置效率值大于低技术制造业的平均企业资本配置效率值，低技术制造业的平均企业资本配置效率值大于中技术制造业的平均企业融资约束值，说明中技术水平制造业资本配置效率最低。受2008年国际金融危机影响，中技术制造业受到融资约束问题冲击较大，企业正常生产经营受到影响，降低了资本资源配置效率。第二，2010年至2015年，高技术制造业的平均企业资本配置效率值呈现持续下降的趋势，而中技术制造业的平均企业资本配置效率值呈现持续上升的趋势，经济复苏带动了对中技术制造业产品需求，经营能力改善缓解了企业面临的融资约束问题，源源不断的投资资金也提高了企业投资和生产效率，优化了资本资源的配置。第三，2015年以后，相对于中技术和低技术制造业来说，高技术制造业资本资源配置更加不合理，存在"炒概念"的问题，这与高科技行业所处行业周期特点有关，高技术行业普遍处于成长期，技术门槛高但技术不成熟，很多企业靠"炒概念"进行融资，盈利水平得不到改善甚至形成大量的僵尸企业，投资损失降低了企业的融资能力，同时已有大量投资缺乏退出渠道，也降低了资本资源的配置效率。高技术制造业面临的融资约束问题最大，资本资源配置效率最低，而中技术制造业面临的融资约束问题最小，低技术制造业的资本资源配置效率最高，那么融资约束机制和资本资源配置机制的行业差异是否是国际资本流动行业效应的主要原因，仍需要进一步进行量化分析。

三　国际资本流动影响机制的企业类型差异

国际资本流动提高了民营企业和外资企业的投资效率，却降低了公众企业的投资效率，国际资本流动对企业投资效率影响存在企业类型差异，是否与融资约束和资本资源配置效率有关呢？国有企业拥有信用加持，外资企业的技术水平较强且融资渠道更多，故国有企业和外资企业面临的融资约束和资本资源配置环境与民营企业和公众公司存在较大差异。如果国际资本大规模流出,资本市场流动性下降,具有更高信用风险和生产不确定性的民营企业所受冲击最大,缺少金融体系支持的民营企业受困于融资约束,不得不进行战略收缩,减少过度投资或非主业投资以维持对主要生产设备进行更新升级,提高稀缺的资本资源利用效率。

(一)融资约束机制的企业类型差异

不同的企业产权主体,信用水平存在较大差异,融资能力决定了企业面临的融资约束问题严重程度,为了更好衡量企业所属权差异对企业面临的融资约束的影响,图4-5描述了国有企业、民营企业、外资企业和公众企业的平均企业融资约束值:第一,国有企业的平均企业融资约束值先由2010年的28.667波动上升到2013年的51.548,再波动下降到2017年的8.458。国有企业破产风险较低,生产经营较为稳健,备受资本市场投资者的青睐,故其融资渠道多、融资成本低,近年来的融资约束环境持续得到改善。第二,民营企业的平均企业融资约束值先由2010年的29.183快速上升到2011年的55.442,再波动上升到2015年的63.244,随后缓慢下降到2017年的56.245。民营企业作为国民经济的重要组成部分,在就业、税收、技术创新等方面做出了重要贡献,但由于主要集中于成熟行业,行业进入门槛较低,市场竞争较为激烈,受宏观经济影响较大,相对较低的盈利水平难以吸引投资者投资,故其面临的融资约束问题一直较为严重,中国政府虽采取多种措施解决民营企业和小微企业的融资难和融资贵问题,但问题仍未得到根本解决,后续仍需加大对民营企业的融资支持力度。第三,外资企业的平均企业融资约束的绝对值先由2010年的30.442快速下降到2012年的0.997,再快速上升到2015年的32.008,随后快速下降到2017年的10.078。2008年国际金融危机冲击了国际资本市场,全球主要大国采取的积极财政政策和货币政策稳定了国际金融体系,中国外资企业的跨境融资渠道逐渐恢复,再者外资企业相对于本地企业具有一定的技术优势和盈利能力,能提高其在资本市场的融资能力,故外资企业的融资环境逐渐得到改善。第四,公众企业的平均企业融资约束的绝对值先由2010年的109.352快速下降到2011年的10.810,再快速上升到2013年的130.854,随后快速下降到2014年的1.837,最后快速上升到2017年的50.439。公众企业融资约束值波动幅度较大且无规律,主要因为公众企业缺乏实际控制人,难以有长远的企业发展战略与规划,投资者和企业经营者投机氛围浓,当资本市场流动性较为充足时,包装成热点上市公司以吸引投资者投资进而快速缓解企业面临的融资约束问题,但外部融资环境收紧时,投资者撤出投资进而快速恶化了企业面临的融资约束问题。

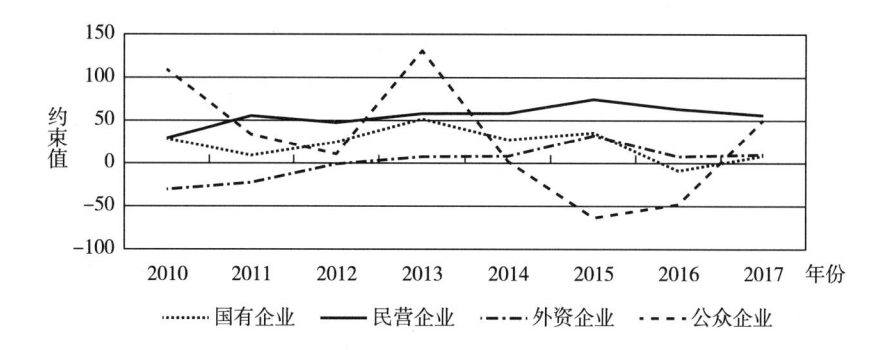

图 4-5 不同类型企业平均企业融资约束值

综合来看,除国有企业外,民营企业、外资企业和公众企业融资约束值均有所上升,即面临的融资约束问题更加严重。随着中国快速从 2008 年金融危机中恢复,积极财政和货币政策导致的产能过剩和资产泡沫危及中国经济的高质量发展,随后去杠杆等宏观经济政策收紧了资本市场的流动性,国际资本也开始大规模流出,导致民营企业、外资企业和公众企业融资环境恶化,尤其是信用水平较低的民营企业,融资难度更大。民营企业对宏观经济的反应较为灵敏,融资难度加大也会迫使企业自动压降过剩产能,将稀缺的资金投入研发领域,技术升级同时带动产业升级,资金利用更加合理有助于提高民营企业的盈利能力。

(二)资本资源配置机制的企业类型差异

不同的企业产权主体,融资难度也不同,会倒逼企业进行内部变革以提高资金利用效率,为了更好地衡量企业所属权差异对企业的资本资源配置效率的影响,图 4-6 描述了国有企业、民营企业、外资企业和公众企业的平均资本配置效率值:第一,国有企业的平均资本配置效率值先由 2010 年的 0.078 下降到 2012 年的 0.051,再快速上升到 2015 年的 0.079,最后波动下降到 2017 年的 0.072,整体波动不大。国有企业生产经营决策流程长，生产经营较为稳健，而且较高的信用水平足以支撑其外部融资需求，外部宏观经济波动对国有企业影响较弱，稳健且有长远规划的生产经营活动使得资本资源配置效率变化不大。第二，民营企业的平均资本配置效率值先由 2010 年的 0.056 波动上升到 2013 年的 0.065，随后持续上升到 2017 年的 0.214。民营企业所处行业竞争较为激烈，缺乏竞争力企业很容易被市场所淘汰，考验企业管理者对外部环境变化判断及生产经营调整能力，宏观经济下行以及国际资本大规模流出，均导致民营企业在资本市场所能筹集的资金下降，被动缩减过剩产能和落后生产线，而且为了保持未来竞争力，将本就稀缺的资金投入新兴技术研发，提高了资金收益率和资本资源配置效率。第三，外资企业的平均资本配置效率值先由 2010 年的 -0.095 快速上升到 2012 年的 0.069，再下降到 2014 年的 0.067，随后波动上升到 2017 年的 0.109。随着中国企业的技术升级和成长，外资企业面临的竞争压力加大，原先凭借技术水平和盈利能力构建的融资优势逐渐消失，对中国投资者的吸引力下降，但外资企业在海外融资机会更多，能保障正常的生产经营活动资金需求，故其资本配置效率逐渐恢复。第四，公众企业的平均资本配置效率值先由 2010 年的 -0.007 快速上升到 2011 年的 0.102，随后持续下降到 2017 年的 0.027。公众企业因实际控制人缺位导致股东意见分歧，存在生产经营、决策效率延缓等严重管理问题，而且也可能遭到敌意收购导致管理层动荡、控股权不稳定等严重的管理风险，公司未来发展面临更大的不确定性和经营风险，难以在资本市场上进行大规模融资，也降低了企业经常管理层调动企业内外部资源进行优化生产的能力，故资本资源配置效率逐渐恶化。

图 4-6　不同类型企业平均资本配置效率值

综上所述，中国企业的融资约束值和资本配置效率值存在地区、行业、企业类型差异：从区域角度来看，中部和西部地区的企业面临的融资约束问题比东部地区严重，而中部和东部地区企业的资本配置效率值大于西部地区企业的资本配置效率值；从行业角度来看，相对于中技术和低技术制造业来说，高技术制造业面临的融资约束问题更严重，而且资本资源配置更加不合理，资本配置效率低下；从企业类型角度来看，国有企业的融资约束值和资本配置效率值随时间波动率较小，而民营企业和外资企业的融资约束值和资本配置效率值随时间波动较大，公众企业的融资约束值和资本配置效率值波动幅度虽也比较大但无波动规律。中国企业投资效率也存在地区、行业、企业类型差异，东部地区的企业投资效率高于中部和西部地区的企业投资效率，高技术制造企业的投资效率要低于中技术和低技术制造企业，国有企业的投资效率一直是最有效的，而民营企业的投资效率是最低的。融资约束值越大，企业面临融资约束问题导致的投资不足情况越严重，而资本配置效率值越大，表明资本流向了高效率经济部门，进而经济效益好的企业可以增加投资。融资约束机制和资本配置效率机制也存在一定的区域差异、行业差异和企业类型差异。那么国际资本流动是否通过引起企业面临的融资约束和资本资源配置环境变化进而影响企业的投资效率？

第二节 国际资本流动影响机制的理论分析

从已有的国际资本流动理论可知，国际资本在全球的重新分配，能够为资本稀缺的国家带来经济发展所急需的资本，缓解企业的融资成本和资本错配。而根据现代企业投资理论可知，融资约束和资本错配将导致企业投资不足或投资过度进而降低企业的投资效率。本书在国际资本流动理论和现代企业投资理论基础上，构建多区域、多企业的理论模型，理论分析国际资本流动通过影响企业面临的融资约束和资本资源配置环境，进而影响企业的投资效率。

一 国际资本流动对企业融资约束的影响

为了构建国际资本流动对融资约束影响的理论模型，本书在企业最优价值动态模型[①]中融入区域因素，构建多区域、多类型企业的理论模型。假设企业股东和高管利益与企业利益一致，则企业管理层的目标是企业现值最大化，企业现值表达式为：

$$V_t(K_t,\xi_t) = \max(D_t) + E_t\left[\sum_{s=1}^{\infty}\beta_{t+s-1}D_{t+s}\right] \quad (4-1)$$

其中 t 为初始期，s 为间隔期，V_t 表示 t 期企业的现值，K_t 表示 t 期企业的资本存量，ξ_t 表示 t 期企业遭受的生产冲击，β_{t+s-1} 为 $t+s-1$ 期的折现率。D_{t+s} 为 $t+s$ 期的股东红利，表达式如下：

$$D_t = FC_t[\pi(K_t,\xi_t) - C(I_t,K_t) - I_t], \quad D_t \geq 0, \quad FC_t = \frac{1+\lambda_{t+1}}{1+\lambda_t} \quad (4-2)$$

其中，π 为企业的收益函数，C 为企业的投资成本函数，I_t 为 t 期企业的投资支出，FC_t 为 t 期企业面临的融资成本。在资本市场不完善情况下，t 期的融资成本 λ_t 大于预期的 $t+1$ 期融资成本，即 FC_t 小于 1。K_t 表示 t 期企业的资本存量，其由初始投资额和投资增加额构成：

$$K_{t+1} = (1-\delta)K_t + I_t \quad (4-3)$$

企业的融资约束情况与企业的现金流呈相关关系，企业面临的融资约束问题越严重，企业现金流越吃紧，故可用企业现金流来替代衡量企业面临的融资约束问题：

$$FC_{it} = a_{0i} + (a_1 + a_2 Flow_t)Cash_{it-1} = a_{0i} + a_1 Cash_{it-1} + a_2 Flow_t Cash_{it-1} \quad (4-4)$$

其中 i 表示企业，a_{0i} 表示与企业特质相关的融资约束影响因素，$Cash_{it-1}$ 表示 $t-1$ 期企业总资产中流动资产的比例，$Flow_t$ 表示 t 期的国际资本流动。假设企业的成本函数 C 为线性函数，则可对成本函数 C 取投资 I 的导数：

$$\frac{dC}{dI_{it}} = \alpha\left(\frac{I}{K_{it}} - g\frac{I}{K_{it-1}} - \nu_i\right) \quad (4-5)$$

其中 g 为滞后项系数，ν_i 表示企业 i 所遭受的资本冲击。利润函数可由柯布 - 道格拉斯生产函数推导而来，企业所拥有的资本存量越大，企业可用于投资的资金也越多，能带来更多的投资回报：

[①] Harrison A E, Love I, Mcmillan M S, "Global Capital Flows and Financing Constraints", *Journal of Development Economics*, Vol. 75, No. 1, 2004.

$$\frac{d\pi}{dI_t} = \frac{\alpha_k}{\mu} \frac{S}{K} \tag{4-6}$$

其中，$\frac{S}{K}$ 为资本储蓄比例，α_k 为生产函数中资本份额，μ 为组成比例。将式（4-2）和式（4-3）代入式（4-1）中，并对两边同时求 I 的导数，可得：

$$1 + \frac{dC}{dI_t} = \beta_t E_t \left[FC_t \left(\frac{d\pi}{dI_{t+1}} + (1-\delta)\left(1 + \frac{dC}{dI_{t+1}}\right) \right) \right] \tag{4-7}$$

将式（4-4）、式（4-5）和式（4-6）代入式（4-7）中可得：

$$\frac{I}{K_{it}} = \beta_1 \frac{I}{K_{it+1}} + \beta_2 \frac{I}{K_{it-1}} + \beta_3 \frac{S}{K_{it}} + \beta_4 Cash_{it-1} + \beta_5 Flow_t Cash_{it-1} + \beta_6 Flow_t \tag{4-8}$$

从式（4-8）可知，如果 $Flow$ 流入减少了企业融资约束，促进投资，则有 $\beta_5 < 0$。

假设 4.1：如果 $\beta_5 < 0$，则国际资本流动可减少企业面临的融资约束。

中国境内资本可完全自由流动，资本的跨国和国内流动会显著影响企业的融资渠道和融资规模，故本理论模型在上述模型基础上加入区域因素，通过跨期预算约束最优化来研究国际资本流动对不同地区企业的融资约束的影响。假设有三地，本省（j）、中国其他省、外国，则本省 j 可从本省外获得的资金如下：

$$B_t^j = (1 + r_t^{T,j}) B_{t-1}^j + Y_t^j - I_t^j - G_t^j - C_t^j \tag{4-9}$$

其中，B_t^j 表示 t 期 j 省能从省外获得的资本总额，$r_t^{T,j}$ 表示按可贸易品（T）条件下的 j 省利率，Y_t^j、I_t^j、G_t^j、C_t^j 分别表示 t 期 j 省的实际经济产出、投资、政府消费和私人消费。根据国际收支平衡理论可知，净出口等于净资本流出，则净出口公式为：

$$NX_t^j = \Delta B_t^j - r_t^{T,j} B_{t-1}^j = NO_t^j - C_t^j \tag{4-10}$$

其中 NO_t^j 表示 j 省 t 期的净产出。假定中国的资本市场是封闭的，那么能接触到外国资本的仅有国有企业，资本市场封闭意味着资本无法跨国自由流动，国内资本价格将高于世界平均价格，私企、与政治无关联的企业、居民个人的借贷利率将上升，进而遭受不同程度的金融抑制。故金融抑制程度可通过测量一国国内资本市场和世界资本市场的实际利率差来衡量，则 j 省实际利率如下：

$$r_t^{T,j} = (1-\varphi^j)(nr_t^N - E_t(\pi_{t+1})) + \varphi^j(nr_t^W - \Delta s_{t+1} - E_t(\pi_{t+1})) \quad (4-11)$$

其中 nr_t^N 和 nr_t^W 分别表示中国资本市场和世界资本市场的名义利率，Δs_{t+1} 为名义有效人民币汇率的变动率，系数 φ^j 表示 j 省与国际资本市场的一体化程度。根据实际利率的表达式可知，j 省实际利率为：

$$r_t^{T,j} = r_t^N + \varphi^j \tau_t \quad (4-12)$$

其中，r_t^N 为中国的实际利率，τ_t 表示国际投资的超额收益。不同省份间的资本存量差异，在于其省内企业及居民能否接触到国际资本市场，资本市场封闭条件下国内资本市场实际利率要高于世界资本市场的实际利率，利用国际资本市场融资能力越强，微观经济主体的融资成本越低，融资规模也将越高，因此 $\varphi^j \tau_t$ 可用来表示省份间的资本储存差异。由式（4-11）和式（4-12）可知，如果 j 省是工业贸易大省，则 j 省企业在出口的同时，接触并利用国际资本市场融资规模就越大，则 φ^j 越接近于1，j 省的实际利率越接近于国际投资收益率（$nr_t^W - \Delta s_{t+1} - E_t(\pi_{t+1})$），如果 j 省属于较为封闭的农业大省，其接触并利用国际资本市场融资的机会也较少，则 φ^j 越接近于0，j 省的实际利率越接近于国内实际利率 r_t^N。把式（4-10）代入式（4-9）中，便可得到非线性跨期预算约束函数：

$$B_{t-1}^j = \sum_{l=0}^{\infty} E_t \left\{ \left[\prod_{i=0}^{l} (1+r_{t+i}^{T,j}) \right]^{-1} [C_{t+l}^j - NO_{t+l}^j] \right\} \quad (4-13)$$

将式（4-10）代入式（4-13）中，并对等式两边求导，可得净出口净产出比率值：

$$\left(\frac{NX_t^j}{NO_t^j} \right)' = \frac{C}{NO} \sum_{l=1}^{\infty} \vartheta_t^j E_t [(\Delta C_{t+l}^j)' - (r_{t+i}^{T,j})'] +$$

$$\sum_{l=1}^{\infty} \vartheta_t^j E_t [(r_{t+i}^{T,j})' - (\Delta NO_{t+l}^j)'] \quad (4-14)$$

式（4-14）中 ΔC 和 ΔNO 分别表示消费支出和净产出比率，ϑ 表示贴现率，$\vartheta = \exp[E(\Delta NO_t^j) - E(r_t^{T,j})]$。在跨期预算约束下，$j$ 省的代表性主体的相对风险厌恶效用函数为：

$$\sum_{t=0}^{\infty} \beta^t E_0 \left[\frac{X(C_t^{N,j}, C_t^{T,j})^{1-\gamma}}{1-\gamma} \right], X_t^j = X(C_t^{N,j}, C_t^{T,j}) = (C_t^{T,j})^\alpha * (C_t^{N,j})^{1-\alpha}$$

$$(4-15)$$

其中，$C_t^{N,j}$，$C_t^{T,j}$ 分别表示 j 省不可贸易品、可贸易品的商品的消费量。假设贸易品价格指数为1，则总消费额为：
$$P_t^{*j}X_t^j = C_t^{T,j} + P_t^j C_t^{N,j} = C_t^j \qquad (4-16)$$

将式（4-16）带入式（4-15），并计算式（4-15）的最优解，可得：
$$E_t\left(\beta \frac{P_t^{*j}}{P_{t+1}^{*j}}\left(\frac{X_t^j}{X_{t+1}^j}\right)^\gamma (1+r_{t+1}^{T,j})\right) = 1 \qquad (4-17)$$

将式（4-16）带入式（4-17），可得：
$$E_t\left(\beta \left(\frac{C_t^j}{C_{t+1}^j}\right)^\gamma \left(\frac{P_t^{*j}}{P_{t+1}^{*j}}\right)^{1-\gamma}(1+r_{t+1}^{T,j})\right) = 1 \qquad (4-18)$$

从式（4-18）可知，消费支出与实际利率密切相关。对式（4-18）两边取对数，可得：
$$E_t(\Delta C_{t+1}^j) = \frac{1}{\gamma} E_t(r_{t+1}^j) + \text{con} \qquad (4-19)$$

其中 con 表示常数。将式（4-11）和式（4-12）带入式（4-19）中，求出 $r_{t+1}^{T,j}$ 表达式，带入式（4-14）中，可得：
$$\left(\frac{NX_t^j}{NO_t^j}\right)' = -\sum_{l=1}^{\infty}\vartheta_t^j E_t[(\Delta NO_{t+l}^j)'] + \phi\sum_{l=1}^{\infty}\vartheta_t^j E_t[(1-\alpha)(\Delta P_{t+l}^j)'] +$$
$$(1-\phi)\sum_{l=1}^{\infty}\vartheta_t^j E_t[(r_{t+l}^{N,j})'] + \delta^j[(1-\phi)\sum_{l=1}^{\infty}$$
$$\vartheta_t^j E_t[(r_{t+l}^j)']] \qquad (4-20)$$

其中，$\phi = \frac{C}{NO}\left(1 - \frac{1}{\gamma}\right)$。式（4-20）由四部分组成：第一部分为新古典经济学强调的跨期消费部分，当产出位于最优生产线以下时，预期的产出增长率为负，j 省将出现贸易赤字，资本外流将加剧 j 省企业面临的融资约束问题。第二部分捕获了价格变化对 j 省融资约束的影响，如果预期 j 省可贸易品价格上涨，将导致企业和居民的储蓄增加，资本市场流动性增加可降低企业的融资成本，缓解 j 省企业面临的融资约束问题。第三部分和第四部分捕获了实际利率和国际投资超额收益对中国省级间资本流动的影响，如果 j 省实际利率更高，则预期利率增长率为正，j 省微观主体居民和企业将更偏爱储蓄，而非消费，企业可投资资本增加，改善企业面临的融资环境。如果 j 省企业所获国际投资收益越多，说明该省贸易发达，接触国际资本的机会越多，j 省实际利率与国际实际利率越接近，融资渠道增加和融资成本下降均能缓解 j 省企业所面临的融资约束问题。

假设4.2：产出增长率、外贸规模大的省份，需要融资的企业越多，融资规模上升将增加企业面临的融资约束。而实际利率越高，将能促进国际资本流入，进而缓解企业面临的融资约束问题。

二 国际资本流动对资本资源配置效率的影响

一国总资本由国际资本和国内资本构成。而国际资本流动可以改变企业在国内资本和国际资本间的选择，即国际资本流动打乱了之前企业所处的融资环境，也改变了资本资源的错配。资本资源错配导致资本资源不能达到最优的配置状态，降低了资本配置效率，因此资本资源错配和资本配置效率为负相关关系。本书在模型中加入资本配置效率的滞后项刻画各行业资本配置效率的惯性，以在非线性框架下构建国际资本流动对不同行业资本资源错配影响的理论模型。资本配置效率如下所示：

$$AE_{mt} = a_{mt} + \rho AE_{mt-1} + b_1 Z_{mt} + b_2 X_{mt} + b_3 X_{mt} f(LC_{mt}, \zeta, LC_\zeta) + e_{mt} \tag{4-21}$$

其中，m 表示行业，t 表示时间，$X_{mt} = \{Flow_{mt}, K_{mt}\}$，由 t 期 m 行业的国际资本流动 $Flow_{mt}$ 和国内资本存量 K_{mt} 构成。$Z_{mt} = \{Ms_{mt}, Fe_{mt}, Se_{mt}, Tr_{mt}, Iv_{mt}\}$，由 t 期 m 行业的市场结构 Ms_{mt}、外资企业比例 Fe_{mt}、国有企业比例 Se_{mt}、外贸依存度 Tr_{mt} 和人均工业产值 Iv_{mt} 5 个变量构成。f 为转移函数，函数形式为：

$$f(LC_{mt}, \zeta, LC_\zeta) = \left[1 + \exp\left(-\zeta \prod_{m=\zeta-1}^{\infty}(LC_{mt} - LC_\zeta)\right)\right]^{-1} \tag{4-22}$$

其中 LC 为金融规模指标，ζ 为平滑待估参数，LC_ζ 为位置参数。假设资本与资本配置效率间为非线性关系，并用待估参数 LC 和转换函数 f 表示该非线性关系。对式（4-21）两边分别对 $Flow$ 求导，可得：

$$b_{flow} = \frac{\mathrm{d}(AE_{mt})}{\mathrm{d}(Flow_{mt})} = b_2 + b_3 f(LC_{mt}, \zeta, LC_\zeta) \tag{4-23}$$

由式（4-23）可知，若 b_{flow} 大于零，必有 b_2 大于 $-b_3 f(LC_{mt}, \zeta, LC_\zeta)$。当 b_{flow} 符号为正，则表明国际资本流动改善了资本资源配置效率，其作用机制可理解为：国际资本流动与国内资本的竞争，虽降低了国内资本对资源配置效率的作用，即产生了负向作用，但由于国际资本流动幅度大于国内流动幅度，因此国际资本流动对资本资源配置效率的正向作用大于间接的负向作用。

假设4.3：不同区域、不同行业的企业，其对国内资本和国际资本的选择不同，国际资本流动对不同行业的资本配置效率影响不同。若国际资本流动对资本资源配置效率的正向作用大于间接的负向作用，则国际资本流动能改善该行业的资本资源配置效率。

三 国际资本流动对企业投资效率的影响

由基础理论模型可知，一国经济处于快速发展阶段，实际利率越高，将吸引国际资本流入该国，使得原本较为稀缺的资本要素逐渐丰裕起来，企业的融资成本下降，有助于增加企业的融资规模，进而缓解企业面临的融资约束问题。而在基础模型中加入区域因素，通过跨期预算约束最优化来研究国际资本流动对不同地区企业融资约束的影响，并通过对产出求导、分解最优解，研究产出增长率、实际利率、储蓄率等经济因素对企业面临的融资约束问题的影响。由现代企业投资理论可知，企业面临的融资约束问题越严重，企业正常生产经营活动以及新兴技术研发投入所需的资金越难从外部资本市场中筹集，不利于优质企业的扩大生产，尤其是公司内部资金不足从而严重依赖于外部资金，将导致优质企业投资不足。除了区域因素外，企业个体特征因素也能影响企业面临的融资约束问题，当今世界信息资源较为丰富，而这些信息中存在难以区分的真假消息，企业经营管理者与投资者间的信息非对称，以及代理人道德风险、逆向选择等问题均会增加企业的外部融资成本，进而降低了企业的投资规模。也就是说国际资本流动能改变一国资本市场的资本资源稀缺程度，进而影响企业的投资效率，而不同区域和企业特征均会对该影响产生作用。

国际资本的流进流出不仅改变了企业面临的融资环境，境外资本和境内资本的竞争也能提高企业的资本利用效率。由在非线性框架下构建的国际资本流动影响不同行业资本资源错配的理论模型可知，企业所属行业不同，其对境外资本和境内资本的偏好程度也存在较大差异，进而导致国际资本流动对不同行业的资本配置效率影响不同。而且若国际资本流动对资本资源配置效率的正向作用大于间接的负向作用，则国际资本流动能改善该行业的资本资源配置效率。当然信息不对称也会导致逆向选择问题，贷款人识别借款人信用的成本剧增，将导致资本资源错配，从而使部分具有投资价值的企业面临更高的融资成本，导致投资的非效率问题。综上所述，国际资本流动改变了企业面临的融资约束和资本资源配置环境，进而影响了企业的投资效率，国际资本流动对企业投资效率的具体影响程度需要通过量化研究来确定。

第三节　国际资本流动影响机制的实证分析

由前文的分析可知，国际资本流动有助于提高中国企业的投资效率，且对中部和西部地区的企业、中技术和低技术制造业、民营企业和外资企业投资效率的提升作用更大。那么国际资本流动宏观冲击是如何影响企业投资效率的？从本章理论分析部分可知，国际资本流动增加了企业的融资渠道，国际资本流入也增加了资本市场的竞争，导致资本市场实际利率更接近于世界资本市场利率，显著降低了企业的融资成本，有助于降低企业投资不足现象。当国内金融市场不发达时，国际资本流动也有助于改善资本资源的配置效率，当国际资本流入时，丰裕的资本资源虽能缓解企业面临的融资约束问题进而助力企业快速发展，但资本过多也会导致投资标的相对稀缺，使得原本应该被市场淘汰的低效率企业得以依靠融资资金维持生产经营，进而降低了资金利用率和报酬率，相反国际资本流出会降低资本市场的流动性，虽加重了企业面临的融资约束问题，但也迫使落后产能和僵尸企业难以从资本市场中获得融资支持，僵尸企业大量破产降低了资本资源的匹配难度，使得具有发展前景的企业能获得更多融资从而进行有效投资。也就是说，国际资本流动既能改变企业面临的融资环境，也能改变企业面临的资本资源配置环境，二者的相互作用共同决定了国际资本流动对企业投资效率的作用。因此，本章从融资约束和资本资源配置效率两种机制实证分析国际资本流动对企业投资效率的影响。

一　计量模型与计量方法

国际资本流动显著提高了企业的投资效率，该提升作用是否与企业面临的融资约束和资本配置环境变化有关？为了研究上述问题，本节在已有研究基础上构建计量模型。中国资本账户渐进式改革开放，使得国际资本流动规模和波动幅度均变大，增加了国内企业的筹资渠道，影响了上市公司融资成本和稀缺资金利用水平。融资约束能影响企业融资和投资效率，近年来非国有企业投资效率低于国有企业投资效率，主要原因在于非国有企业融资成本过高，融资约束限制了非国有企业的投资规模。因此如果国际资本流动能扩大国内资本市场规模，缓解企业面临的融资约束问题，促进企业新增投资，将能缓解投资不足造成的非效率投资问题。借鉴已有研究，本书采用以下基本实证方程研究国际资本流动通过融资约束机制影响企业的投资效率：

$$IE_{it} = \alpha + \beta GCF_t + \beta_1 GCF_t * FC_{it} + \gamma_1 X_{t-1} + \gamma_2 Industry_t + \varepsilon_{it} \quad (4-24)$$

其中 i 表示企业，t 表示时间，IE_{it} 为 t 期企业 i 的投资效率。GCF_t 为 t 期中国的国际资本流动。FC_{it} 为 t 期企业 i 的融资约束。X 为控制变量，包括省、自治区、直辖市控制变量（Pro）和企业控制变量（Ent）。Pro 又包括对外贸易规模 $Trade$、GDP 增长率 $Dgdp$、通货膨胀率 CPI、贷款利率 $LoanR$。Ent 又包括营运资金比率 CFO、资产负债率 Lev、资产规模 $Size$、上市年限 Age、股票收益率 $Return$、有形资产比率 Tan、现金持有量 $Cash$、销售增长率 $Growth$。$Industry$ 表示行业虚拟变量。企业投资效率提升，也意味着资本流入朝阳企业流出夕阳企业，解决朝阳企业投资不足和夕阳企业过度投资问题。国际资本逐渐自由流动，给了企业和资本更多选择权，因此国际资本流动能否改善资本资源配置效率，使得资本从低回报率的企业流向高回报率的企业，也将影响企业的投资效率。基于理论分析和已有研究，本书采用以下基本实证方程研究国际资本流动通过资本资源配置效率机制影响企业的投资效率：

$$IE_{it} = \alpha + \beta GCF_t + \beta_2 GCF_t * CAE_{it} + \gamma_1 X_{t-1} + \gamma_2 Industry_t + \varepsilon_{it} \quad (4-25)$$

其中，CAE_{it} 为 t 期企业 i 的资本资源配置效率。为了研究融资约束和资本资源配置机制作用大小，将式（4-24）和式（4-25）合并可得：

$$IE_{it} = \alpha + \beta GCF_t + \beta_1 GCF_t * FC_{it} + \beta_2 GCF_t * CAE_{it} + \gamma_1 X_{t-1} + \gamma_2 Industry_t + \varepsilon_{it} \quad (4-26)$$

为了解决内生性导致的偏误问题，本章也采用系统广义矩估计方法研究国际资本流动对中国企业投资效率的影响机制。由于数据涉及不同行业、不同上市企业，变量的异常值及异方差等未知因素会使得系数估值有误，解释可信度大打折扣。而贝叶斯估计方法用先验分布来推导后验分布，可以解决异方差等问题。贝叶斯估计方法由先验分布、似然函数和后验分布三部分构成。先验分布指人们在观察样本之前，根据自身对样本理解所形成的概率分布。在贝叶斯估计方法中,根据对样本的了解信息,每个参数都会事先预设一个最合适的先验分布,最常见的是正态分布和逆伽玛分布。似然函数是一种由统计模型中参数组成的函数,表示模型参数中的似然性。参数的似然函数是其回归系数的函数,即可表示为:

$$L(\beta, \sigma, \rho, Y^*, X) = (2\pi)^{-\frac{n}{2}} \sigma^{-n} |I_n - \rho W| \exp\left\{-\frac{1}{2\sigma^2}(\varepsilon'\varepsilon)\right\} \quad (4-27)$$

根据先验分布和似然函数,使用条件概率分布方法(一般使用 Gibbs 抽样和 M–H 抽样算法)可求得参数分布,即后验分布,该分布是整个实证估计及检验的重点。假设参数的概率密度函数为 $f(\cdot)$,且参数先验分布均为独立分布,则有 $f(\rho, \varpi, \sigma_\varepsilon^2, V) = f(\rho)f(\varpi)f(\sigma_\varepsilon^2)f(V)$。本书采用的先验分布如下:

$$\varpi \sim N(r, S), \quad \sigma_\varepsilon^2 \sim IG\left(\frac{a_\sigma}{2}, \frac{b_\sigma}{2}\right), \quad \rho \sim U(-1, 1), \quad \frac{v_i^{-1}}{q} \sim (\text{独立同分布})\chi^2(q)/q, \quad q \sim Ga(a_q, b_q) \quad (4-28)$$

其中,$N(r, S)$ 是均值向量为 r 且协方差矩阵为 S 的正态分布,$IG\left(\frac{a_\sigma}{2}, \frac{b_\sigma}{2}\right)$ 是形状参数为 $\frac{a_\sigma}{2}$ 且尺度参数为 $\frac{b_\sigma}{2}$ 的逆伽玛分布,$U(-1, 1)$ 是均匀分布,$\chi^2(q)$ 是卡方分布。由先验分布和似然函数,可求得参数的联合后验分布。即由式(4-27)和式(4-28)可得:

参数 ϖ 的条件后验分布,$(\varpi | \rho, \sigma_\varepsilon^2, V, q) \sim N(r^*, S^*)$,其中 $r^* = S^*(\sigma_\varepsilon^{-2} Z' V^{-1} \tilde{y} + S^{-1} r)$,$S^* = (\sigma_\varepsilon^{-2} Z' V^{-1} Z + S^{-1})^{-1}$,$\tilde{y} = (I - \rho W)y$;

参数 δ_ε^2 的条件后验分布,$(\sigma_\varepsilon^2 | \rho, \varpi, V, q) \sim IG\left(\frac{n + a_\sigma}{2}, \frac{e' V^{-1} e + b_\sigma}{2}\right)$,$e = y - \rho W y - Z\varpi$;

参数 v_i 的条件后验分布,$\left(\frac{-\sigma_\varepsilon^2 e_i^2 + q}{v_i} | \rho, \varpi, V, q\right) \sim \chi^2(q+1)$;

参数 ρ 条件后验分布概率密度函数,$f(\rho | \sigma_\varepsilon^2, \varpi, V, q) \propto |I - \rho W| \exp\left(-\frac{1}{2\sigma_\varepsilon^2}(e' V^{-1} e)\right)$;

参数 q 条件后验分布概率密度函数, $\ln f(q\mid\sigma_\varepsilon^2,\varpi,V,\rho) = \text{const} + \left(\frac{nq}{2}\right)\ln\left(\frac{q}{2}\right) - n\ln Ga\left(\frac{q}{2}\right) - \kappa q + (a_q - 1)\ln(q), \kappa = \frac{1}{2}\sum_{i=1}^{n}\left\{\ln(v_i) + \frac{1}{v_i}\right\} + b_q$。

本书假设参数的先验分布均为独立正态分布，然后由先验分布和似然函数，求得参数的联合后验分布，并对联合后验分布使用 Gibbs 抽样。实证过程中，总共迭代 20 万次，并舍弃掉 14 万次预迭代。

二 变量界定与描述性统计分析

本部分实证研究国际资本流动对中国企业投资效率的影响机制，即国际资本流动如何改变企业面临的融资约束和资本资源配置环境，进而影响企业投资效率。因此需要在实证前，清晰准确界定并衡量核心解释变量融资约束和资本资源配置效率。

（一）融资约束衡量

融资约束一直是现代企业投资理论的研究重点，有多种方法来度量企业的融资约束问题，如投资—现金流敏感度理论认为企业投资与现金流存在正向关联，企业现金流越充沛，企业投资规模也越大，否则企业面临融资约束问题限制了企业投资规模。在融资约束情况下，企业出于预防性动机，也会留存适当的现金流为未来投资项目积累内部资金，故投资—现金流敏感度模型通过测量投资—现金流和现金—现金流敏感度来衡量企业融资约束情况。但本书研究国际资本流动通过融资约束机制影响企业的投资效率，难以将投资—现金敏感度与企业的投资效率相匹配。故鉴于研究内容，本书需要将融资约束问题指标化，如 KZ、WW、HP 指标认为投资对现金流敏感度与外部融资现状并不存在简单的线性关系，可根据企业规模、年龄等企业因素构建融资约束程度指标。但由于我国上市企业并未报告融资难易程度数据，而且民营企业面临的融资约束的影响因素众多，无法简单归因于信息不对称。因此本书借鉴喻坤等（2014）[①] 的间接指标方法构建融资约束指标（FC）：

$$FC_{it} = \frac{(CP_{it} - CashF_{it})}{CP_{it}} \qquad (4-29)$$

[①] 喻坤、李治国、张晓蓉、徐剑刚：《企业投资效率之谜：融资约束假说与货币政策冲击》，《经济研究》2014 年第 5 期。

其中 CP_{it} 为 t 期企业 i 的资本支出,主要包括企业购建固定资产、无形资产和其他长期资产支付的现金。$CashF_{it}$ 为调整后的 t 期企业 i 的现金流,由经营性现金流、存货的减少、应收账款的减少、应付账款的增加四部分构成。融资约束值越大,表示企业对外部资金依赖越严重,面临的融资约束问题也越严重。

(二) 资本资源配置效率衡量

资本配置效率指的资本流向效率高的企业的有效程度,资本流向边际效率高的部门,直到达到帕累托最优,逐渐提高了资本资源的配置效率。依据上述思路,本章借鉴 Wurgler (2000)[①] 方法,用行业投资对行业增加值的弹性系数来衡量资本配置效率,计算公式如下:

$$\ln\left(\frac{I_{it}}{I_{it-1}}\right) = \alpha + \eta_t \ln\left(\frac{V_{it}}{V_{it-1}}\right) + \varepsilon_{it} \quad (4-30)$$

其中 I_{it} 为 t 期企业 i 的总投资,V_{it} 为 t 期企业 i 的公司净利润额。η_t 为资本配置效率,η_t 取值越大,说明投资对净利润的反应越灵敏,资本资源配置越有效率。控制变量主要由区域、行业、企业控制变量组成,详情见表 3-3。

(三) 描述性统计分析

被解释变量企业投资效率和核心解释变量国际资本流动的界定和数据来源见表 3-3。为便于理解实证方程和实证结果,本书将上述变量界定及数据来源汇总于表 4-5 中。计算企业融资约束程度所需的资本支持和现金流数据来源于国泰安研究服务中心数据库。计算资本资源配置效率所需的企业总投资和净利润额数据也来源于国泰安研究服务中心数据库。

表 4-5 变量定义及数据来源

Panel A:因变量,企业投资效率 IE		
IE	企业投资效率	数据来源于 Wind 数据库和国泰安研究数据库

[①] Wurgler J, "Financial Markets and the Allocation of Capital", *Journal of Financial Economics*, Vol. 58, No. 1-2, 2000.

续表

Panel B：核心解释变量		
GCF	国际资本流动，外汇储备的变化量与贸易顺差和外商直接投资之和的差值	中国人民银行、中国统计局、国泰安研究服务中心数据库
FC	融资约束，外部资本依赖度衡量	国泰安研究服务中心数据库
CAE	资本配置效率，投资对净利润反应敏感度	国泰安研究服务中心数据库

核心解释变量融资约束和资本资源配置效率变量的描述性统计情况如表4-6所示，从中可知企业的融资约束平均值为37.914，最大值约是最小值的6倍，标准差为376.31，约是平均值的10倍，说明中国上市公司融资约束值差异较大，即样本中可能存在异常值。为了降低异常值对实证结果的影响，本书对融资约束值和企业控制变量进行5%的缩尾处理，以剔除极端值。资本配置效率平均值为0.081，最大值为71.652，最小值为-66.292，标准差为1.093，说明资本资源配置效率也存在较大的差异。融资约束值越大，企业面临的融资约束困境越严重，而资本资源配置效率值越大，发展前景好的行业和企业外部融资越容易，能有效缓解过度投资和投资不足问题。那么融资约束和资本资源配置机制相互作用，是否是国际资本流动提高企业投资效率的主要作用途径，将是下面实证研究的重点。

表4-6　　　　　　　核心解释变量描述性统计

变量	观测值	均值	标准差	最小值	最大值
FC	37808	37.914	376.310	-1111.061	6105.364
CAE	2232	0.081	1.093	-66.292	71.652

注：计算融资约束值所需数据仅有第二季度和第四季度数据，因此FC数据量仅为投资效率IE数据量的一半。资本资源配置效率是按产业和时间对式（4-30）回归得到的，因此有2232个不重复数据。

三　实证结果分析

从已有实证结果来看，国际资本流动能促进中国企业投资效率的提升，而且该作用效果还存在区域效应、行业效应和企业类型效应。融资约束值和资本资源配置效率值也存在一定的区域差异、行业差异和企类型差异,那么国际资本流动对企业投资效率的影响及特征差异是否与企业面临的融资约束和资本资源配置环境有关?为了定量分析上述问题,本节将利用系统广义矩估计方法和贝叶斯估计方法实证分析融资约束和资本资源配置影响机制。

(一)国际资本流动影响机制的实证结果分析

为了验证理论分析中融资约束和资本资源配置效率在国际资本流动影响企业投资效率的作用假设,本部分分别验证融资约束和资本资源配置效率机制的作用,然后分析二者综合机制作用。

1. 融资约束机制的实证结果分析

表4-7报告了逐渐加入控制变量的融资约束机制的回归结果。从实证结果来看,国际资本流动与融资约束值交互项系数显著为正,即国际资本流动恶化了企业面临的融资约束问题,进而降低了企业的投资效率。表中第(1)列为不加入控制变量的回归结果,GCF 与 FC 交互项系数值为 0.059,在5%显著性水平上显著,样本期中国的国际资本流动总体处于净流出状态,而且自2014年以来流出规模不断增加,资本流出导致国内资本存量减少,企业融资活动受到限制,进而导致企业投资不足,降低企业的投资效率。GCF 系数值为 -0.169,在1%显著性水平上显著,说明除融资约束机制外,还有其他影响机制对冲了融资约束的负作用,进而导致国际资本流动提高了企业的投资效率。表中第(2)列为加入区域控制变量后的回归结果,GCF 与 FC 交互项系数值为 0.042,在1%显著性水平上显著,说明加入区域控制变量后国际资本流动仍能通过融资约束机制降低企业的投资效率,但作用大小由 0.059 下降到 0.042。而 CPI 系数显著为正,说明通货膨胀率提升带来的短期利润,促使企业大量增加投资,进而导致过度投资,降低了企业的投资效率。表中第(3)列为加入行业控制变量后的回归结果,GCF 与 FC 交互项系数值为 0.047,在1%显著性水平上显著,说明加入行业控制变量后国际资本流动仍能通过融资约束机制降低企业的投资效率,作用大小上升到 0.047。表中第(4)列为加入企业控制变量后的回归结果,GCF 与 FC 交互项系数值为 0.045,在1%显著性水平上显著,说明加入企业控制变量后国际资本流动仍能通过融资约束机制降低企业的投资效率,但作用大小下降到 0.045。而且 $Size$、Lev 系数在10%显著性水平下显著为负,说明企业规模和资产负债率越大,企业有效投资受融资

约束问题影响越弱，投资效率也越高。而 *Tan*、*Age* 系数在 10% 显著性水平下显著为正，说明重资产、上市时间越久的企业，投资效率也越低。*Return* 系数在 10% 显著性水平下显著为负，说明收益率越高的企业，投资效率也越高。*Growth* 系数在 1% 显著性水平下显著为正，说明销售增长率越快的企业，投资效率越低，销售持续增长有可能导致企业管理层过度自信，错误估算产品未来需求进而导致投资过度，降低企业未来的资产回报率。

表 4-7　　　　　　　　融资约束影响机制回归结果

变量	(1)	(2)	(3)	(4)
GCF	-0.169***	-0.107***	-0.112***	-0.119***
	(0.030)	(0.017)	(0.017)	(0.020)
GCF ∗ *FC*	0.059**	0.042***	0.047***	0.045***
	(0.025)	(0.015)	(0.015)	(0.012)
Trade (-1)		-0.088	-0.040	-0.204
		(0.278)	(0.265)	(0.235)
Dgdp (-1)		0.009	0.008	0.016
		(0.026)	(0.025)	(0.024)
CPI (-1)		0.061***	0.057***	0.013
		(0.012)	(0.012)	(0.015)
LoanR (-1)		-0.215	0.033	-0.285
		(0.143)	(0.140)	(0.342)
Size (-1)				-0.983***
				(0.232)
Tan (-1)				0.212**
				(0.087)
Lev (-1)				-0.214*
				(0.121)
CFO (-1)				0.062
				(0.072)
Age (-1)				1.094*
				(0.702)
Return (-1)				-0.030*
				(0.018)

续表

变量	(1)	(2)	(3)	(4)
Cash（-1）				-0.059
				(0.073)
Growth（-1）				0.079***
				(0.018)
常数项	-0.027*	0.007	0.050	-0.068
	(0.015)	(0.039)	(0.041)	(0.135)
控制行业异质性	否	否	是	是
Sargan 统计值（p 值）	0.479	0.117	0.432	0.186
AR（1）	0.000	0.000	0.001	0.002
AR（2）	0.317	0.814	0.116	0.363
观测值	33324	33324	33324	33324

注：此表中的（-1）表示变量的滞后一期项，括号内为标准误。***、**、*分别代表1%、5%和10%水平上显著，下表同。

国际资本流动恶化了企业融资环境进而不利于企业投资效率的提升，该实证结果与现实情况较为相符，中国资本账户渐进式开放降低了资本流动的门槛，而中国宏观经济调控使得国际资本在短期内净流出，进一步恶化了企业面临的融资约束问题。分别加入区域、行业、企业控制变量后，核心解释变量的系数符号和显著性均未发生改变，说明实证结果是稳健的。而且表中 Sargan 统计值在10%显著性水平上均不显著，不能拒绝工具变量有效性的原假设，说明广义矩估计方法不存在工具变量过度识别问题，实证中选择的工具变量是合适的。另外 AR（2）的 P 值均大于0.10，即在10%显著性水平上均不显著，不能拒绝扰动项不存在二阶序列相关的原假设，说明工具变量不存在二阶序列相关，估计系数是一致估计，实证结果是稳健的。

2. 资本资源配置机制的实证结果分析

表4-8报告了逐渐加入控制变量的资本资源配置机制的回归结果。从实证结果来看，国际资本流动与资本资源配置效率值交互项系数显著为负，即国际资本流动提高了资本资源配置效率，进而提高了企业的投资效率。表中第（1）列为不加入控制变量的回归结果，GCF 与 CAE 交互项系数值为-0.018，在1%显著性水平上显著，说明国际资本流动虽恶化了企业的融资环境，但资本资源更加稀缺，挤出过剩产能和夕阳

产业，进而提高资本资源的配置效率，提高企业的投资效率。GCF 系数值为 -0.074，在 1% 显著性水平上显著，说明国际资本流动提高了企业的投资效率。表中第（2）列为加入区域控制变量后的回归结果，GCF 与 CAE 交互项系数值为 -0.026，在 1% 显著性水平上显著，说明加入区域控制变量后国际资本流动仍能通过资本资源配置机制提高企业的投资效率。Dgdp 系数为 0.031，在 1% 显著性水平上显著，说明国内生产总值增长速率越快的省份，企业投资效率越低，经济增长速度越快的区域，投资对其的贡献度越高，为了维持经济的高速增长，只能不断追加投资进而导致投资过度，故中国经济需要由投资驱动型经济增长模式转向创新驱动型经济增长模式。CPI 系数为 -0.012，在 5% 显著性水平上显著，说明短期内通货膨胀能促进经济增长，增加企业投资。表中第（3）列为加入行业控制变量后的回归结果，GCF 与 CAE 交互项系数值为 -0.024，在 1% 显著性水平上显著，说明加入行业控制变量后国际资本流动仍能通过资本资源配置机制提高企业的投资效率，作用大小降低到 0.024。表中第（4）列为加入企业控制变量后的回归结果，GCF 与 CAE 交互项系数值为 -0.028，在 1% 显著性水平上显著，说明加入企业控制变量后国际资本流动仍能通过资本资源配置机制提高企业的投资效率。而且 Size 系数在 10% 显著性水平下显著为负，说明企业规模越大，企业有效投资受融资约束问题影响越弱，规模越大的企业拥有的可抵押资产越多，与政府、投资者的博弈能力也越强，融资能力和战略规划能力提高了企业的投资效率。而 Tan、Age 系数在 5% 显著性水平下显著为正，说明重资产、上市时间越久的企业，投资效率也越低。Return 和 Growth 系数在 5% 显著性水平下显著为负，说明收益率和销售增长率越高的企业，投资效率也越高。Cash 系数值为 0.070，在 5% 显著性水平上显著，说明企业持有的现金量越大，投资效率越低，企业保有大量现金而未投资，很有可能企业投资过度而缺乏投资机会。

表 4-8　　　　　　　　资本配置效率影响机制回归结果

变量	(1)	(2)	(3)	(4)
GCF	-0.074*** (0.008)	-0.037*** (0.009)	-0.040*** (0.009)	-0.048*** (0.010)

续表

变量	(1)	(2)	(3)	(4)
$GCF*CAE$	-0.018***	-0.026***	-0.024***	-0.028***
	(0.005)	(0.006)	(0.006)	(0.006)
$Trade(-1)$		0.018	0.016	0.035
		(0.031)	(0.031)	(0.032)
$Dgdp(-1)$		0.031***	0.031***	0.025***
		(0.006)	(0.006)	(0.006)
$CPI(-1)$		-0.012**	-0.013**	0.005
		(0.005)	(0.005)	(0.007)
$LoanR(-1)$		-0.035	-0.003	-0.008
		(0.028)	(0.028)	(0.030)
$Size(-1)$				-0.717***
				(0.124)
$Tan(-1)$				0.335***
				(0.047)
$Lev(-1)$				0.028
				(0.042)
$CFO(-1)$				-0.020
				(0.042)
$Age(-1)$				0.251**
				(0.130)
$Return(-1)$				-0.010**
				(0.005)
$Cash(-1)$				0.070**
				(0.029)
$Growth(-1)$				-0.025***
				(0.006)
常数项	-0.022*	-0.026	0.018	-0.006
	(0.013)	(0.018)	(0.022)	(0.023)
控制行业异质性	否	否	是	是
Sargan 统计值（p 值）	0.134	0.204	0.171	0.188
AR（1）	0.000	0.000	0.001	0.000
AR（2）	0.203	0.659	0.566	0.990
观测值	69405	69405	69405	69405

国际资本流动通过资本配置效率渠道提高了企业投资效率，而且在逐渐增加控制变量过程中，控制变量系数的符号和显著性未发生改变，说明本书实证结果具有稳健性。表中 Sargan 统计值在 10% 显著性水平上均不显著，不能拒绝工具变量有效性的原假设，说明广义矩估计方法不存在工具变量过度识别问题，实证中选择的工具变量是合适的。另外 AR（2）的 P 值均大于 0.10，即在 10% 显著性水平上均不显著，不能拒绝扰动项不存在二阶序列相关的原假设，说明工具变量不存在二阶序列相关，估计系数是一致估计，实证结果是稳健的。

3. 国际资本流动影响机制的综合实证结果分析

国际资本流动改变了企业面临的融资约束和资本资源配置环境，前者不利于提高企业的投资效率，而后者有利于提高企业的投资效率，二者的综合效应是否是国际资本流动提高企业投资效率的主要机制因素？为了实证分析上述问题，本节利用系统广义矩估计方法对式（4-26）进行实证回归，以验证国际资本流动是否通过融资约束和资本资源配置渠道影响了企业的投资效率。表 4-9 报告了逐渐加入控制变量的融资约束和资本资源配置机制的综合回归结果。从实证结果来看，国际资本流动与融资约束值交互项系数显著为正，而与资本资源配置效率值交互项系数显著为负，前者的作用小于后者的作用，即国际资本流动恶化了企业面临的融资约束问题，但也提高了资本资源配置效率，而且对资本资源配置效率的正向作用大于对融资约束问题的负向作用，综合作用下提高了企业的投资效率。

表 4-9　　融资约束和资本配置效率影响机制回归结果

变量	(1)	(2)	(3)	(4)
GCF	-0.078 *** (0.011)	-0.053 *** (0.010)	-0.038 *** (0.009)	-0.067 *** (0.011)
$GCF * FC$	0.015 * (0.008)	0.022 *** (0.008)	0.025 *** (0.007)	0.025 *** (0.008)
$GCF * CAE$	-0.024 *** (0.007)	-0.027 *** (0.007)	-0.026 *** (0.006)	-0.029 *** (0.007)
$Trade(-1)$		0.028 (0.036)	0.013 (0.031)	0.051 * (0.036)

续表

变量	(1)	(2)	(3)	(4)
$Dgdp(-1)$		0.043*** (0.009)	0.030*** (0.006)	0.035*** (0.009)
$CPI(-1)$		-0.017*** (0.009)	-0.013** (0.005)	0.003 (0.007)
$LoanR(-1)$		-0.029 (0.028)	-0.002 (0.028)	-0.011 (0.030)
$Size(-1)$				-0.635*** (0.124)
$Tan(-1)$				0.301*** (0.050)
$Lev(-1)$				0.040 (0.042)
$CFO(-1)$				-0.016 (0.043)
$Age(-1)$				0.300** (0.135)
$Return(-1)$				-0.015** (0.005)
$Cash(-1)$				0.056** (0.030)
$Growth(-1)$				-0.030*** (0.007)
常数项	-0.060*** (0.019)	-0.040** (0.019)	0.018 (0.022)	-0.027 (0.025)
控制行业异质性	否	否	是	是
Sargan 统计值（p 值）	0.125	0.407	0.174	0.244
AR（1）	0.001	0.000	0.000	0.000
AR（2）	0.425	0.553	0.694	0.563
观测值	69405	69405	69405	69405

表中第（1）列为不加入控制变量的回归结果，GCF 与 FC 交互项、GCF 与 CAE 交互项系数值分别为 0.015 和 -0.024，在 10% 显著性水平

上显著，说明国际资本流动恶化了企业的融资环境，但也提高了资本资源的配置效率，综合作用下提高了企业的投资效率。GCF 系数值为 -0.078，在 1% 显著性水平上显著，说明国际资本流动提高了企业的投资效率。表中第（2）列为加入区域控制变量后的回归结果，GCF 与 FC 交互项、GCF 与 CAE 交互项系数值分别为 0.022 和 -0.027，在 1% 显著性水平上显著，说明加入区域控制变量后国际资本流动恶化了企业的融资环境，但也提高了资本资源的配置效率，综合作用下提高了企业的投资效率。$Dgdp$ 系数为 0.043，在 1% 显著性水平上显著，说明国内生产总值增长速率越快的省份，企业投资效率越低。CPI 系数为 -0.017，在 1% 显著性水平上显著，说明短期内通货膨胀能促进经济增长，增加企业投资。表中第（3）列为加入行业控制变量后的回归结果，GCF 与 FC 交互项、GCF 与 CAE 交互项系数值分别为 0.025 和 -0.026，在 1% 显著性水平上显著，说明加入行业控制变量后国际资本流动恶化了企业的融资环境，但也提高了资本资源的配置效率，综合作用下提高了企业的投资效率。表中第（4）列为加入企业控制变量后的回归结果，GCF 与 FC 交互项、GCF 与 CAE 交互项系数值分别为 0.025 和 -0.029，在 1% 显著性水平上显著，说明加入企业控制变量后国际资本流动恶化了企业的融资环境，但也提高了资本资源的配置效率，综合作用下提高了企业的投资效率。而且 $Size$ 系数值为 -0.635，在 1% 显著性水平下显著，说明企业规模越大，其投资效率也高。而 Tan、Age 系数在 5% 显著性水平下显著为正，说明重资产、上市时间越久的企业，投资效率也越低。$Return$ 和 $Growth$ 系数在 5% 显著性水平下显著为负，说明收益率和销售增长率越高的企业，投资效率也越高。$Cash$ 系数值为 0.056，在 5% 显著性水平上显著，说明企业持有的现金量越大，投资效率越低。

融资约束机制不利于企业投资效率的提升，而资本配置效率机制有利于企业投资效率的提升，即国际资本流动虽恶化了企业的融资约束问题，但也提高了资本资源配置效率，而且资本配置效率机制正作用大于融资约束机制负作用，因此国际资本流动有助于企业投资效率提升。在逐渐增加控制变量的过程中，控制变量系数的符号和显著性未发生改变，说明本书实证结果具有稳健性。表中 Sargan 统计值在 10% 显著性水平上均不显著，不能拒绝工具变量有效性的原假设，说明广义矩估计方法不存在工具变量过度识别问题，实证中选择的工具变量是合适的。另外 AR（2）的 P 值均大于 0.10，即在 10% 显著性水平上均不显著，不能拒绝扰动项不存在二阶序列相关的原假设，说明工具变量不存在二阶序列相关，估计系数是一致估计，实证结果是稳健的。

4. 稳健性检验的实证结果分析

由于本书样本量较大，且涉及不同行业、不同上市企业，虽经 5% 的缩尾处理，但变量的异常值及异方差等未知因素仍有可能使系数估值有误。贝叶斯估计在推断总体的过程中，不仅使用了总体信息和样本信息，还使用了先验信息。通过历史资料和经验总结出先验信息，贝叶斯估计可以使统计推断更为精确，克服异质性产生的实证偏误。表 4-10 报告了逐渐加入控制变量的融资约束和资本资源配置机制的稳健性回归结果。表中第（1）列为不加入控制变量的回归结果，GCF 与 FC 交互项、GCF 与 CAE 交互项系数值分别为 0.022 和 -0.028，在 1% 显著性水平上显著，说明国际资本流动恶化了企业的融资环境，但也提高了资本资源的配置效率，综合作用下提高了企业的投资效率。GCF 系数值为 -0.072，在 1% 显著性水平上显著，说明国际资本流动提高了企业的投资效率。表中第（2）列为加入区域控制变量后的回归结果，GCF 与 FC 交互项、GCF 与 CAE 交互项系数值分别为 0.013 和 -0.021，在 10% 显著性水平上显著，说明加入区域控制变量后国际资本流动恶化了企业的融资环境，但也提高了资本资源的配置效率，综合作用下提高了企业的投资效率。Dgdp 系数为 0.009，在 5% 显著性水平上显著，说明国内生产总值增长速率越快的省份，企业投资效率越低。CPI 系数为 0.064，在 1% 显著性水平上显著，说明通货膨胀降低了企业的投资效率。表中第（3）列为加入行业控制变量后的回归结果，GCF 与 FC 交互项、GCF 与 CAE 交互项系数值分别为 0.014 和 -0.028，在 1% 显著性水平上显著，说明加入行业控制变量后国际资本流动恶化了企业的融资环境，但也提高了资本资源的配置效率，综合作用下提高了企业的投资效率。表中第（4）列为加入企业控制变量后的回归结果，GCF 与 FC 交互项、GCF 与 CAE 交互项系数值分别为 0.024 和 -0.028，在 1% 显著性水平上显著，说明加入企业控制变量后国际资本流动恶化了企业的融资环境，但也提高了资本资源的配置效率，综合作用下提高了企业的投资效率。而且 Size 系数值为 -0.102，在 1% 显著性水平下显著，说明企业规模越大,其投资效率越高。而 Tan、Age 系数在 10% 显著性水平下显著为正,说明重资产、上市时间越久的企业,投资效率也越低。Return 和 Growth 系数在 10% 显著性水平下显著为负,说明收益率和销售增长率越高的企业,未来发展前景越大,融资能力也越强,缓解了企业面临的融资约束问题,同时提高了资本利用率,进而提高了企业的投资效率。Cash 系数值为 0.027,在 1% 显著性水平上显著,说明企业持有的现金量越大,越有可能过度投资,进而降低企业的投资效率。

表 4-10　　　　　　　　稳健性检验回归结果

变量	(1)	(2)	(3)	(4)
GCF	-0.072***	-0.104***	-0.098***	-0.094***
	(0.008)	(0.010)	(0.008)	(0.009)
GCF*FC	0.022***	0.013*	0.014***	0.024***
	(0.005)	(0.009)	(0.006)	(0.009)
GCF*CAE	-0.028***	-0.021***	-0.028***	-0.028***
	(0.005)	(0.005)	(0.005)	(0.005)
Trade(-1)		0.004	-0.004	-0.016**
		(0.009)	(0.007)	(0.009)
Dgdp(-1)		0.009**	0.006*	0.005
		(0.005)	(0.004)	(0.005)
CPI(-1)		0.064***	0.053***	0.035***
		(0.005)	(0.005)	(0.006)
LoanR(-1)		-0.006	-0.000	0.011*
		(0.009)	(0.007)	(0.008)
Size(-1)				-0.102***
				(0.010)
Tan(-1)				0.006*
				(0.005)
Lev(-1)				0.037***
				(0.007)
CFO(-1)				0.043***
				(0.008)
Age(-1)				0.021***
				(0.005)

续表

变量	(1)	(2)	(3)	(4)
Return (-1)				-0.007*
				(0.005)
Cash (-1)				0.027***
				(0.010)
Growth (-1)				-0.038***
				(0.006)
常数项	0.003	-0.139***	-0.261***	-0.220***
	(0.008)	(0.005)	(0.005)	(0.005)
控制行业异质性	否	否	是	是
R^2	0.005	0.014	0.060	0.268
观测值	29910	29910	29910	29910

注：为了保证贝叶斯估计中的矩阵正定，样本数据去除了变量缺失值。

国际资本流动与融资约束值交互项系数显著为正，而与资本资源配置效率值交互项系数显著为负，前者的作用小于后者的作用，该稳健性检验实证结果说明国际资本流动确实通过融资约束和资本资源配置机制提高了企业的投资效率。由第三章实证结论可知，国际资本流动对企业投资效率影响存在区域效应、行业效应和企业类型效应，即国际资本流动对中部和西部地区的企业投资效率影响较大，提高中技术制造业和低技术制造业的投资效率而降低高技术制造业的投资效率，提高民营企业和外资企业的投资效率而降低公众企业的投资效率。与此同时，企业的融资约束值和资本资源配置效率值也存在一定的区域差距、行业差距和企业类型差距。那么国际资本流动影响企业投资效率的区域效应、行业效应和企业类型效应，是否与融资约束和资本资源配置机制的区域差距、行业差距和企业类型差距有关呢？

（二）国际资本流动影响机制的区域效应实证结果分析

由第三章实证结果可知，国际资本流动对中部和西部地区企业的投资效率影响要大于对东部地区。相较于发达地区，欠发达地区企业接触国际资本机会更少，其对国内资本和国际资本选择不同，主要依靠国内资本融资。但当资本账户逐渐开放时，欠发达地区企业也有机会接触国际资本，国际资本和国内资本竞争替代有助于引导资本由低效率企业流向高效率企业，故东部、中部和西部地区企业面临的融资约束环境和资本配置效率环境差异较大。虽然从总体来看，国际资本流动通过融资约束机制和资本配置效率机制提高了企业投资效率，但东部、中部和西部地区企业的融资约束和资本配置环境差异是否会对实证结果产生影响？为了验证国际资本流动影响机制的区域效应，本节将样本数据分为东部、中部和西部地区三个子样本，利用系统广义矩估计方法对式 (4-26) 进行实证回归，同时利用贝叶斯估计方法进行稳健性检验。

1. 分区域影响机制回归结果分析

将样本数据分为东部、中部、西部地区时的回归结果，如表 4-11 所示。表中第 (1) 列为不加入控制变量的回归结果，东部、中部和西部地区的 GCF 与 FC 交互项系数值分别为 0.019、0.027 和 0.033，均在 10% 显著性水平上显著，说明国际资本流动通过恶化了企业面临的融资约束问题，进而降低了东部、中部和西部地区企业的投资效率，而且国际资本流动对西部地区企业的影响最大，其次是中部地区，影响最小的是东部地区，东部地区资本市场更为发达，企业的融资渠道更多，国际资本流出导致东部地区从中西部地区吸纳资本，资本资源的集聚导致中部和西部地区企业面临的融资约束问题更大，进而对企业投资效率的不利影响也更大。东部、中部和西部地区的 GCF 与 CAE 交互项系数值分别为 -0.020、-0.030 和 -0.050，均在 5% 显著性水平上显著，说明国际资本流动通过资本资源配置效率，进而提高了东部、中部和西部地区企业的投资效率，而且国际资本流动对西部地区企业的影响最大，其次是中部地区，影响最小的是东部地区，国际资本流动导致西部地区企业融资约束问题最为严重，行业经过优胜劣汰去落后产能后，优质企业相对更容易获得融资，实现稀缺资本资源的优化配置。由于资本资源配置机制作用大于融资约束机制作用，故国际资本流动对中部和西部地区企业的投资效率提升作用要大于东部地区。东部、中部和西部地区的 GCF 系数值分别为 -0.069、-0.108、-0.127，均在 1% 显著性水平上显著，与前期研究结论保持一致。表中第 (2) 列为加入区域和行业控制变量后的回归结果，东部、中部和西部地区的 GCF 与 FC 交互项系数值分别为 0.019、0.017、0.033，GCF 与 CAE 交互项系数值分别为 -0.021、-0.027 和 -0.042，均在 5% 显著性水平上显著，说明加

表 4-11　融资约束和资本配置效率影响机制的区域效应回归结果

变量	东部 (1)	东部 (2)	东部 (3)	中部 (1)	中部 (2)	中部 (3)	西部 (1)	西部 (2)	西部 (3)
GCF	-0.069*** (0.011)	-0.031*** (0.009)	-0.044*** (0.010)	-0.108*** (0.025)	-0.052*** (0.017)	-0.057*** (0.019)	-0.127*** (0.022)	-0.090*** (0.024)	-0.093*** (0.025)
GCF*FC	0.019** (0.008)	0.019** (0.008)	0.019*** (0.007)	0.027* (0.016)	0.017** (0.008)	0.020* (0.016)	0.033*** (0.011)	0.033*** (0.012)	0.027** (0.012)
GCF*CAE	-0.020** (0.009)	-0.021*** (0.007)	-0.021*** (0.007)	-0.030** (0.014)	-0.027** (0.012)	-0.025** (0.013)	-0.050*** (0.015)	-0.042*** (0.014)	-0.045*** (0.014)
Trade (-1)		0.028 (0.030)	0.028 (0.031)		1.240*** (0.451)	1.881*** (0.495)		0.417 (0.443)	0.447 (0.431)
Dgdp (-1)		0.036*** (0.008)	0.028*** (0.008)		0.052*** (0.010)	0.050*** (0.011)		0.005 (0.008)	0.005 (0.008)
CPI (-1)		-0.004 (0.007)	0.006 (0.008)		-0.023** (0.009)	0.004 (0.013)		-0.008 (0.009)	0.010 (0.012)
LoanR (-1)		-0.005 (0.029)	0.017 (0.031)		-0.681*** (0.152)	-0.635*** (0.192)		-0.097 (0.305)	0.176 (0.524)
Size (-1)			-0.717*** (0.151)			-1.182*** (0.195)			-0.320* (0.180)
Tan (-1)			0.361*** (0.051)			0.436*** (0.056)			0.151*** (0.052)

续表

变量	东部 (1)	东部 (2)	东部 (3)	中部 (1)	中部 (2)	中部 (3)	西部 (1)	西部 (2)	西部 (3)
$Lev(-1)$			0.038 (0.050)			0.005 (0.098)			-0.008 (0.072)
$CFO(-1)$			-0.037 (0.049)			-0.148* (0.085)			0.135* (0.076)
$Age(-1)$			0.283** (0.142)			1.056*** (0.192)			-0.261 (0.378)
$Return(-1)$			-0.007 (0.006)			0.002 (0.010)			-0.001 (0.009)
$Cash(-1)$			0.061* (0.033)			0.170** (0.080)			0.005 (0.071)
$Growth(-1)$			-0.016** (0.007)			-0.037** (0.015)			-0.024** (0.011)
常数项	-0.037 (0.027)	-0.013 (0.027)	0.010 (0.032)	-0.202*** (0.038)	0.449 (0.436)	0.997* (0.517)	-0.199*** (0.050)	0.209 (0.459)	0.576 (0.685)
控制行业异质性	否	是	是	否	是	是	否	是	是
Sargan 统计值 (p 值)	0.138	0.312	0.192	0.224	0.254	0.419	0.406	0.766	0.788
AR (1)	0.001	0.000	0.000	0.001	0.000	0.000	0.001	0.000	0.000
AR (2)	0.765	0.215	0.978	0.193	0.189	0.957	0.936	0.914	0.755
观测值	48460	48460	48460	12503	12503	12503	8442	8442	8442

入区域和行业控制变量后国际资本流动仍能通过融资约束机制和资本资源配置机制，影响东部、中部和西部地区企业的投资效率，而且从融资约束和资本资源配置机制综合作用来看，国际资本流动对中部地区企业的影响最大，其次是西部地区，影响最小的是东部地区，中部地区以竞争较为激烈的基础制造业为主，行业更易出清，资本资源配置机制相对融资约束机制发挥的作用更大。中部地区的 $Trade$ 系数值为 1.240，在 1% 显著性水平上显著，说明外贸规模越大的中部省份，企业的投资效率越低。东部和中部地区的 $Dgdp$ 系数均显著为正，说明国内生产总值增长速率较快的东部和中部省份，经济发展增加了融资需求，进而导致融资成本上升降低了企业的投资效率。中部地区的 CPI 系数值为 -0.023，在 5% 显著性水平上显著，说明短期内通货膨胀能增加企业生产利润，导致企业追加投资，进而提升中部地区企业的投资效率。而且中部地区的 $LoanR$ 系数值为 -0.681，在 1% 显著性水平上显著，说明中部地区贷款余额多，企业投资意愿也较强，投资效率得到改善。表中第（3）列为加入企业控制变量后的回归结果，东部、中部和西部地区的 GCF 与 FC 交互项系数值分别为 0.019、0.020、0.027，GCF 与 CAE 交互项系数值分别为 -0.021、-0.025 和 -0.045，均在 10% 显著性水平上显著，说明加入企业控制变量后国际资本流动仍能通过融资约束机制和资本资源配置机制，影响东部、中部和西部地区企业的投资效率，而且从融资约束和资本资源配置机制综合作用来看，国际资本流动对中部地区企业的影响最大，其次是西部地区，影响最小的是东部地区。东部、中部和西部地区的 $Size$ 系数显著为负，说明企业规模越大，企业投资效率也越高。东部、中部和西部地区的 Tan 系数显著为正，说明重资产的企业，投资效率较低。中部和西部地区的 CFO 系数值分别为 -0.148 和 0.135，均在 10% 显著性水平上显著，中部和西部地区企业营运资金比率越高，但对企业的投资效率影响却相反，主要因为中部和西部地区企业投资机会差异，西部地区相对缺乏投资机会，企业保有大量流动资产而不愿追加投资，需要激活企业管理者的投资热情和投资效率。东部和中部地区的 Age 系数值分别为 0.283 和 1.056，在 5% 显著性水平上均显著，说明东部和中部地区的企业上市时间越长，企业投资效率也越低。东部和中部地区的 $Cash$ 系数值分别为 0.061 和 0.170，在 10% 显著性水平上显著，东部地区和中部地区企业持有大量现金而未进行投资，进而降低了企业投资效率。东部、中部和西部地区的 *Growth* 系数值分别为 -0.016、-0.037 和 -0.024，在 5% 显著性水平上均显著，说明东部、中部和西部企业的销售增长率越快，越有助于改善企业的投资效率。

2. 稳健性检验的实证结果分析

中部、西部地区的 *GCF* 与 *FC* 交互项系数绝对值大于东部地区的 *GCF* 与 *FC* 交互项系数绝对值，说明国际资本流动恶化了企业融资约束环境进而降低了企业投资效率，而且对中部、西部地区的不利影响大于对东部地区的影响。这主要是因为东部地区金融发展程度较高，企业的融资约束水平较低[①]，当国际资本流出时，东部地区金融发展程度较高，企业利用国内资本能力强于中西部，因此在融资约束影响机制下，国际资本流动对东部地区的不利影响要低于对中西部地区的不利影响。中部、西部地区的 *GCF* 与 *CAE* 交互项系数绝对值大于东部地区的 *GCF* 与 *FC* 交互项系数绝对值，说明国际资本流动通过提高区域资本配置效率进而提高了企业投资效率，而且对中部、西部地区的有利影响大于对东部地区的影响，因为中西部地区金融市场发展水平较低，资本流动效率低下，而国际资本流动引入外资有助于改善国内资本配置效率，进而提高投资效率。该实证结果与已有研究结果一致[②]，即随着金融市场逐渐发展，国际资本流动的资本配置效率机制逐渐弱化，而国内金融市场发展有助于国内资本充分流动，增强国内资本流动的资本配置效率机制。随着资本账户开放及国内金融市场发展，国际资本和国内资本的充分竞争，将有助于资本由效率低的行业和企业流入效率高的行业和企业，提高资本配置效率。为了进一步增加实证结果的可信性，本书还利用贝叶斯估计方法分别对东部、中部、西部地区样本数据进行实证分析。

利用贝叶斯估计方法对东部、中部、西部样本数据进行稳健性回归的实证结果，如表 4-12 所示。表中第（1）列为不加入控制变量的回归结果，东部、中部和西部地区的 *GCF* 与 *FC* 交互项系数值分别为

[①] 谢军、黄志忠：《区域金融发展、内部资本市场与企业融资约束》，《会计研究》2014 年第 7 期。

[②] 陈创练、庄泽海、林玉婷：《金融发展对工业行业资本配置效率的影响》，《中国工业经济》2016 年第 11 期。

0.027、0.036 和 0.057，均在 1% 显著性水平上显著，说明国际资本流动通过恶化了企业面临的融资约束问题，进而降低了东部、中部和西部地区企业的投资效率，而且国际资本流动对西部地区企业的影响最大，其次是中部地区，影响最小的是东部地区。东部、中部和西部地区的 GCF 与 CAE 交互项系数值分别为 -0.038、-0.132 和 -0.062，均在 1% 显著性水平上显著，说明国际资本流动通过资本资源配置效率，进而提高了东部、中部和西部地区企业的投资效率，而且国际资本流动对中部地区企业的影响最大，其次是西部地区，影响最小的是东部地区。东部、中部和西部地区的 GCF 系数值分别为 -0.033、-0.110、-0.033，均在 1% 显著性水平上显著，与前期研究结论保持一致。表中第（2）列为加入区域和行业控制变量后的回归结果，东部、中部和西部地区的 GCF 与 FC 交互项系数值分别为 0.027、0.037、0.043，GCF 与 CAE 交互项系数值分别为 -0.036、-0.066 和 -0.059，均在 5% 显著性水平上显著，说明加入区域和行业控制变量后国际资本流动仍能通过融资约束机制和资本资源配置机制，影响东部、中部和西部地区企业的投资效率，而且从融资约束和资本资源配置机制综合作用来看，国际资本流动对中部地区企业的影响最大，其次是西部地区，影响最小的是东部地区。西部地区的 $Trade$ 系数值为 0.156，在 1% 显著性水平上显著，说明外贸规模越大的西部省份，企业的投资效率越低。东部、中部和西部地区的 $Dgdp$ 系数均显著为正，说明国内生产总值增长速率快的省份，经济发展增加了融资需求，降低了企业的投资效率。东部和中部地区的 CPI 系数值分别为 0.080 和 0.053，均在 1% 显著性水平上显著，说明通货膨胀能导致企业追加投资，有可能导致投资过度进而降低东部和中部地区企业的投资效率。表中第（3）列为加入企业控制变量后的回归结果，东部、中部和西部地区的 GCF 与 FC 交互项系数值分别为 0.030、0.033、0.059，GCF 与 CAE 交互项系数值分别为 -0.037、-0.058 和 -0.062，均在 1% 显著性水平上显著，说明加入企业控制变量后国际资本流动仍能通过融资约束机制和资本资源配置机制，影响东部、中部和西部地区企业的投资效率，而且从融资约束和资本资源配置机制综合作用来看，国际资本流动对中部地区企业的影响最大，其次是西部地区，影响最小的是东部地区。东部、中部和西部地区的 $Size$ 系数显著为负，说明企业规模越大，企业投资效率也越高。东部和中部地区

的 *Lev* 系数值分为为 0.030 和 0.076，在 1% 显著性水平上显著，说明资产负债率越高的企业，过度投资现象也越严重。东部地区的 *Tan* 系数显著为正，说明重资产的企业，投资效率较低。东部、中部和西部地区的 *CFO* 系数值分别为 0.049、0.032 和 0.036，均在 5% 显著性水平上显著，企业营运资金比率越高，投资效率越低。东部和西部地区的 *Age* 系数值分别为 0.033 和 0.030，均在 5% 显著性水平上显著，说明东部和西部地区的企业上市时间越长，企业投资效率也越低。东部、中部和西部地区的 *Cash* 系数值分别为 0.012、0.067 和 0.035，在 10% 显著性水平上显著，企业持有大量现金而未进行投资，进而降低了企业投资效率。表 4-11 的控制变量与表 4-12 的控制变量在系数符号和显著性上基本相同，表明利用贝叶斯估计方法对东部、中部、西部样本数据进行稳健性回归检验，证明本书实证结果较为稳健。

　　国际资本流动对中国企业投资效率影响的区域效应，与融资约束机制和资本资源配置机制相关，东部地区资本市场发达，国际资本增加了东部地区资金容量，故东部地区企业面临的融资约束问题并不严重，同时国际资本与境内资本的竞争也导致投资标的稀缺，企业融资成本下降进而导致企业过度投资。而中西部地区虽也能受益于东部地区的资本外溢，但资本外溢量有限，中部和西部地区企业面临的融资约束问题相较于东部地区更大，融资困难也会导致行业出清，优胜劣汰去落后产能后能促进行业发展，尤其是中部地区的制造业投资规模大，市场竞争较为充分，企业对宏观经济波动反应较为灵敏，市场出清较快，故中部地区的资本资源配置机制能发挥较大的作用。综合融资约束和资本资源配置机制来看，资本资源配置机制对企业投资效率的正向作用更大，故使得国际资本流动能提高企业的投资效率，且该影响存在区域效应，即国际资本流动通过融资约束机制和资本资源配置机制对中部和西部地区企业投资效率的提升作用大于对东部地区的提升作用。国际资本流动更有利于中国中部和西部地区的企业发展，有助于缩小中国的区域发展差距，但国际资本流动却降低了高技术制造业的投资效率，融资约束和资本资源配置机制又在此过程中发挥了什么作用呢？

　　（三）国际资本流动影响机制的行业效应实证结果分析

　　由第三章实证可知，国际资本流动提高了中技术和低技术制造业企业的投资效率，而降低了高技术制造业企业的投资效率。高技术制造业

表 4-12 稳健性检验回归结果

变量	东部 (1)	东部 (2)	东部 (3)	中部 (1)	中部 (2)	中部 (3)	西部 (1)	西部 (2)	西部 (3)
GCF	-0.033*** (0.012)	-0.042*** (0.016)	-0.031** (0.018)	-0.110*** (0.011)	-0.148*** (0.012)	-0.124*** (0.011)	-0.033** (0.015)	-0.080*** (0.020)	-0.062*** (0.022)
$GCF*FC$	0.027*** (0.010)	0.027*** (0.006)	0.030*** (0.006)	0.036*** (0.013)	0.037** (0.016)	0.033*** (0.012)	0.057*** (0.015)	0.043*** (0.016)	0.059*** (0.018)
$GCF*CAE$	-0.038*** (0.006)	-0.036*** (0.010)	-0.037*** (0.010)	-0.132*** (0.015)	-0.066*** (0.017)	-0.058*** (0.018)	-0.062*** (0.013)	-0.059*** (0.016)	-0.062*** (0.016)
$Trade(-1)$		-0.002 (0.010)	-0.023*** (0.009)		-0.044 (0.325)	-0.806*** (0.264)		0.156*** (0.031)	0.188*** (0.032)
$Dgdp(-1)$		0.029** (0.012)	0.016* (0.011)		0.023* (0.021)	0.039* (0.022)		0.056*** (0.023)	0.015 (0.020)
$CPI(-1)$		0.080*** (0.008)	0.047*** (0.008)		0.053*** (0.011)	0.006 (0.016)		0.088*** (0.018)	0.047** (0.024)
$LoanR(-1)$		-0.012 (0.011)	0.008 (0.010)		-0.004 (0.060)	0.110** (0.053)		-0.263*** (0.058)	-0.210*** (0.046)
$Size(-1)$			-0.089*** (0.011)			-0.150*** (0.024)			-0.120*** (0.030)
$Tan(-1)$			0.011** (0.006)			-0.006 (0.014)			0.012 (0.018)

续表

变量	东部			中部			西部		
	(1)	(2)	(3)	(1)	(2)	(3)	(1)	(2)	(3)
Lev (-1)			0.030*** (0.009)			0.076*** (0.017)			0.020 (0.026)
CFO (-1)			0.049*** (0.008)			0.032** (0.020)			0.036** (0.022)
Age (-1)			0.033*** (0.006)			-0.016 (0.016)			0.030** (0.017)
Return (-1)			0.005 (0.006)			0.018* (0.012)			0.023** (0.016)
Cash (-1)			0.012* (0.011)			0.067*** (0.024)			0.035* (0.029)
Growth (-1)			0.042*** (0.007)			0.080*** (0.022)			0.035** (0.020)
常数项	-0.162*** (0.006)	-0.033*** (0.012)	-0.098*** (0.012)	-0.260*** (0.012)	-0.100 (0.270)	-0.766*** (0.214)	-0.159*** (0.015)	0.116 (0.256)	0.145 (0.268)
控制行业异质性	否	是	是	否	是	是	否	是	是
R^2	0.039	0.089	0.132	0.125	0.197	0.370	0.153	0.279	0.438
观测值	23311	21116	21116	5991	5094	5094	4021	3700	3700

注：为了保证贝叶斯估计中的矩阵正定，样本数据去除了各变量缺失值。

一方面随着中国推进产业结构升级改革,产业政策给予的财政补贴有助于吸引投资者投资,降低其融资成本;但另一方面高技术制造业投资规模大、投资周期长,且投资失败风险较大,增加了其融资难度,国际资本因信息不对称等问题投资偏谨慎,其有可能受"羊群效应"影响投资高技术制造业,也有可能受投资风格影响而拒绝投资高技术制造业。再者高技术制造业投资规模大和周期长,使得即使继续生产面临较大亏损,企业管理者也不会关闭生产线退出,巨大的沉没成本和行业前景促使企业管理者尽最大努力维持企业运转,更有企业管理者借高技术制造业名头来套取国家财政和投资者的资金,使得该行业的资本资源配置机制难以发挥作用。故国际资本流动对高技术、中技术和低技术制造业的投资效率影响差异,是否与不同行业类型企业面临的融资约束和资本资源配置环境差异有关,仍需进行实证分析。为了验证国际资本流动影响机制的行业效应,本节将样本数据分为高技术、中技术和低技术制造业三个子样本,利用系统广义矩估计方法对式(4-26)进行实证回归,同时利用贝叶斯估计方法进行稳健性检验。

1. 分行业影响机制回归结果分析

如果高技术行业处于行业发展初期并符合国家产业扶持政策,那么大量社会资本进入,导致资本无序流动形成过度投资,而中技术行业虽处于技术升级换代过程中,但受资本关注度不足导致投资不足。那么国际资本流动能否改变处于不同技术水平条件下企业融资环境和资本配置效率,进而影响不同技术水平的企业投资效率?为了刻画国际资本流动对企业投资效率影响机制的行业效应,本书将样本按技术水平分为高技术、中技术和低技术三个子样本,分别进行实证分析。

将样本数据分为高技术、中技术和低技术制造业三个子样本时的回归结果,如表4-13所示。表中第(1)列为不加入控制变量的回归结果,高技术、中技术和低技术制造业的 GCF 与 FC 交互项系数值分别为0.020、0.057和0.023,均在5%显著性水平上显著,说明国际资本流动通过恶化了企业面临的融资约束问题,进而降低了高技术、中技术和低技术制造业的企业的投资效率,而且国际资本流动对中技术制造业的影响最大,其次是低技术制造业,影响最小的是高技术制造业,有国家背书的高新技术产业,会成为资本的宠儿,国际资本也因"羊群效应"更偏爱高技术制造业,故融资约束问题对高技术制造业的融资和投资活

表 4-13 融资约束和资本配置效率影响机制的行业效应回归结果

变量	高技术			中技术			低技术		
	(1)	(2)	(3)	(1)	(2)	(3)	(1)	(2)	(3)
GCF	0.068*** (0.014)	0.046*** (0.015)	0.066*** (0.016)	-0.054*** (0.016)	-0.046** (0.021)	-0.044** (0.022)	-0.030* (0.017)	-0.039** (0.016)	-0.034** (0.017)
GCF*FC	0.020** (0.010)	0.019* (0.011)	0.023** (0.011)	0.057*** (0.018)	0.037** (0.018)	0.030* (0.018)	0.023** (0.011)	0.020* (0.015)	0.028** (0.014)
GCF*CAE	0.001 (0.009)	0.008 (0.010)	0.004 (0.009)	-0.060*** (0.010)	-0.052*** (0.010)	-0.055*** (0.011)	-0.032** (0.015)	-0.038* (0.021)	-0.038* (0.021)
Trade (-1)		-0.031 (0.038)	-0.013 (0.039)		0.047 (0.077)	0.149* (0.084)		0.159* (0.102)	0.165* (0.106)
Dgdp (-1)		0.021** (0.009)	0.019** (0.010)		0.063*** (0.010)	0.044*** (0.010)		0.064*** (0.014)	0.064*** (0.013)
CPI (-1)		-0.024*** (0.009)	-0.003 (0.010)		0.003 (0.009)	0.046*** (0.012)		-0.001 (0.014)	-0.001 (0.017)
LoanR (-1)		0.034 (0.046)	0.046 (0.048)		-0.121* (0.085)	-0.145 (0.104)		-0.096 (0.074)	-0.088 (0.081)
Size (-1)			-0.654*** (0.166)			-0.584*** (0.163)			-0.116*** (0.031)
Tan (-1)			0.258*** (0.056)			0.409*** (0.057)			0.296*** (0.067)

续表

变量	高技术			中技术			低技术		
	(1)	(2)	(3)	(1)	(2)	(3)	(1)	(2)	(3)
Lev(-1)			0.149**(0.061)			-0.080(0.092)			-0.361***(0.094)
CFO(-1)			0.011(0.064)			-0.084(0.085)			-0.366***(0.095)
Age(-1)			0.389**(0.169)			0.492***(0.166)			0.595***(0.193)
$Return$(-1)			-0.019***(0.007)			-0.002(0.010)			0.011(0.013)
$Cash$(-1)			0.181***(0.045)			-0.044(0.049)			0.156**(0.079)
$Growth$(-1)			-0.027***(0.010)			-0.071***(0.013)			-0.001(0.016)
常数项	-0.030(0.046)	-0.009(0.045)	-0.022(0.049)	-0.080***(0.013)	-0.090***(0.024)	-0.019(0.091)	-0.109***(0.035)	-0.043*(0.024)	-0.010(0.073)
控制行业异质性	否	是	是	否	是	是	否	是	是
Sargan统计值（p值）	0.125	0.431	0.262	0.439	0.769	0.751	0.184	0.841	0.792
AR(1)	0.005	0.007	0.010	0.000	0.000	0.000	0.000	0.000	0.000
AR(2)	0.958	0.670	0.610	0.458	0.510	0.379	0.975	0.743	0.601
观测值	31694	31694	31694	13292	13292	13292	8966	8966	8966

动影响相对较少。高技术、中技术和低技术制造业的 GCF 与 CAE 交互项系数值分别为 0.001、-0.060 和 -0.032，除高技术制造业外均在 5% 显著性水平上显著，说明国际资本流动通过资本资源配置效率，进而提高了中技术和低技术制造业企业的投资效率，而且国际资本流动对中技术制造业的影响最大。国际资本流动在融资约束机制上对高技术制造业冲击最小，本身由于沉没成本和行业前景影响资本资源配置机制较难发挥作用，相对融资约束较少使得企业更容易靠融资借债维持运转，进一步降低了资本资源配置机制的作用。而中技术制造业既具有一定的比较优势又缺乏行业进入门槛，激烈的市场竞争促使倒闭企业进行技术升级，故资本资源配置机制能发挥较大作用。由于资本资源配置机制的正向作用大于融资约束机制的负向作用，故国际资本流动提高了中技术和低技术制造业企业的投资效率，融资约束机制的负作用降低了高技术制造业企业的投资效率。

表中第（2）列为加入区域和行业控制变量后的回归结果，高技术、中技术和低技术制造业的 GCF 与 FC 交互项系数值分别为 0.019、0.037、0.020，GCF 与 CAE 交互项系数值分别为 0.008、-0.052 和 -0.038，除高技术制造业的 GCF 与 CAE 交互项外均在 10% 显著性水平上显著，说明加入区域和行业控制变量后国际资本流动仍能通过融资约束机制影响高技术、中技术和低技术制造业企业的投资效率，通过资本资源配置机制影响中技术和低技术制造业企业的投资效率，而且从融资约束和资本资源配置机制综合作用来看，国际资本流动能提高中技术和低技术制造业企业的投资效率，降低高技术制造业企业的投资效率。低技术制造业的 $Trade$ 系数值为 0.159，在 10% 显著性水平上显著，说明低技术制造业的外贸规模越大，企业的投资效率越低，外部需求降低了低技术制造业的竞争程度，不利于行业内企业的优胜劣汰。高技术、中技术和低技术制造业的 $Dgdp$ 系数值分别为 0.021、0.063 和 0.064，在 5% 显著性水平上显著，说明经济发展越快，对制造业产品需求也越大，降低了企业的生存压力，对行业发展前景也更加乐观，非理性投资上升，导致投资过度。高技术制造业的 CPI 系数值为 -0.024，在 5% 显著性水平上显著，说明短期内通货膨胀能增加企业生产利润，导致企业追加投资，进而提升高技术制造业的投资效率。中技术制造业的 $LoanR$ 系数值为 -0.121，在 10% 显著性水平上显著，说明中技术制造业贷款余额多，企业投资意愿也较强，投资效率得到改善。

表中第（3）列为加入企业控制变量后的回归结果，高技术、中技术和低技术制造业的 GCF 与 FC 交互项系数值分别为 0.023、0.030、0.028，GCF 与 CAE 交互项系数值分别为 0.004、-0.055 和 -0.038，除高技术制造业的 GCF 与 CAE 交互项外均在 10% 显著性水平上显著，说明加入企业控制变量后国际资本流动仍能通过融资约束机制影响高技术、中技术和低技术制造业企业的投资效率，通过资本资源配置机制影响中技术和低技术制造业企业的投资效率，而且从融资约束和资本资源配置机制综合作用来看，国际资本流动能提高中技术和低技术制造业企业的投资效率，降低高技术制造业企业的投资效率。高技术、中技术和低技术制造业的 $Size$ 系数显著为负，说明企业规模越大，企业投资效率也越高。高技术、中技术和低技术制造业的 Tan 系数显著为正，说明重资产的企业，投资效率较低。低技术制造业的 CFO 系数值为 -0.366，均在 1% 显著性水平上显著，低技术制造业持有的营运资金越多，说明低技术制造业在缺乏投资机会下并未盲目投资。高技术、中技术和低技术制造业的 Age 系数值分别为 0.389、0.492 和 0.595，在 5% 显著性水平上均显著，说明上市时间越长，企业投资效率也越低。高技术和低技术制造业的 $Cash$ 系数值分别为 0.181 和 0.156，在 5% 显著性水平上显著，高技术和低技术制造业的企业持有大量现金而未进行投资，进而降低了企业投资效率。高技术和中技术制造业的 $Growth$ 系数值分别为 -0.027 和 -0.071，在 1% 显著性水平上均显著，说明高技术和中技术制造业企业的销售增长率越快，越有助于改善企业的投资效率。在逐渐增加控制变量过程中，控制变量系数的符号和显著性未发生改变，而且 $Sargan$ 统计值和 AR 值在 10% 显著性水平上也不显著，表明广义矩估计方法中的工具变量不存在过度识别和二阶序列相关问题，说明实证结果较为稳健。

2. 稳健性检验的实证结果分析

从上述实证结果来看，高技术企业受到资本关注度高，资本大量流入高技术企业，国内资本非理性情绪传递到国际资本上，导致国际资本进一步流入高技术企业，从而造成过度投资，不利于资本由低效率行业和企业流向高效率行业和企业，即资本配置效率机制无法发挥效用。虽然国际资本流动恶化了高技术制造业企业的融资约束环境，但高技术制造业企业的融资能力较强，融资约束机制对其影响较低。对于中技术和低技术制造业企业而言，虽然国际资本流动通过融资约束机制不利于企业投资效率提高，但国际资本流动通过资本资源配置机制有利于企业投资效率提高，而且资本资源配置机制作用效果大于融资约束机制，综合作用下提高了企业的投资效率。为了进一步克服内生性影响，验证分行业实证结果稳健性，本书利用贝叶斯估计方法分别对高技术、中技术、低技术制造业样本数据进行实证分析。

利用贝叶斯估计方法对高技术、中技术、低技术制造业样本数据进行稳健性回归的实证结果，如表 4-14 所示。表中第（1）列为加入区域和行业控制变量后的回归结果，高技术、中技术和低技术制造业的 GCF 与 FC 交互项系数值分别为 0.041、0.027、0.051，GCF 与 CAE 交互项系数值分别为 0.007、-0.057 和 -0.059，除高技术制造业的 GCF 与 CAE 交互项外均在 10% 显著性水平上显著，说明加入区域和行业控制变量后国际资本流动仍能通过融资约束机制影响高技术、中技术和低技术制造业企业的投资效率，通过资本资源配置机制影响中技术和低技术制造业企业的投资效率，而且从融资约束和资本资源配置机制综合作用来看，国际资本流动能提高中技术和低技术制造业企业的投资效率，降低高技术制造业企业的投资效率。高技术制造业的 $Trade$ 系数值为 -0.014，在 10% 显著性水平上显著，说明外贸规模越大的省份，外部需要能促进高技术制造业快速发展，以充分利用融资资本，提高企业的投资效率。中技术和低技术制造业的 $Dgdp$ 系数仍然在 5% 显著性水平上为正，说明国内生产总值增长速率越快，对投资的过度依赖降低了中技术和低技术制造业企业的投资效率。高技术、中技术和低技术制造业的 CPI 系数值分别为 0.077、0.081 和 0.065，在 1% 显著性水平上显著，说明通货膨胀率越大，不同技术水平企业的投资效率越低。表中第（2）列为加入企业控制变量后的回归结果，高技术、中技术和低技术制造业的 GCF 与 FC 交互项系数值分别为 0.044、0.024、0.050，GCF 与 CAE 交互项系数值分别为 0.009、-0.063 和 -0.071，除高技术制造业的 GCF 与 CAE 交互项外均在 10% 显著性水平上显著，说明加入企业控制变量后国际资本流动仍能通过融资约束机制影响高技术、中技术和低技术制造业企业的投资效率，通过资本资源配置机制影响中技术和低技术制造业企业的投资效率，而且从融资约束和资本资源配置机制综合作用来看，国际资本流动能提高中技术和低技术制造业企业的投资效率，降低高技术制造业企业的投资效率。高技术、中技术和低技术制造业的 Size 系数显著为负，说明企业规模越大，高技术、中技术和低技术制造业的企业投资效率也越高。低技术制造业的 Tan 系数显著为正，说明重资产越多，低技术制造业企业的投资效率也越低。高技术和中技术制造业的 Lev 系数值分别为0.073和0.048，在5%显著性水平上显著，说明高技术和中技术制造业中资产负债率高的企业仍会继续追加投资以期在行业中占据领先优势，导致企业过度投资。高技术和中技术制造业的 CFO 系数值分别为0.086和0.028，在10%显著性水平上显著，高技术和中技术制造业较高的营运资金比率，降低了企业的投资效率。高技术和中技术制造业的 Age 系数均显著为正，说明高技术和中技术制造业的企业上市时间越长，企业投资效率也越低。低技术制造业的 Return、Cash、Growth 系数值分别为0.043、0.079和0.048，在5%显著性水平上显著，说明低技术制造业企业收益率和销售增长率越高且持有大量现金而未进行投资，更有可能是投资过度导致无法追加投资。表4-14的控制变量与表4-13的控制变量在系数符号和显著性上基本相同，说明实证结果较为稳健。

表4-14　　　　　　　　　稳健性检验回归结果

变量	高技术		中技术		低技术	
	(1)	(2)	(1)	(2)	(1)	(2)
GCF	0.177***	0.155***	-0.037**	-0.027*	-0.076***	-0.064***
	(0.012)	(0.013)	(0.019)	(0.019)	(0.018)	(0.017)
GCF*FC	0.041***	0.044***	0.027**	0.024**	0.051***	0.050***
	(0.008)	(0.008)	(0.015)	(0.014)	(0.018)	(0.015)
GCF*CAE	0.007	0.009	-0.057***	-0.063***	-0.059***	-0.071***
	(0.011)	(0.011)	(0.014)	(0.013)	(0.019)	(0.020)
Trade(-1)	-0.014*	-0.031***	-0.022	-0.028*	-0.009	-0.043**
	(0.012)	(0.011)	(0.024)	(0.021)	(0.027)	(0.024)
Dgdp(-1)	0.001	-0.004	0.032**	0.037**	0.045**	0.034*
	(0.014)	(0.012)	(0.019)	(0.016)	(0.023)	(0.021)
CPI(-1)	0.077***	0.047***	0.081***	0.058***	0.065***	0.023*
	(0.010)	(0.011)	(0.013)	(0.014)	(0.016)	(0.016)

续表

变量	高技术		中技术		低技术	
	(1)	(2)	(1)	(2)	(1)	(2)
$LoanR(-1)$	-0.001 (0.014)	0.027** (0.015)	0.018 (0.024)	0.022 (0.024)	0.008 (0.029)	0.027 (0.027)
$Size(-1)$		-0.116*** (0.020)		-0.133*** (0.020)		-0.128*** (0.028)
$Tan(-1)$		-0.004 (0.008)		-0.014 (0.012)		0.027** (0.016)
$Lev(-1)$		0.073*** (0.014)		0.048** (0.019)		-0.011 (0.026)
$CFO(-1)$		0.086*** (0.015)		0.028* (0.021)		0.010 (0.027)
$Age(-1)$		0.031*** (0.010)		0.024** (0.013)		-0.013 (0.016)
$Return(-1)$		0.005 (0.008)		0.008 (0.012)		0.043*** (0.015)
$Cash(-1)$		0.029** (0.017)		0.051*** (0.019)		0.079*** (0.025)
$Growth(-1)$		0.044*** (0.011)		0.011 (0.016)		0.048** (0.021)
常数项	-0.013 (0.015)	-0.110*** (0.014)	-0.090*** (0.019)	-0.147*** (0.018)	-0.048** (0.025)	-0.094*** (0.025)
控制行业异质性	是	是	是	是	是	是
R^2	0.003	0.024	0.013	0.019	0.011	0.024
观测值	13598	13598	5758	5758	3854	3854

注：为了保证贝叶斯估计中的矩阵正定，样本数据去除了各变量缺失值。

从上述实证结果来看，国际资本流动对企业投资效率影响存在一定的行业效应：第一，融资约束机制对中技术制造业的影响最大，高技术制造业大部分能享受国家政策红利，且由于"炒概念"等非理性投资，高技术制造业存在投资过度等非效率投资，因此其所受融资约束影响较小。而受产业升级和供给侧改革影响，部分低技术制造业逐渐停产，因此低技术制造业所受融资约束影响较中技术制造业小。第二，资本配置效率机制对中技术制造业的影响最大。由于高技术企业一直是资本关注重点，国际资本流动冲击对其影响较小。再者国内资本非理性投资情绪也削弱了国际资本的资本配置效率机制效用。而中技术企业由于面临融资约束问题最为严重，国际资本冲击对其影响最严重，那么国际资本流动带来的资本资源配置作用也越强。综合来看，国际资本流动虽恶化中技术和低技术制造业面临的融资约束问题，但资本流动带来了更强的资本资源优化配置，进而提高了中技术和低技术制造业企业的投资效率。但国际资本流动并未能优化高技术制造业的资本资源配置，进而在融资约束机制负作用下降低了企业的投资效率。作为国民经济重要组成部分的民营企业，相较于国有企业也面临更大的融资约束问题，那么国际资本流动对企业投资效率的影响机制是否也存在企业类型差异呢？

（四）国际资本流动影响机制的企业类型效应实证结果分析

由第三章实证结果可知，国际资本流动对不同公司属性的企业投资效率影响存在差异，提高了民营企业和外资企业的投资效率，降低了公众企业的投资效率，而对国有企业的投资效率没有影响。国际资本流动短期内挤兑了国内资本，产生了负向作用，但国际资本与国内资本竞争也能改变行业资本资源配置效率。而不同行业的企业，其对国内资本和国际资本选择不同，因此国际资本流动对不同行业的资本资源配置效率影响不同，进而对企业投资效率影响也不同。国有企业有国家信用作支撑，信用水平和融资能力均较强，外部资本流动对其冲击有限，而且国有企业投资决策复杂，管理层对投资负有较大责任，宏观经济环境变化很难在短期内影响国有企业的战略决策和资金投向，进而难以发挥资本资源配置功能。故国际资本流动对国有企业、民营企业、外资企业和公众企业的投资效率影响差异，是否与不同类型企业面临的融资约束和资本资源配置环境差异有关，仍需进行实证分析。为了验证国际资本流动影响机制的企业类型效应，本节将样本数据分为国有企业、民营企业、外资企业和公众企业四个子样本，利用系统广义矩估计方法对式（4-26）进行实证回归，同时利用贝叶斯估计方法进行稳健性检验。

1. 分企业类型影响机制回归结果分析

国有企业由于有政府背书，其融资能力优于民营企业。而且国有企业体制僵化，资源流动及利用效率差。国际资本流动冲击对国有企业影响较民营企业弱。为了研究国际资本流动对不同类型企业投资效率差异影响的机制，本节将样本按企业类型分为国有企业、民营企业、外资企业和公众企业四个子样本进行回归，回归结果如表4-15所示。表中第（1）列为不加入控制变量的回归结果，国有企业、民营企业、外资企业和公众企业的 GCF 与 FC 交互项系数值分别为0.014、0.025、0.043和0.061，除外资企业外均在5%显著性水平上显著，说明国际资本流动通过恶化了企业面临的融资约束问题，进而降低了国有企业、民营企业和公众企业的投资效率，而且国际资本流动对公众企业的影响最大，其次是民营企业，影响最小的是国有企业，国有企业融资能力较强，外资企业能充分利用国际资本市场融资，故国际资本流动对国有企业和外资企业面临的融资约束问题影响较小。国有企业、民营企业、外资企业和公众企业的 GCF 与 CAE 交互项系数值分别为-0.008、-0.042、0.003和-0.033，除国有企业和外资企业外均在1%显著性水平上显著，说明国际资本流动通过资本资源配置效率，进而提高了民营企业和公众企业的投资效率，而且国际资本流动对民营企业的影响最大。国有企业和外资企业所受融资约束问题影响较弱，对宏观经济波动反应并不灵敏，而民营企业和公众企业由于信用水平相对较低，对投资者吸引能力相对较弱，激烈的市场竞争也使得该类企业在面对宏观经济波动必须快速调整企业生产经营战略，否则就有被市场淘汰的风险，随着宏观经济波动而调动企业内外部资源，达到资源的最优化使用，以降低企业的破产风险。因此国际资本流动改变了民营企业和公众企业的资本资源配置环境，进而对企业的投资效率产生了正的促进作用。由于民营企业的资本资源配置机制的正向作用大于融资约束机制的负向作用，故国际资本流动提高了民营企业的投资效率。而公众企业的资本资源配置机制的正向作用小于融资约束机制的负向作用，故国际资本流动降低了公众企业的投资效率。国有企业的融资约束和资本资源配置机制均较弱，故国际资本流动对国有企业的投资效率无影响。外资企业的融资约束和资本资源配置机制均较弱，而国际资本流动对外资企业的投资效率提升作用，可能是外资企业国际市场融资能力导致的。

表中第（2）列为加入区域和行业控制变量后的回归结果，国有企业、民营企业、外资企业和公众企业的 GCF 与 FC 交互项系数值分别为0.009、0.021、0.017和0.079，GCF 与 CAE 交互项系数值分别为-0.010、

表 4-15　融资约束和资本配置效率影响机制的企业效应回归结果

变量	国有企业 (1)	国有企业 (2)	国有企业 (3)	民营企业 (1)	民营企业 (2)	民营企业 (3)	外资企业 (1)	外资企业 (2)	外资企业 (3)	公众企业 (1)	公众企业 (2)	公众企业 (3)
GCF	-0.016 (0.011)	-0.013 (0.010)	-0.013 (0.011)	-0.084*** (0.030)	-0.078*** (0.015)	-0.080*** (0.013)	-0.131*** (0.034)	-0.122*** (0.023)	-0.104*** (0.039)	0.093*** (0.023)	0.062** (0.025)	0.068* (0.040)
GCF*FC	0.014* (0.007)	0.009 (0.008)	0.011* (0.007)	0.025** (0.012)	0.021* (0.011)	0.019* (0.011)	0.043 (0.033)	0.017 (0.012)	0.021 (0.035)	0.061** (0.025)	0.079*** (0.025)	0.072* (0.038)
GCF*CAE	-0.008 (0.006)	-0.010 (0.007)	-0.003 (0.007)	-0.042*** (0.012)	-0.059*** (0.010)	-0.087*** (0.013)	0.003 (0.019)	0.010 (0.024)	-0.013 (0.020)	-0.033*** (0.013)	-0.027** (0.012)	-0.029 (0.019)
Trade(-1)		0.053 (0.043)	0.084** (0.044)		-0.006 (0.043)	0.001 (0.053)		-0.058 (0.075)	0.152 (0.139)		-0.048 (0.079)	-0.149 (0.113)
Dgdp(-1)		0.023*** (0.006)	0.016*** (0.006)		0.038*** (0.011)	0.044*** (0.014)		-0.012 (0.015)	0.006 (0.033)		0.076*** (0.024)	0.095*** (0.033)
CPI(-1)		-0.003 (0.006)	0.011 (0.007)		-0.026*** (0.009)	-0.013 (0.012)		-0.082*** (0.021)	-0.031 (0.035)		-0.000 (0.018)	0.005 (0.034)
LoanR(-1)		-0.058* (0.039)	-0.028 (0.041)		0.072 (0.043)	0.066 (0.048)		0.076 (0.075)	0.113 (0.110)		-0.178* (0.109)	-0.099 (0.155)
Size(-1)			-0.359*** (0.100)			-0.886*** (0.194)			-0.075 (0.407)			-0.121*** (0.042)
Tan(-1)			0.219*** (0.046)			0.261*** (0.065)			0.220*** (0.082)			0.263*** (0.088)

续表

变量	国有企业 (1)	国有企业 (2)	国有企业 (3)	民营企业 (1)	民营企业 (2)	民营企业 (3)	外资企业 (1)	外资企业 (2)	外资企业 (3)	公众企业 (1)	公众企业 (2)	公众企业 (3)
$Lev(-1)$			0.064 (0.060)			0.047 (0.062)			-0.058 (0.150)			0.087 (0.212)
$CFO(-1)$			0.104* (0.058)			-0.027 (0.061)			0.457*** (0.148)			-0.240 (0.201)
$Age(-1)$			-0.302*** (0.106)			-0.658*** (0.218)			-0.894* (0.514)			0.426 (0.383)
$Return(-1)$			-0.002 (0.006)			0.011 (0.007)			-0.027 (0.021)			-0.064*** (0.024)
$Cash(-1)$			-0.026 (0.030)			0.197*** (0.054)			-0.133 (0.108)			0.771*** (0.130)
$Growth(-1)$			-0.024*** (0.007)			-0.023* (0.013)			-0.028 (0.026)			0.021 (0.027)
常数项	-0.232*** (0.029)	-0.223*** (0.032)	0.142** (0.073)	0.043 (0.061)	0.009 (0.039)	0.052 (0.065)	-0.018 (0.140)	0.0172 (0.120)	0.097 (0.250)	0.097 (0.068)	0.178** (0.090)	0.131 (0.124)
控制行业异质性	否	是	是	否	是	是	否	是	是	否	是	是
Sargan 统计值 (p 值)	0.420	0.370	0.442	0.489	0.133	0.437	0.262	0.320	0.181	0.297	0.396	0.825
AR (1)	0.000	0.000	0.000	0.033	0.002	0.004	0.017	0.000	0.001	0.000	0.000	0.000
AR (2)	0.908	0.798	0.763	0.515	0.505	0.558	0.789	0.170	0.172	0.446	0.710	0.867
观测值	26715	26715	26715	38437	38437	38437	2220	2220	2220	2033	2033	2033

−0.059、0.010 和 −0.027，除国有企业和外资企业外均在 10% 显著性水平上显著，说明加入区域和行业控制变量后国际资本流动仍能通过融资约束和资本资源配置机制影响民营企业和公众企业的投资效率，而且从融资约束和资本资源配置机制综合作用来看，国际资本流动能提高民营企业的投资效率，降低公众企业的投资效率。国有企业、民营企业和公众企业的 $Dgdp$ 系数均在 1% 显著性水平上显著为正，国内生产总值增长速率越快，意味着经济发展对投资规模的依赖程度增强，导致投资规模超过实际需求降低了企业的投资效率。民营企业和外资企业的 CPI 系数值分别为 −0.026 和 −0.082，在 1% 显著性水平上显著，通货膨胀率导致劳动力和投入品的成本上升进而侵蚀企业的利润，民营企业和外资企业风险承受能力较低，因此投资更为谨慎合理。国有企业和公众企业的 $LoanR$ 系数值分别为 −0.058 和 −0.178，在 10% 显著性水平上显著，说明国有企业和公众企业贷款额越高，企业投资效率也越大。

表中第（3）列为加入企业控制变量后的回归结果，国有企业、民营企业、外资企业和公众企业的 GCF 与 FC 交互项系数值分别为 0.011、0.019、0.021 和 0.072，GCF 与 CAE 交互项系数值分别为 −0.003、−0.087、−0.013 和 −0.029，除国有企业和外资企业外均在 10% 显著性水平上显著，说明加入企业控制变量后国际资本流动仍能通过融资约束和资本资源配置机制影响民营企业和公众企业的投资效率，而且从融资约束和资本资源配置机制综合作用来看，国际资本流动能提高民营企业的投资效率，降低公众企业的投资效率。国有企业、民营企业和公众企业的 $Size$ 系数显著为负，说明企业规模越大，企业投资效率也越高。国有企业、民营企业、外资企业和公众企业的 Tan 系数显著为正，重资产越多的企业，对投资依赖性也越大，进而降低企业的投资效率。国有企业和外资企业的 CFO 系数值分别为 0.104 和 0.457，在 10% 显著性水平上显著，国有企业和外资企业信用相对较高，故营运资金比率越高，说明企业生产资源未得到最优化配置。国有企业、民营企业和外资企业的 Age 系数值分别为 −0.302、−0.658 和 −0.894，均在 10% 显著性水平上显著，说明国有企业、民营企业和外资企业上市时间越长，企业投资效率也越高。公众企业的 $Return$ 系数值为 −0.064，在 1% 显著性水平上显著，企业的盈利能力较强，盈利回收资金可作为投资的内部资金，改善企业的投资效率。民营企业和公众企业的 $Cash$ 系数值分别为 0.197 和 0.771，在 1% 显著性水平上显著，民营企业持有大量现金而未进行投资，更有可能是缺乏合适的投资机会，而公众企业持有大量现金而未进行投资，更有可能是投资过度导致无法追加投资。国有企业和民营企业的 $Growth$ 系数值分别为 -0.024 和 -0.023，均在 10% 显著性水平上显著，说明国有企业和民营企业的销售增长率越快，越有助于改善企业的投资效率。在逐渐增加控制变量过程中，控制变量系数的符号和显著性未发生改变，而且 $Sargan$ 统计值和 AR 值在 10% 显著性水平上也不显著，表明广义矩估计方法中的工具变量不存在过度识别和二阶序列相关问题，说明实证结果较为稳健。

2. 稳健性检验的实证结果分析

对比融资约束机制和资本资源配置机制对四类企业影响可知：第一，融资约束机制对公众企业影响最大，对外资企业和国有企业影响较小。公众企业投机情况较为严重，极易受国际资本流动导致的融资约束问题影响，而国有企业在国内资本市场具有融资优势，外资企业接触国际资本市场机会较多，受国际资本流动导致的融资约束问题影响较小。第二，资本配置效率机制对民营企业影响最大，对外资企业和国有企业没有影响。民营企业活力强，当外部环境发生变化时，易产生优胜劣汰，国际资本流动将增强资本由低效率企业流向高效率企业。而国有企业体制僵化，资本配置效率低，外资企业能接触到国际资本市场，因此国际资本流动冲击对国有企业和外资企业影响较小。为了进一步克服内生性影响，验证分企业类型实证结果稳健性，本书利用贝叶斯估计方法分别对国有企业、民营企业、外资企业和公众企业四个子样本数据进行稳健性检验，稳健性回归的实证结果，如表 4-16 所示。

国有企业、民营企业、外资企业和公众企业的 GCF 与 FC 交互项系数值分别为 0.033、0.030、0.032 和 0.161，GCF 与 CAE 交互项系数值分别为 -0.025、-0.039、-0.037 和 -0.130，除国有企业的 GCF 与 CAE 交互项系数和外资企业的 GCF 与 FC 交互项系数外均在 5% 显著性水平上显著，说明国际资本流动能通过融资约束和资本资源配置机制影响民营企业和公众企业的投资效率，而且从融资约束和资本资源配置机制综合作用来看，国际资本流动能提高民营企业的投资效率，降低公众企业的投资效率。国有企业、民营企业、外资企业和公众企业的 $Trade$ 系数分别为 -0.288、-0.031、-0.092 和 -0.191，均在 5% 显著性水平上显著，说明对外贸易规模越大，外部需求有助于消费企业的产能，提高企业的资源利用效率。国有企业和公众企业的 $Dgdp$ 系数均在 5% 显著性水平上显著为正，国内生产总值增长速率越快，导致投资规模超过实际需求降低了企业的投资效率。国有企业、民营企业和外资企业的 CPI 系数值分别为 0.083、0.028 和 0.098，均在 1% 显著性水平上显著，说明通货膨胀率降低了国有企业、民营企业和外资企业的投资效率。国有企业、民营企业、外资企业和公众企业的 $LoanR$ 系数值分别为 0.386、0.026、0.080 和 0.178，均在 10% 显著性水平上显著，说明企业贷款额越高，企业投资效率也越低。国有企业、民营企业和公众企业的 $Size$ 系数显著为负，说明企业规模越大，企业投资效率也越高。民营企业和外资企业的 Tan 系数显著为正，重资产越多的企业，对投资依赖性也越大，进而降低企业的投资效率。国有企业、民营企业、外资企业和公众企业的 CFO 系数值分别为 0.024、0.075、0.091 和 0.112，均在 5% 显著性水平上显著，企业营运资金比率越高，说明企业生产资源未得到最优化配置。国有企业、民营企业、外资企业和公众企业的 Age 系数值分别为 -0.041、0.081、0.169 和 0.093，均在 1% 显著性水平上显著，说明民营企业、外资企业和公众企业上市时间越长，企业投资效率也越低。国有企业和公众企业的 $Return$ 系数值为 0.013 和 0.062，均在 10% 显著性水平上均显著，国有企业和公众企业的盈利能力越强，企业的投资效率越低。国有企业、民营企业和公众企业的 $Cash$ 系数值分别为 0.057、0.061 和 0.158，在 5% 显著性水平上显著，说明国有企业、民营企业和公众企业持有现金越多，企业的投资效率越低。国有企业、民营企业和公众企业的 $Growth$ 系数值分别为 0.064、0.060 和 0.077，均在 10% 显著性水平上显著，说明国有企业、民营企业和公众企业的销售增长率越快，企业的投资效率越低。表 4-16 的控制变量与表 4-15 的控制变量在系数符号和显著性上基本相同，说明实证结果较为稳健。

表 4-16　　　　　　　　稳健性检验回归结果

变量	国有企业	民营企业	外资企业	公众企业
GCF	-0.012	-0.104***	-0.069**	0.055**
	(0.020)	(0.011)	(0.039)	(0.027)

续表

变量	国有企业	民营企业	外资企业	公众企业
$GCF*FC$	0.033***	0.030***	0.032	0.161***
	(0.008)	(0.007)	(0.037)	(0.036)
$GCF*CAE$	-0.025	-0.039***	-0.037**	-0.130***
	(0.022)	(0.009)	(0.024)	(0.048)
$Trade(-1)$	-0.288***	-0.031***	-0.092**	-0.191***
	(0.016)	(0.011)	(0.048)	(0.051)
$Dgdp(-1)$	0.181***	0.006	0.029	0.163**
	(0.012)	(0.013)	(0.046)	(0.073)
$CPI(-1)$	0.083***	0.028***	0.030	0.098***
	(0.010)	(0.011)	(0.045)	(0.048)
$LoanR(-1)$	0.386***	0.026**	0.080*	0.178***
	(0.018)	(0.014)	(0.050)	(0.061)
$Size(-1)$	-0.123***	-0.192***	-0.209***	-0.302***
	(0.012)	(0.022)	(0.081)	(0.093)
$Tan(-1)$	-0.002	0.010*	0.039*	0.019
	(0.008)	(0.007)	(0.033)	(0.039)
$Lev(-1)$	0.038***	0.076***	0.017	0.104*
	(0.012)	(0.013)	(0.046)	(0.060)
$CFO(-1)$	0.024**	0.075***	0.091***	0.112***
	(0.011)	(0.012)	(0.044)	(0.046)
$Age(-1)$	-0.041***	0.081***	0.169***	0.093***
	(0.010)	(0.009)	(0.039)	(0.037)
$Return(-1)$	0.013*	-0.005	0.033	0.062**
	(0.009)	(0.007)	(0.031)	(0.038)
$Cash(-1)$	0.057***	0.061***	0.024	0.158**
	(0.011)	(0.019)	(0.060)	(0.087)
$Growth(-1)$	0.064***	0.060***	-0.008	0.077*
	(0.012)	(0.011)	(0.039)	(0.055)
常数项	-0.123***	-0.083***	-0.077*	-0.003
	(0.015)	(0.014)	(0.060)	(0.062)
控制行业异质性	是	是	是	是
R^2	0.065	0.016	0.011	0.052
观测值	11859	16166	990	895

注：为了保证贝叶斯估计中的矩阵正定，样本数据去除了各变量缺失值。

综合来看，国际资本流动对中国企业投资效率影响机制确实存在企业类型效应，国际资本流动虽恶化了企业面临的融资约束问题，但也提高了资本资源配置效率。民营企业的资本资源配置机制正作用大于融资约束机制负作用，使得国际资本流动提高了民营企业的投资效率，民营企业既没有国有企业较强的融资能力，也不像国有企业体制僵化，当面临国际资本流出冲击时，融资环境的恶化降低了企业投资效率，同时促使资本资源流向效率高的企业。而公众企业的融资约束机制负作用大于资本资源配置机制正作用，使得国际资本流动降低了公众企业的投资效率，公众企业由于无实际控制人，极易遭到投机炒作，国际资本流出将导致公众企业遭受融资约束问题而降低投资，监管政策抑制了对公众企业的投机，资本配置效率的提升难以弥补资本净流出导致的融资约束问题。国有企业融资能力较强，国际资本流动对其影响不大。外资企业具有较强的国际融资能力，接触国际资本市场机会更多，融资约束机制对其影响不大，国际融资能力和资本资源配置机制使得国际资本流动能提高外资企业的投资效率。国际资本流动对企业投资效率影响的主要机制是资本资源配置机制而非融资约束机制，也就是说国际资本流动并未缓解中国企业尤其是民营企业的融资约束问题，融资难、融资贵等问题仍将是困扰中国民营企业健康发展的难题。

本章小结

中国资本账户渐进式改革开放放大了国际资本流动的规模和波动幅度，提高了企业投资效率，且存在一定的区域、行业和企业类型差异，而不同区域、不同行业、不同企业类型的融资约束和资本资源配置效率也存在一定的差异。故本章利用系统广义矩估计方法和贝叶斯估计方法来实证分析国际资本流动对企业投资效率的影响机制，即融资约束机制和资本资源配置机制。本章的主要结论有：

第一，国际资本流动恶化了企业融资约束环境，进而加剧了企业投资非效率问题，即对融资约束机制产生了不利影响，随着中国加快宏观经济政策调整，国际资本也呈加快流出状态，资本资源减少使得企业面临的融资环境收紧，不得不压缩产能，如果企业主动压降落后产能，提升技术水平和创新能力，外部融资环境变化也能提高企业资源整合能力。国际资本流动有助于资本从低效率行业流向高效率行业，进而增加高效率企业投资而遏制低效率企业投资，对资本资源配置效率产生了有利影响。显然国际资本流动既改变了企业面临的融资环境，也改变了行业的资本资源配置环境，收紧企业融资环境虽对宏观经济造成短暂干扰，但也迫使企业和行业出清，将资本资源配置到真正具有创新能力的优质企业和行业中，防止过度投机吹大资产泡沫，尤其是早已出现产能过剩的行业，挤出资产泡沫的正效用将更大。资本资源配置机制的影响大于融资约束机制影响，影响机制综合作用下国际资本流动促进了企业投资效率的提高。

第二，将样本按区域划分，实证结果显示，国际资本流动通过融资约束和资本资源配置机制提高了企业的投资效率，且对东部地区企业的影响要小于对中部和西部地区企业的影响。东部地区金融市场较为发达，企业接触国际资本市场的机会更多，融资渠道增加，相较于中部和西部地区企业，融资约束问题相对更少。资本市场中可融资资本增加，投资标的相对稀缺，容易导致资本所有者为了投资而投资，使得宝贵的资本资源无法配置到优质企业，降低企业的投资效率和未来回报率，导致资本资源浪费。国际资本流入流出导致国内资本市场流动波动增加，宏观融资环境波动加大了企业经营难度，能在一定程度上实现优胜劣汰，淘汰落后产能促进行业的健康发展，中部和西部地区的资本资源配置效率提升对冲了融资约束的不利影响，进而导致国际资本流动对中部和西部地区企业投资效率影响更大。

第三，将样本按技术划分，实证结果显示，国际资本流动通过融资约束和资本资源配置机制提高了中技术和低技术制造业企业的投资效率，但降低了高技术制造业企业的投资效率。中技术制造业由于技术门槛不高，市场竞争较为充分，国际资本流出会显著降低中技术制造业可贷资本，进而使得融资约束机制对中技术企业的影响最大，与此同时宏观经济环境变化会瞬间改变中技术制造业的盈亏平衡点，促使企业要么扩大生产规模以发挥规模经济效应，要么降低产能以减少生产经营亏损，资本资源配置效率得到大幅提高，进而完全对冲融资约束机制不利影响。由于高技术制造业企业资本配置效率机制缺失，所以国际资本流动不利于高技术企业投资效率的提升。

第四,将样本按企业类型划分,实证结果显示,国际资本流动通过融资约束和资本资源配置机制提高了民营企业和外资企业的投资效率,降低了公众企业的投资效率,没有影响国有企业的投资效率。融资约束机制和资本资源配置机制对国有企业影响很小,故国际资本流动对国有企业投资效率几乎没有影响。民营企业资本资源配置机制正向作用大于融资约束机制负向作用,所以国际资本流动有利于民营企业投资效率的提升。但公众企业资本资源配置机制正向作用小于融资约束机制负向作用,所以国际资本流动不利于公众企业投资效率的提升。

综上所述,国际资本流动能促进企业投资效率提升的机制在于,通过增强资本资源配置机制而提高企业的投资效率,且资本资源配置机制正向作用大于融资约束机制负向作用。资本资源配置机制和融资约束机制间的区域差异、行业差异、企业类型差异,导致了国际资本流动对企业投资效率影响的区域效应、行业效应、企业类型效应:国际资本流动对东部地区企业的影响低于对中部和西部地区企业的影响;国际资本流动促进中技术和低技术制造业企业投资趋于合理,但恶化了高技术制造业企业的投资效率;国际资本流动能促进民营企业和外资企业投资趋于合理,但不利于公众企业投资效率改善,对国有企业投资效率没有影响。值得注意的是国际资本流动对高技术制造业和民营企业的影响,国际资本流动并未改善高技术制造业的资本资源配置效率,目前正处于中国产业结构升级关键时期,需要通过资源调配来促进高技术制造业的优胜劣汰,增强高技术制造业的造血能力,而非完全依靠国家财政补贴和外部融资来维持生产经营。国际资本流动也未降低民营企业面临的融资约束问题,作为国民经济重要组成部分的民营经济,却难以从资本市场中获得资金资产,国际资本流出甚至会进一步恶化民营企业融资难、融资贵问题。而比民营企业融资能力更差的小微企业,也可能会面临相同问题,需要探究资本账户改革开放对小微企业融资能力的影响。

第五章 国际资本流动对上市公司融资行为的影响

小微企业作为经济体的毛细血管,关乎普遍百姓的就业和生活,还为大企业的生产经营提供了必要的配套服务,已有研究发现,一个大型制造业核心企业周围有 300 家左右的配套企业,其中大部分是小微企业。与民营企业相比,小微企业面临更大的融资困难,小微企业数量众多,经营成本普遍较高且缺乏融资所需的抵押物,难以从金融结构中获取相应的资金支持。而且小微企业对外部冲击缺乏应对措施,如新冠肺炎疫情加速了餐饮、旅游、休闲等小微企业经营状况恶化,那么国际资本流动是否恶化了小微企业面临的融资约束问题,降低其股权融资和债权融资能力吗?

资本市场开放程度较高国家的经验研究发现,资本市场开放可以降低资本流动障碍,改善本国企业所处的融资环境,缓解企业面临的融资约束问题,优化资源配置。[1] 但异质性企业面临的融资约束程度不同,利用外资能力不同,因此资本市场开放对不同类型公司的融资行为影响不同。中国企业融资约束很可能源于政府对经济的干预从而融资渠道外生于市场,而非市场竞争中的摩擦引致的流动性约束。[2] 相较大企业而言,中小企业以及民营企业规模小,信誉较低,面临着显著更高的融资约束程度。金融障碍(国际投资壁垒)限制了小企业的发展,而资本市场开放可深化本国金融市场,有助于本国上市小公司利用外资,缓解

---

[1] Khurana I K, Martin X, "Pereira R. Financial Development and the Cash Flow Sensitivity of Cash", *Journal of Financial and Quantitative Analysis*, Vol. 41, No. 4, 2006. Popov A, "Credit Constraints, Equity Market Liberalization, and Growth Rate Asymmetry", *Journal of Development Economics*, Vol. 107, No. 1, 2014.

[2] 邓可斌、曾海舰:《中国企业的融资约束:特征现象与成因检验》,《经济研究》2014年第 2 期。

其面临的融资约束问题。大量研究认为外资流入对小企业融资影响取决于该国产权保护水平,如美国产权保护水平决定了美国 FDI 的数量和来源地。[①] 产权保护水平可以帮助企业避开恶性竞争,改善小公司的生存环境,增强外国投资者投资小公司的意愿,有助于扩宽小公司的融资渠道。与此同时,弱的产权保护水平无法保证小公司资产安全,因此即使小公司能利用银行融资,其也不愿意进行投资。[②]

国际资本流动能促进资本市场开放程度较高国家的上市小公司的股权融资[③],这些国家的上市大公司能直接接触到国际资本市场,降低了对国内资本市场融资依赖程度,减少了对流入外资的吸引力,有利于增加上市小公司利用外资的机会,改善上市小公司国内融资约束问题。但外国投资者一般遵循价值投资理念,投资风险小、具备长期投资的公司。而且中国上市大公司利用国际资本市场融资的机会和能力有限。那么中国资本账户渐进式改革开放后,国际资本流动能否缓解小企业的融资约束问题?

第一节 上市公司融资行为的典型事实

2012 年 2 月 23 日,中国人民银行发布《我国加快资本账户开放条件基本成熟》研究报告,描绘中国内地资本市场开放"先流入后流出、先长期后短期、先直接后间接、先机构后个人"的路径图。资本市场开放有助于提升人民币资产吸引力,改善企业的融资环境,为企业发展升级提供资金支撑。但中国内地资本市场开放程度仍有待提高,2014 年境外机构投资者在内地资本市场的占比仍不足 2%,而新兴资本市场通常达到 30% 以上。[④] 而且相较于上市大公司,上市小公司经营稳定性差,信用等级低,可用于抵押担保资产不足,面临更为严重的融资困

[①] Lee J Y, Mansfield E,"Intellectual Property Protection and US Foreign Direct Investment",*The Review of Economics and Statistics*, Vol. 78, 1996.

[②] Johnson S, Woodruff C,"Property Rights and Finance", *Social Science Electronic Publishing*, Vol. 92, No. 5, 2002.

[③] Knill A, Lee B S,"The Volatility of Foreign Portfolio Investment and the Access to Finance of Small Listed Firms", *Review of Development Economics*, Vol. 18, No. 3, 2014.

[④] 数据来源于中国外汇管理局。

境。2014年11月实施的沪港通政策为外国投资者进入内地资本市场打开了一扇"大门"。沪港通政策是我国资本市场对外开放的重要内容，有利于加强两地资本市场联系，增加外国投资者持有人民币资产意愿，改善了内地企业融资环境。沪港通政策为研究上市公司融资行为提供了类自然实验环境，上市公司股权融资和债权融资一般时间较长，受股价波动等短期事件影响较小，受宏观经济情况、资本市场资金量等长期事件影响较大，而沪港通政策作为我国资本市场对外开放的重要内容，将显著影响我国资本市场资金量。而且为了保证资本市场稳健运营，沪港通政策试点期内并未将所有上市公司股票纳入交易范围内，通过对比纳入交易范围股票（实验组）与未纳入交易范围股票（对照组），能更准确分析中国资本账户开放导致的国际资本流动对上市公司融资行为的影响。但沪港通政策实施后能否改善上市小公司融资环境，值得研究和探讨。

一 上市公司股权融资的典型事实

沪港通政策作为内地资本市场与国际资本市场沟通的桥梁，便利国际资本投资中国上市公司，也便利了国内投资者投资海外市场，即增加了中国国际资本流动规模和波动幅度。第三章和第四章实证结果显示，国际资本流动恶化了企业面临的融资约束问题，但也促进资本由低效率经济部门流向高效率经济部门，那么信用水平相对较高的大企业是否会借助沪港通政策来增加融资规模。沪港通政策给外国投资者投资中国优秀上市公司提供了合法交易渠道，增加了资本市场的流动性，再者中国内地资本市场仍处于发展阶段，巨大的投资机会也能增加对外资吸引力，降低上市公司在资本市场的融资成本。

股权融资是通过企业增资的方式引入新股东，使得总股本增加的融资方式，股权融资由于无需还本付息，能降低企业的负债水平，且股权投资无到期日，筹集的资金具有永久性，有助于企业的长期发展，但代价是老股东需与新股东分享企业的盈利与增长，甚至重要的生产经营决策需要受制于新股东。上市大公司股权融资家数和金额季度变化，如图5-1所示：第一，沪港通政策实施前，上市大公司实验组和控制组在股权融资家数和金额上的差异变化不大，截至2014年第3季度，控制组上市大公司未进行股权融资，而实验组仅在2013年第3季度、2014年第1季度和第三季度有1家上市大公司进行了股权融资，且除了

2013 年第 3 季度股权融资金额超过 150 亿元外，其余融资金额均低于 100 亿元。第二，沪港通政策实施后，上市大公司实验组和控制组在股权融资家数和金额上的差异变大，除 2015 年第 2 季度、2016 年第 2 季度外，控制组均有 1 家上市大公司进行股权融资，平均融资额在 50 亿元左右，而实验组每个季度平均有 3 家上市大公司进行了股权融资，且除了 2014 年第 4 季度股权融资金额在 300 亿元外，其余融资金额在 500 亿元左右。沪港通政策实施后，实验组在股权融资家数和金额上约是控制组的 3 倍以上，且实验组和控制组的差距逐年增加。这说明沪港通政策实施后，国际投资者投资偏好较为稳健，偏好生产经营能力强、信用水平高的上市大公司，沪港通标的上市公司也抓住政策机遇，积极利用股权融资成本低优势来扩充上市公司发展资本。

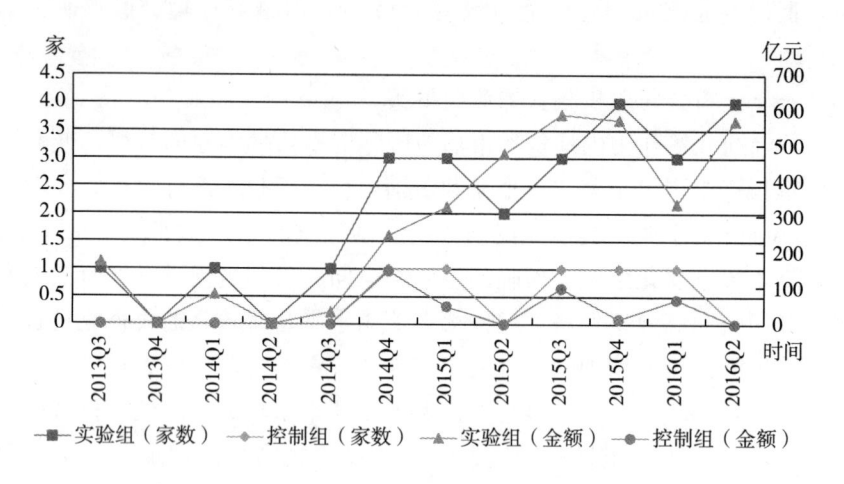

图 5-1　上市大公司股权融资家数和金额季度变化

上市小公司股权融资家数和金额季度变化，如图 5-2 所示：第一，沪港通政策实施前，上市小公司实验组和控制组在股权融资家数和金额上的差异变化较大，实验组进行股权融资的上市小公司由 2013 年第 3 季度的 3 家上升到 2014 年第 3 季度的 21 家，而控制组进行股权融资的上市小公司由 2013 年第 3 季度的 0 家上升到 2014 年第 3 季度的 3 家，实验组比控制组多了 15 家左右。实验组股权融资金额由 2013 年第 3 季度的 25 亿元上升到 2014 年第 3 季度的 408 亿元，而控制组股权融资金额由 2013 年第 3 季度的 0 亿元上升到 2014 年第 3 季度的 68 亿元，实验组的融资家数和融资规模均大于控制组,而且二者间的差距在拉大。第二,沪港通政策实施后,上市小公司实验组和控制组在股权融资家数和金额上的差异逐渐缩小,实验组进行股权融资的上市小公司由 2014 年第 4 季度的 18 家波动上升到 2016 年第 2 季度的 19 家,而控制组进行股权融资的上市小公司由 2014 年第 4 季度的 8 家波动上升到 2016 年第 2 季度的 16 家,实验组与控制组在股权融资家数上的差距缩小了。实验组股权融资金额由 2014 年第 4 季度的 357 亿元波动下降到 2016 年第 2 季度的 293 亿元,而控制组股权融资金额由 2014 年第 4 季度的 229 亿元波动上升到 2016 年第 2 季度的 232 亿元,实验组和控制组在股权融资家数和融资规模间的差距在逐渐缩小。这说明沪港通政策对上市小公司股权融资影响不大,沪港通政策标的上市公司的融资家数和融资规模均有所下降,投资较为稳健的国际资本改善了上市大公司股权融资环境,促进上市大公司股权融资积极性,进而挤压了上市小公司股权融资空间。

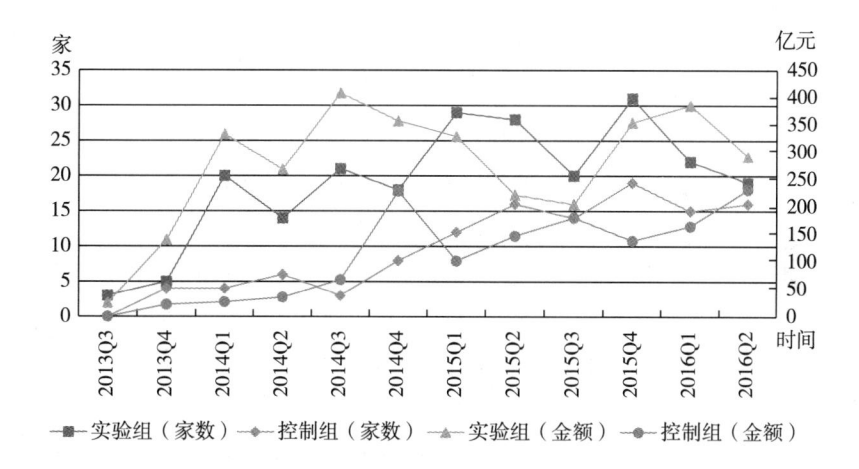

图 5-2 上市小公司股权融资家数和金额季度变化

对比上市大公司和小公司的股权融资图还可以发现,上市小公司股权融资家数要远大于上市大公司,但股权融资金额要小于上市大公司。上市大公司一般处于成熟期,盈利能力强,经营风险较低,为了防止稀释控制权,其一般选择财务风险较高的债权融资方式,而且上市大公司债权融资成本远小于上市小公司,债权融资能力远大于上市小公司,因此上市大公司更偏向于债权融资。上市小公司虽然融资家数多，但生产经营风险较大，且内部管控相对较弱，家长式管理降低了中小股东对上市公司的监管能力，极易产生关联交易侵吞上市公司资产，沪港通政策引入的国际投资者因稳健的投资风格更偏爱上市大公司，导致上市小公司的股权融资规模有所下降。这说明上市小公司规模较小，虽积极利用资本市场进行股权融资，但融资规模和能力有限，融资贵和融资难问题更加凸显。沪港通政策实施前后对上市大公司控制组和实验组股权融资影响不同，即双重差分估计和三重差分估计一致性需要的平行趋势假设也成立。

二　上市公司债权融资的典型事实

债权融资是指企业通过借债的方式进行融资，普遍用来解决营运资金短缺问题，而不用于资本项下的开支，债权融资一般不会产生控制权问题，债权人对公司生产经营的干预较少，但负债资金的使用是有成本的，企业必须支付利息，到期偿还本金。理论研究认为债权融资要优于股权融资，债权融资可降低股东与债权人、股东与实际管理层间的委托代理成本，尤其是在对目标收购公司上，债权人并不具有投票权，能通过收购目标公司而增加股权收益。而且债权融资也能向外部投资者释放公司生产经营良好的信号，提高投资者对公司未来前景的预期，而股权融资恰恰相反，会降低市场预期，甚至引起资本市场价格波动。但对于上市小公司而言，信息不对称增加了其债权融资成本，中国企业债券市场仍有待完善，导致二级市场交易清淡、流动性差，降低了投资者对企业债券投资的积极性，上市小公司内部管理水平较差，增加了管理层与投资者间的信息差，进而导致投资者对上市小公司不能按期还款的担忧情绪上升，使得上市小公司债券融资失败风险增加。

债权融资要优于股权融资，且上市大公司普遍信用水平较高，融资成本相对较低，融资能力较强，诸如沪港通等资本账户开放改革增加了国际资本流动，是否会影响上市大公司的债权融资呢？上市大公司债权融资家数和金额季度变化，如图5-3所示：第一，沪港通政策实施前，上市大公司实验组和控制组在股权融资家数和金额上的差异变化不大，实验组进行债权融资的上市大公司由2013年第3季度的356家缓慢上升到2014年第3季度的376家，控制组进行债权融资的上市大公司由2013年第3季度的67家缓慢下降到2014年第3季度的63家，实验组和控制组的差距虽有所上升，但变化趋势不明显。实验组债权融资金额由 2013 年第 3 季度的 451 亿元缓慢下降到 2014 年第 3 季度的 416 亿元，控制组债权融资金额由 2013 年第 3 季度的 24 亿元缓慢上升到 2014 年第 3 季度的 25 亿元，实验组的融资家数和融资规模均大于控制组，但二者间的差距并未逐年上升。第二，沪港通政策实施后，上市大公司实验组在债权融资家数和金额上显著增大，从而拉大了实验组和控制组在债权融资家数和金额上的差距，实验组进行债权融资的上市大公司由 2014 年第 4 季度的 373 家上升到 2016 年第 2 季度的 418 家，控制组进行债权融资的上市大公司由 2014 年第 4 季度的 65 家上升到 2016 年第 2 季度的 96 家，实验组和控制组的差距有所上升。实验组债权融资金额由 2014 年第 4 季度的 453 亿元快速上升到 2016 年第 2 季度的 848 亿元，控制组债权融资金额由 2014 年第 4 季度的 35 亿元缓慢下降到 2016 年第 2 季度的 28 亿元，实验组的融资家数和融资规模均大于控制组，而且实验组的融资规模是控制组融资规模的不到 3 倍快速上升到约 30 倍，实验组的融资规模快速膨胀。这说明沪港通政策实施后，国际投资者投资偏好较为稳健，偏好生产经营能力强、信用水平高的上市大公司，改善了上市大公司的融资环境。对比上市大公司的股权融资和债权融资来看，实验组的上市大公司更偏好债权融资，而非股权融资，股权融资存在丧失控制权风险且还需支付利息融资成本较高，上市大公司信用水平高债权融资成本较低且债权融资简单易操作。

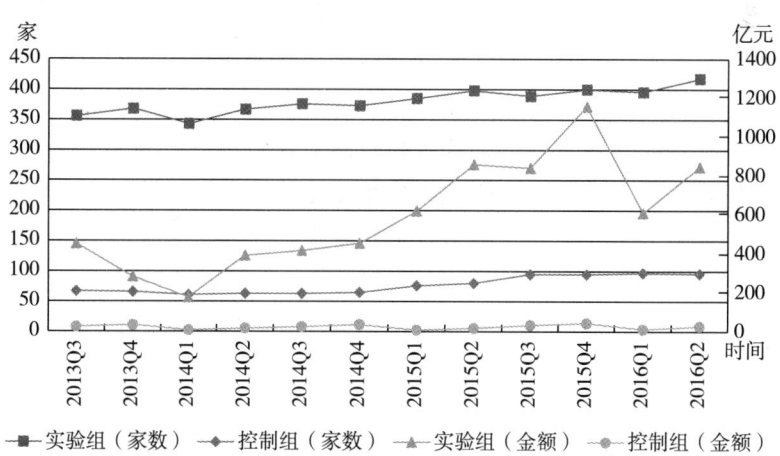

图 5-3　上市大公司债权融资家数和金额季度变化

上市小公司债权融资家数和金额季度变化，如图5-4所示：第一，沪港通政策实施前，上市小公司实验组无论是在债权融资家数还是金额上均大于控制组，实验组进行债权融资的上市小公司由2013年第3季度的190家缓慢上升到2014年第3季度的193家，而控制组进行债权融资的上市小公司由2013年第3季度的176家上升到2014年第3季度的183家，实验组比控制组多了10家左右。实验组债权融资金额由2013年第3季度的10亿元缓慢上升到2014年第3季度的11亿元，而控制组债权融资金额由2013年第3季度的7亿元缓慢上升到2014年第3季度的8亿元，实验组的融资家数和融资规模虽均大于控制组，但二者间的差距并未拉大。第二，沪港通政策实施后，上市大公司实验组无论是在债权融资家数还是金额上均小于控制组，实验组进行债权融资的上市小公司由2014年第4季度的196家快速下降到2016年第2季度的121家，而控制组进行债权融资的上市小公司由2014年第4季度的198家快速上升到2016年第2季度的258家，实验组的债权融资家数逐渐小于控制组，且差距逐年变大。实验组债权融资金额由2014年第4季度的15亿元快速下降到2016年第2季度的4亿元，而控制组债权融资金额由2014年第4季度的11亿元缓慢下降到2016年第2季度的8亿元，实验组的债权融资家数和融资规模逐渐小于控制组，而且二者间的差距在逐渐拉大。这说明沪港通政策对上市小公司债权融资的不利影响较大，沪港通政策标的上市小公司的融资家数和融资规模均有较大幅度下降，国际投资者投资风格较为稳健，更偏好上市大公司，头部效应更为明显，恶化了上市小公司的融资环境。对比上市小公司的股权融资和债权融资来看，实验组的上市小公司更偏好股权融资，而非债权融资，上市小公司信用水平有限，违约风险较高，债权市场上融资能力较弱导致债券发行失败风险较高，股权融资虽成本和代价较高，但能满足上市小公司的融资需求，而且沪港通政策实施后，上市小公司债券融资的积极性和规模均有大幅下滑。

对比上市大公司和小公司的债权融资图还可以发现，上市大公司债权融资家数和金额要远大于上市小公司。大公司通常成立时间更长、拥有更多的抵押品以及更高的信息透明度，因此更容易获得银行信贷政策的倾斜，成为债权市场的主角。沪港通政策对上市大公司和小公司债权融资行为的影响不同：沪港通政策实施后，上市大公司实验组债权融资家数和金额要远大于控制组，而上市小公司实验组债权融资家数和金额要小于控制组。上市大公司和小公司的沪港通政策效应存在差异。这说明沪港通政策实施前后对实验组和控制组债权融资家数和金额的影响不同，即双重差分估计和三重差分估计一致性需要的平行趋势假设成立。

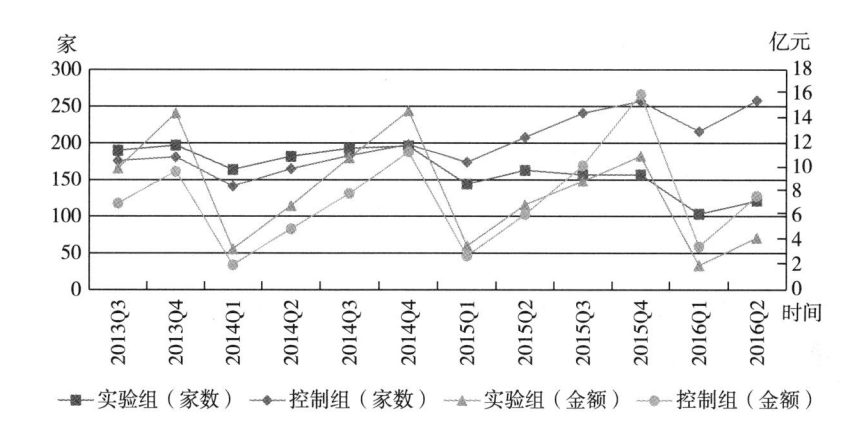

图 5-4　上市小公司债权融资家数和金额季度变化

第二节　实证模型设定

国际资本流动通过融资约束机制和资本配置效率机制提高了企业的投资效率，即国际资本流动改变了企业面临的融资约束和资本资源配置环境，进而综合影响了企业的投资效率。国际资本流动虽能改善民营企业所处的资本资源配置环境，但是恶化了民营企业的融资环境。而与民营企业同样具有融资劣势的小微企业，面临宏观经济环境的变化时，企业也会随之改变相应的融资行为。相较于上市大公司，上市小公司经营稳定性差，信用等级低，可用于抵押担保资产不足，面临更为严重的融资困境，投资不足等非效率投资也较为严重。基于上述逻辑，本书通过实证分析国际资本流动对上市大公司和上市小公司融资行为影响差异，来间接验证国际资本流动对企业投资效率的影响。也就是说大公司具有信用等级高、经营风险低的特点，其在市场中的融资能力更强，投资机会更多。因此如果国际资本流动能提高企业的投资效率，那么国际资本流动也能增加大公司的融资规模。而 2014 年 11 月实施的沪港通政策为外国投资者进入内地资本市场打开了一扇"大门"，也为研究国际资本流动冲击提供了类自然实验。因此本书利用上市公司 2013—2016 年季度数据，分别采用双重差分法和三重差分法来实证研究沪港通政策对中国上市公司和上市小公司的股权融资和债权融资的影响。

一 理论假设

资本市场开放有利于国际资本流入中国内地资本市场，改善上市公司的融资环境。但中小企业融资渠道有限，只能依赖银行渠道融资来支撑其发展。因此，如果沪港通政策能通过国际资本流入缓解上市小公司融资约束问题，将促进上市小公司进行股权融资和债权融资活动。本部分在梳理归纳相关研究文献基础上，提出沪港通政策对上市公司和上市小公司融资行为影响的理论假设，为后续实证分析提供理论基础。

（一）沪港通政策对上市公司融资行为影响

资本市场开放可通过以下三种路径降低企业融资成本：第一，增加中国内地资本市场资本供给，为上市公司提供更多选择的同时增加资金供给的竞争程度。资本市场流动性增加，有助于降低上市公司的融资成本。第二，促进上市公司信息披露，降低公司和投资者间的信息不对称程度。资本市场逐渐开放，资本流动障碍下降，资本市场管理者要想促进国际资本流入而非流出，需要加强制度建设，降低信息不对称，培育投资者的长期投资行为，为企业的生产经营提供长期的资本支持。第三，完善法律制度，提高投资者保护程度。健康的资本市场应鼓励投资者长期投资，而非短期投机，应对资本市场短期投机行为一方面靠教育引导；另一方面必要的惩罚措施必不可少，通过法律制度保护中小投资者的合法权益，才能有效降低投机行为。故沪港通政策实施后，国际资本流入将降低上市公司股权融资成本，增加上市公司进行股权融资的可能性和融资金额。①

国际资本流入既能降低股权融资成本，也能降低债权融资成本，有

---

① 蒋琰、陆正飞：《公司治理与股权融资成本——单一与综合机制的治理效应研究》，《数量经济技术经济研究》2009 年第 2 期。

利于上市公司进行债权融资。① 并且低成本资本可长期存在，即使低成本的资本只是短期存在，公司也可通过债权期限置换，延长还款期限，降低债权融资的长期成本。② 换句话说，即使国际资本仅能进行股权投资，股权融资能力强的企业因股权融资成本下降而更多采用股权融资，债权融资公司减少将会降低债权融资成本，促进上市公司采用债权融资。资本在不同融资市场间是自由流动的，资本外溢使得股权融资与债权融资规模重新达到均衡。

假设 5.1：沪港通政策增加了上市公司股权融资概率和金额。

假设 5.2：沪港通政策增加了上市公司债权融资概率和金额。

（二）沪港通政策对上市小公司融资行为影响

资本市场作为市场经济重要组成部分，具有将资本资源优化配置的功能，如将资金从效率低下的夕阳产业流入效率高、收益高的朝阳产业。③ 资本市场渐进式改革开放有助于提高资本市场资源配置效率，使得资金流向国家大力扶持的高技术产业以及农林牧渔民生产业，而非受到控制的房地产业以及产能严重过剩的资源加工类产业。④ 由已有研究可知，如果大企业能有机会接触到国际资本市场并直接利用外资，那么新增的国际资本对其吸引力下降，其在国内资本市场进行股权融资意愿也随之降低。因此，新增的国际资本将流入发展前景好的上市小公司，尤其是国内资本市场开放程度较高，法制健全，投资上市小公司的风险在外国投资者风险承受范围之内。但信息不对称和监管成本使得外国投资者更偏爱上市大公司⑤，信息不对称导致难以监管小公司，小公司的管理层更有动机牺牲公司长期利益而进行投机活动，以谋取个人私利。企业信息披露程度越大，投资者掌握的信息也越多，信息不对称对企业

---

① Eun C S, Claessens S, Jun K W, "Pricing Externalities in the World Financial Markets: Theory and Policy Implications", *Pacific - Basin Finance Journal*, Vol. 3, No. 1, 1995.

② Bekaert G, Harvey C R, Lumsdaine R L, "The Dynamics of Emerging Market Equity Flows", *Journal of International Money & Finance*, Vol. 21, No. 3, 2002.

③ 陈艳利、乔菲、孙鹤元：《资源配置效率视角下企业集团内部交易的经济后果——来自中国资本市场的经验证据》，《会计研究》2014 年第 10 期。

④ 范学俊：《金融政策与资本配置效率——1992~2005 年中国的实证》，《数量经济技术经济研究》2008 年第 2 期。

⑤ Edison H J, Warnock F E., "Investors' Emerging Market Equity Portfolios, A Security - Level Analysis", *The Review of Economics and Statistics*, Vol. 86, No. 3, 2004.

融资行为影响也越小,而且一般上市大公司的信息披露较为完善且可靠,故投资者的监督成本较低。[1] 由于中国资本市场仍存在较大改进空间,监管制度和政策漏洞以及资本资源配置效率低等问题,导致了中国上市公司更偏好股权融资,而非理论上更优的债权融资。[2] 考虑到上市公司大股东和中小股东间存在信息不对称,中国上市公司大股东有利用再融资购买资产从而稀释中小股东股权的动机,加大了上市公司投资风险。而且中国资本市场开放程度仍有待提高,再加上信息不对称和监管成本导致上市小公司投资风险较大,因此沪港通政策实施后,国际资本更偏爱上市大公司,不利于上市小公司的股权融资。

假设5.3:沪港通政策降低了上市小公司股权融资概率和金额。

上市小公司通常成立时间更短、拥有更少的抵押品以及更低的信息透明度,从而更难获取外部融资。[3] 与此相对应,中国国有企业和大公司在我国往往更容易获得银行信贷政策的倾斜[4],主要源于信贷市场上普遍存在的信息不对称。事前的信息不对称会导致银行的逆向选择行为,为了规避信用风险更愿意给国有企业和上市大公司贷款,事后的信息不对称则会诱发小企业的道德风险,拥有信息优势上市小企业有动机牺牲债权人的利益,二者最终都会弱化上市小公司的融资能力。[5] 除信息不对称外,公司的治理结构也是上市小公司受银行信贷配给影响更大的深层次原因,理性的银行能正确预期到小公司所有权与控制权结合较为紧密,缺乏职业经理人对股东的制约,道德风险问题较大,因缺乏现代企业管理制度导致的违约问题更为严重,因而在信贷资金的配给上倾向于大公司而排斥小公司。因此即使沪港通政策实施后,国际资金依然会更倾向于上市大公司,不利于上市小公司债权融资。

---

[1] Leuz C, Lins K, Warnock F, "Do Foreigners Invest Less in Poorly Governed Firms?" *Review of Financial Studies*, Vol. 22, 2009.

[2] 曾鸿志:《信息不对称与上市公司股权融资偏好的实证检验》,《统计与决策》2010年第17期。

[3] Almeida H, Campello M, Weisbach M S, "The Cash Flow Sensitivity of Cash", *The Journal of Finance*, Vol. 59, No. 4, 2004.

[4] 魏志华、王贞洁、吴育辉:《金融生态环境、审计意见与债务融资成本》,《审计研究》2012年第3期。

[5] 李俊江、于众:《政府如何化解小企业融资难题——基于信息不对称的视角》,《财政研究》2015年第6期。

假设 5.4：沪港通政策降低了上市小公司债权融资概率和金额。

二 实证模型构建

沪港通政策实施后，外国投资者可借道香港市场投资内地上市公司，增加了中国资本市场的流动性和竞争性。中国资本市场开放带来的资本流动有助于改善上市公司融资环境。由于中国资本市场产权保护水平和投资者保护水平有待改善，信息不对称和监督成本使得外国投资者更偏向于上市大公司。

（一）计量模型

国际资本流动不仅恶化了上市企业的融资约束环境，也增强了资本资源配置效率，国际资本更偏好上市大公司，增强了其股权融资和债权融资能力，进而相对削弱了上市小公司的股权融资和债权融资能力。为了验证国际资本流动对上市大公司和小公司融资行为存在影响差异的假设，本书首先使用双重差分方法实证研究沪港通政策对上市公司股权融资和债权融资的影响，再使用三重差分方法实证研究沪港通政策对上市小公司股权融资和债权融资的影响。沪港通政策于 2014 年 11 月 17 日正式实施，当日共有 568 只沪股通股票，经后期调整，截至 2016 年 6 月 30 日，共有 558 只沪股通股票，占上证 A 股 1099 只股票的 50.77%。样本数据中去掉了 ST 股票，同时去掉了已被调整出沪股通的 10 家上市公司，最后剩余样本量为 1089，其中 558 只沪股通股票作为实验组，531 只上证 A 股作为相应的控制组。借鉴已有研究[①]，实证方程如下：

$$equity_{it} = \alpha + \beta_0 \times G_i \times D_t + \beta_1 \times G_i + \gamma \times X_{it} + \varepsilon_{it} \quad (5-1)$$

$$debt_{it} = \alpha + \beta_0 \times G_i \times D_t + \beta_1 \times G_i + \gamma \times X_{it} + \varepsilon_{it} \quad (5-2)$$

其中 $equity_{it}$ 为 t 季度上市公司 i 的股权融资，$debt_{it}$ 为 t 季度上市公司 i 的债权融资。G_i 表示实验组虚拟变量，刻画了实验组和控制组本身间的差异。如果股票 i 为沪股通标的股，则 $G_i = 1$，否则取值为 0。D_t 为实验期虚拟变量，刻画了实验前后的差异，如果 $D_t = 1$，表明 t 季度处于实验期。沪港通政策于 2014 年 11 月 17 日实施，考虑到政策时滞，本书将 2015 年第一季度作为实验期的起点，即 2015 年一季度及以后，

[①] Knill A M, "Does Foreign Portfolio Investment Reach Small Listed Firms?" *European Financial Management*, Vol. 19, No. 2, 2013.

D_t 取值为 1，其他季度取值为 0。交互项 $G_i \times D_t$ 度量了实验组的政策效应，即沪港通政策对 t 季度上市公司 i 融资行为的影响。X 为控制变量，ε 为误差项。双重差分估计一致性需要平行趋势假设成立，即沪港通未实施前，控制组和实验组时间趋势一致。但由理论假设可知，信息不对称和监督成本导致上市小公司融资约束问题更加严重，上市大公司在资本市场上的融资能力强于小公司，平行趋势假设会受上市公司规模影响。而三重差分估计法可用来解决上述问题，三重差分估计方程如下：

$$equity_{it} = \alpha + \theta_0 \times G_i \times D_t \times B_{it} + \theta_1 \times G_i \times D_t + \theta_2 \times G_i \times B_{it} + \gamma \times X_{it} + \varepsilon_{it} \tag{5-3}$$

$$debt_{it} = \alpha + \theta_0 \times G_i \times D_t \times B_{it} + \theta_1 \times G_i \times D_t + \theta_2 \times G_i \times B_{it} + \gamma \times X_{it} + \varepsilon_{it} \tag{5-4}$$

其中 B_{it} 为 t 季度上市公司 i 的规模虚拟变量，如果 $B_{it}=1$，表明股票 i 为上市小公司。上市公司季度总资产小于季度中位数，则为上市小公司。交互项 $G_i \times D_t \times B_{it}$ 度量了 t 季度上市小公司实验组的政策效应，即沪港通政策对上市小公司融资行为的影响。

（二）变量界定和数据说明

上市公司融资行为采用融资概率和融资金额两方面来衡量，如果上市公司发生了增发或配股导致的股本总量增加，则股权融资概率为 1，如果上市公司有因向银行或其他金融机构借款而发行债券，则债权融资概率为 1。通过发行股票或债权实际筹到的资金即为股权融资或债权融资金额。控制变量主要为与融资行为有关的微观企业变量，现金资产比率（cash）和有形资产比率（tan）用来控制企业资产对实证结果的影响，上市公司现金资产和有形资产比率越高，其偿债能力也越强，有助于增强上市公司的融资能力；股票价格（price）和资产报酬率（profit）用来控制上市公司生产经营情况对实证结果的影响，上市公司资产报酬率越高，企业的当前价值和未来前景也越好，股票价格往往也越高，对投资者的吸引力也越强，有助于增加上市公司融资行为的成功率；非系统性风险（risk）控制了企业生产经营风险对实证结果的影响，非系统性风险越大，企业的融资成本和难度均有所增加，不利于企业的融资行为；行业变量（type）控制行业因素对实证结果的影响。

计算股权融资所需的增发数据来自国泰安研究服务中心数据库，配股数据来自同花顺数据库，计算债权融资所需的借款金额数据来自国泰安研究服务中心数据库。控制变量上市公司的财务数据均来自国泰安研究服务中心数据库。样本数据包括上证 A 股 1089 家上市公司 2013—2016 年季度数据，相关变量界定及数据来源，如表 5 - 1 所示。

表 5 - 1　　　　　　稳健性检验变量定义及数据来源

Panel A：因变量，股权融资 equity		
equity	股权融资概率，若公司发生了增发或配股，则 equity = 1	增发数据来自于国泰安研究数据库，配股数据来自同花顺服务中心数据库
equity	股权融资金额，增发和配股融资金额之和	增发数据来自国泰安研究服务中心数据库，配股数据来自同花顺服务中心数据库
Panel B：因变量，债权融资 debt		
debt	债权融资概率，若公司向银行及其他金融机构借款或发行债权，则 debt = 1	国泰安研究服务中心数据库
debt	债权融资金额，借款金额和发债金额之和	国泰安研究服务中心数据库
Panel C：核心解释变量		
$G_i \times D_t$	度量了实验组的政策效应	国泰安研究服务中心数据库
$G_i \times D_t \times B_{it}$	度量了上市小公司实验组的政策效应	国泰安研究服务中心数据库
Panel D：控制变量 - 上市公司财务数据		
cash	现金资产比率，上市公司持有现金及等价物与总资产的比值	国泰安研究服务中心数据库
tan	有形资产比率，固定资产与总资产的比值	国泰安研究服务中心数据库
cross - listing	交叉上市，如果公司即在境外证券市场上市又在境内证券市场上市，则 cross - listing = 1	国泰安研究服务中心数据库
price	股票季度均价，股票季度交易额与季度交易量的比值	国泰安研究服务中心数据库
profit	资产报酬率，（利润总额 + 财务费用）/资产总额	国泰安研究服务中心数据库
risk	非系统性风险	国泰安研究服务中心数据库
type	行业编码	国泰安研究服务中心数据库

第三节　实证结果分析

沪港通政策实施后，国际资本流入增加了国内资本市场的流动性，提高了上市公司股权融资和债权融资的概率和金额，但上市小公司存在信用水平相对较低、企业治理存在缺陷等风险，国际资本偏好上市大公司及其导致的羊群效应，可能不利于上市小公司的股权融资和债权融资。为了验证上述假设，本书分别使用双重差分方法和三重差分方法分析沪港通政策对上市公司和上市小公司的融资行为的影响，并检验了平行趋势是否满足估计一致性要求。

一　国际资本流动对上市公司融资行为影响的实证分析

沪港通为上海交易所市场与香港交易所市场建立了方便的连接通道，内地投资者可以方便地到香港市场投资，香港投资者也可以方便地到内地市场投资，实现了中国资本市场的第一次双向开放。双向开放使中国内地资本市场不再作为独立的市场定价，而是通过香港市场与全球资本市场进行重新整合，分散境内外投资者承担的市场风险，从而降低融资成本。也就是说资本市场双向开放可降低企业融资成本，进而促使企业追加投资，带动经济增长，而且该影响具有长期性。沪港通等资本市场开放政策，增加了境外机构投资者进入中国内地资本市场的途径，有利于提高资本市场定价效率以及资本资源配置效率，降低发展前景良好的企业的融资成本，促进该类企业进行融资和投资活动。

（一）国际资本流动对上市公司股权融资行为影响的实证分析

以沪港通政策为代表的渐进式资本账户改革既能让中国经济享受资本市场开放带来的好处，也能让资本市场及上市公司有充足的时间适应。资本市场开放导致的国际资本流动降低了资本市场摩擦从而提高市场效率，投资者与上市公司的对接效率提升也降低了上市公司的融资成本，有利于提高上市公司融资的积极性。表5-2报告了逐渐加入控制变量的国际资本流动对上市公司股权融资行为影响的回归结果。从实证结果来看，国际资本流动虽未提高上市公司股权融资积极性，但提高了股权融资规模。表中第（1）—（3）列为国际资本流动对上市公司股权融资概率影响的回归结果：第（1）列为不加入控制变量的回归结果

表 5 - 2　　国际资本流动对上市公司股权融资影响的实证分析

	Equity：股权融资概率			Equity：股权融资金额		
	(1)	(2)	(3)	(4)	(5)	(6)
$G_i \times D_t$	0.007 (0.005)	0.007 (0.005)	0.008* (0.005)	0.183*** (0.069)	0.176** (0.077)	0.142** (0.071)
cash			0.056*** (0.011)			-0.008 (0.267)
tan			-0.029** (0.015)			0.463* (0.248)
cross-listing			-0.003 (0.005)			-0.009*** (0.002)
price			0.000 (0.000)			-0.006*** (0.002)
profit			-0.037** (0.016)			-0.381 (0.452)
行业效应	否	是	是	否	是	是
观测值	15384	15384	15376	378	378	378
调整的 R 方	0.010	0.010	0.010	0.060	0.140	0.180

注：被解释变量为股权融资概率和金额。括号内为稳健标准误。*表示 10% 显著性水平，**表示 5% 的显著性水平，***表示 1% 显著性水平。

$G_i \times D_t$，系数值为 0.007，但在 10% 显著性水平下不显著，说明沪港通政策实施后，国际资本流动未增加上市公司增发和配股的积极性。第 (2) 列为加入行业控制变量的回归结果 $G_i \times D_t$，系数值为 0.007，仍在 10% 显著性水平下不显著。第 (3) 列为加入企业控制变量的回归结果 $G_i \times D_t$，系数值为 0.008，在 10% 显著性水平下显著，说明沪港通政策虽能提高上市公司股权融资积极性，但影响较弱。cash 系数值为 0.056，在 1% 显著性水平下显著，说明企业持有的现金资产比率越高，股权融资概率越大，企业持有现金越多，融资对企业发展的紧迫程度越低，企业越愿意选择股权融资，无须付息还本，融资成本相对较低。tan 系数值为 -0.029，在 5% 显著性水平下显著，说明有形资产比率越高，上市公司股权融资概率越小，因为有形资产比率越高，公司估值越趋于合理，公司可选的融资渠道越多，股权融资概率相应下降。cross -

listing 和 price 系数值分别为 -0.003 和 0,均在 10% 显著性水平下不显著,说明股票价格和交叉上市对上市公司股权融资概率没有影响。profit 系数值为 -0.037,在 5% 显著性水平下显著,说明上市公司盈利能力越强,股权融资概率越低;上市公司盈利能力越强,其内部筹资能力也越强;再者股权融资使得投资者能分享企业的发展成果,盈利能力越强的上市公司,投资者分到的发展成果也越多,增加上市公司所有者的股权融资成本,降低了上市公司股权融资的积极性。

表中第 (4) — (6) 列为国际资本流动对上市公司股权融资金额影响的回归结果:第 (4) 列为不加入控制变量的回归结果,$G_i \times D_t$ 系数值为 0.183,在 1% 显著性水平下显著,说明沪港通政策实施后,国际资本流动增加了上市公司融资规模,境外投资者带来的资金流入改善了上市公司面临的融资环境,增加了上市公司可融资资本。第 (5) 列为加入行业控制变量的回归结果,$G_i \times D_t$ 系数值为 0.176,在 5% 显著性水平下显著。第 (6) 列为加入企业控制变量的回归结果,$G_i \times D_t$ 系数值为 0.142,在 5% 显著性水平下仍然显著,说明在控制行业和企业变量后沪港通政策仍能提高上市公司股权融资规模。cash 系数值为 -0.008,在 10% 显著性水平下不显著,说明企业股权融资金额不受其现金资产比率影响,现金资产比率越高,企业股权融资必要性下降,投资者担心企业所有者和管理层有侵占企业资产的动机。tan 系数值为 0.463,在 10% 显著性水平下显著,说明有形资产比率越高,上市公司股权融资规模越大,有形资产比率可降低投资者的投资风险,进而上市公司能融到的金额也越高。cross - listing 和 price 系数值分别为 -0.009 和 -0.006,均在 1% 显著性水平下显著,说明股票价格和交叉上市降低了上市公司股权融资规模,交叉上市公司可充分利用国际资本市场融资,因而降低了其对国内资本市场的依赖程度,上市公司股票价格越高,意味着投资者的投资成本也越高,降低投资者参与上市公司增发或配股的积极性。profit 系数值为 -0.381,在 10% 显著性水平下不显著,说明上市公司盈利能力对股权融资金额没有影响,上市公司盈利能力越强,虽然投资者愿意参与上市公司股权融资,但上市公司进行股权融资意愿下降,在二者作用对冲下导致盈利能力对股权融资金额没有影响。

(二) 国际资本流动对上市公司债权融资行为影响的实证分析

在资本市场分割情况下,境外投资者无法参与中国内地资本市场,使得全球信息难以很快反映到国内股票价格中去,从而降低了资本市场的定价效率。沪港通政策使中国内地资本市场与全球资本市场连接,提高了国内股票价格对全球信息的反应速度,提高了资本市场定价效率,增加了上市公司股权融资规模。资本市场自由流动,也能提高债权市场的流动性,增加上市公司债券融资规模。表 5-3 报告了逐渐加入控制变量的国际资本流动对上市公司债权融资行为影响的回归结果。从实证结果来看,国际资本流动提高上市公司债权融资积极性和融资规模。表中第 (1) — (3) 列为国际资本流动对上市公司债权融资概率影响的回归结果:第 (1) 列为不加入控制变量的回归结果,$G_i \times D_t$ 系数值为 0.036,在 1% 显著性水平下显著,说明沪港通政策实施后,国际资本流动增加了上市公司向金融结构借款融资的积极性,国际资本流入降低了资金成本,提高了上市公司债权融资的积极性。第 (2) 列为加入行业控制变量的回归结果,$G_i \times D_t$ 系数值为 0.034,仍在 1% 显著性水平下显著。第 (3) 列为加入企业控制变量的回归结果,$G_i \times D_t$ 系数值为 0.021,在 10% 显著性水平下显著,说明在控制行业和企业变量后沪港通政策仍能提高上市公司债权融资积极性。risk 系数值为 -0.006,在 10% 显著性水平下不显著,说明非系统性风险不影响上市公司债权融资概率,虽然企业个体风险较大会降低对债权人的吸引力,但债权融资成本下降使得企业所有者进行债权融资积极性提高。tan 系数值为 -0.251,在 5% 显著性水平下显著,说明有形资产比率越高,上市公司债权融资概率越小,有形资产比率越高,公司可选的融资渠道越多。cross - listing 值为 0.028,在 5% 显著性水平下显著,说明交叉上市增加了上市公司债权融资概率,外资可通过"信贷引导"方式缓解上市公司的融资约束,提高上市公司债权融资积极性。[①] price 系数值为 -0.004,在 1% 显著性水平下显著,股票价格越高,上市公司越能以更低的成本进行股权融资。profit 系数值为 -0.179,在 5% 显著性水平下显著,说明上市公司盈利能力越强,债权融资概率越低,上市公司盈利能力越强,经营现金流能部分满足企业生产经营所需,降低了债权融资的必要性。

---

① 韩旺红、马瑞超:《FDI、融资约束与企业创新》,《中南财经政法大学学报》2013 年第 2 期。

表 5-3　　国际资本流动对上市公司债权融资影响的实证分析

	debt：债权融资概率			debt：债权融资金额		
	(1)	(2)	(3)	(4)	(5)	(6)
$G_i \times D_t$	0.036***	0.034***	0.021*	0.697***	0.663***	0.603***
	(0.013)	(0.013)	(0.013)	(0.113)	(0.111)	(0.104)
risk			-0.006			-2.411***
			(0.035)			(0.341)
tan			-0.251**			3.101***
			(0.028)			(0.302)
cross-listing			0.028**			5.261***
			(0.011)			(0.536)
price			-0.004***			-0.023***
			(0.000)			(0.003)
profit			-0.179**			-0.396
			(0.041)			(0.293)
行业效应	否	是	是	否	是	是
观测值	16461	16461	16306	13747	13747	13648
调整的 R 方	0.010	0.020	0.040	0.020	0.030	0.110

注：被解释变量为债权融资概率和金额。括号内为稳健标准误。* 表示10%显著性水平，** 表示5%的显著性水平，*** 表示1%显著性水平。

表中第（4）—（6）列为国际资本流动对上市公司债权融资金额影响的回归结果：第（4）列为不加入控制变量的回归结果，$G_i \times D_t$ 系数值为0.697，在1%显著性水平下显著，说明沪港通政策实施后，国际资本流动增加了上市公司债权融资规模，融资成本下降即促进了上市公司债权融资积极性，境内外资本竞争也增加了资本市场资本存量，进而增加了上市公司债权融资规模。第（5）列为加入行业控制变量的回归结果，$G_i \times D_t$ 系数值为0.663，在1%显著性水平下显著。第（6）列为加入企业控制变量的回归结果，$G_i \times D_t$ 系数值为0.603，在1%显著性水平下仍然显著，说明在控制行业和企业变量后沪港通政策仍能提高上市公司债权融资规模。risk 系数值为 -2.411，在1%显著性水平下显著，上市公司个体风险虽不影响其债权融资积极性，但风险上升会使上市公司违约风险增加，降低债权人出借资金的积极性。tan系数值为3.101，在1%显著性水平下显著，说明有形资产比率越高，上市公司债权融资规模越大，有形资产比率可为债权融资提供担保，进而上市公司能融到的金额也越高。$cross-listing$系数值为5.261，在1%显著性水平下显著，说明交叉上市增加了上市公司债权融资规模。$price$系数值为-0.023，在1%显著性水平下显著，说明上市公司股票价格上升降低了债权融资规模，股票价格上升有利于上市公司的股权融资，进而降低了债权融资规模。$profit$系数值为-0.396，在10%显著性水平下不显著，说明上市公司盈利能力对债权融资金额没有影响。

（三）平行趋势检验

双重差分模型是基于反事实框架来评估政策发生与否情景下被观测对象变化，是政策评估中较为常用的一种识别方法，控制组变化被认为是实验组的反事实对照，因此实验组和控制组在实验开始前后必然具有对比性，既满足平行趋势检验。为了验证双重差分估计一致性需要的平行趋势，本书做了以下平行趋势检验：

第一，比较各季度的交互项系数。本书将上市公司实验组与各季度作交互项，并分别用该交互项与上市公司股权融资和债权融资做回归分析，交互项系数季度变化值如图5-5所示。从左上图可知，沪港通政策实施前，该交互项系数基本显著为零，说明沪港通政策实施前对上市公司股权融资概率没有影响，即无明显政策效应。但沪港通政策实施后，该交互项系数基本显著不为零，说明存在政策效应，平行趋势假设成立，右上图也可得出相似结论，即沪港通政策实施前没有政策效应，实施后能增加上市公司股权融资金额，存在政策效应。从左下图和右下图可知，沪港通政策实施前，该交互项系数基本不显著，说明沪港通政策实施前对上市公司债权融资概率和金额没有影响，即无明显政策效应。但沪港通政策实施后，该交互项系数基本显著增大，说明存在政策效应，实验组和控制组在沪港通政策实施前后存在明显的差异，平行趋势假设成立。但由于沪港通对大公司和小公司的融资行为影响存在差异，故平行趋势假设存在少量异常点，如左上图-1期、右上图-2和-3期交互项系数不为零。

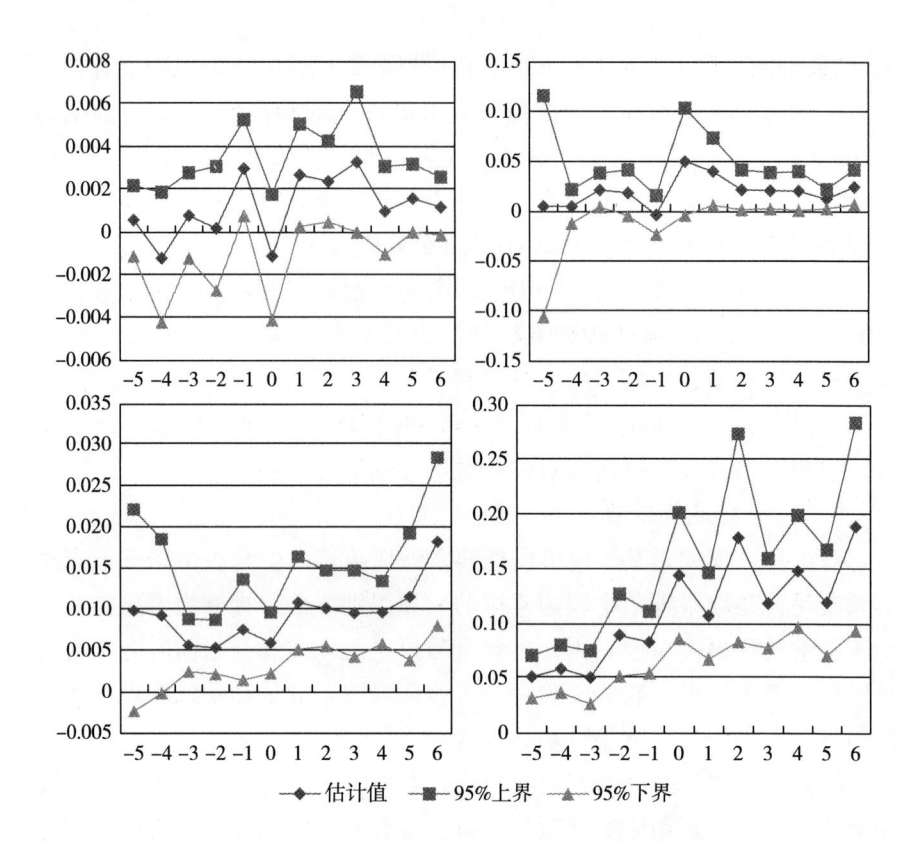

图 5-5　实验组与季度交互项回归系数变化

注：左上图被解释变量为上市公司股权融资概率，右上图被解释变量为上市公司股权融资金额，左下图被解释变量为上市公司债权融资概率，右下图被解释变量为上市公司债权融资金额，解释变量均为实验组与季度交互项。

第二，回归方程中加入时间趋势。为了降低时间趋势对实证结果的影响，表 5-4 报告了在回归方程（5-1）和（5-2）中加入季度趋势变量后的回归结果。对比表 5-2 和表 5-4 上半部分可知，表 5-4 上半部分中（3）的 $G_i \times D_t$ 系数值虽变大但显著性未发生变化，（4）、（5）的 $G_i \times D_t$ 系数值变小，（6）的 $G_i \times D_t$ 系数值显著性变小，但仍在 10% 显著性水平下显著，说明国际资本流动对上市公司股权融资概率影响不大，但显著增加了融资金额，时间趋势对实证结果影响有限，平行趋势假设成立，实证结果较为稳健。对比表 5-3 和表 5-4 下半部分可知，除表 5-4 下半部分中（3）的 $G_i \times D_t$ 系数变为不显著外，其他 $G_i \times$

D_t 系数仍然显著，说明国际资本流动显著提高了上市公司债权融资概率和金额，时间趋势对实证结果影响有限，平行趋势假设成立，实证结果较为稳健。

表 5-4　　　　国际资本流动对上市公司股权融资和债权融资影响的实证分析

	equity：股权融资概率			equity：股权融资金额		
	(1)	(2)	(3)	(4)	(5)	(6)
$G_i \times D_t$	0.007 (0.005)	0.007 (0.005)	0.009* (0.005)	0.182*** (0.070)	0.175** (0.078)	0.142* (0.072)
调整的 R 方	0.010	0.010	0.010	0.060	0.150	0.180
	debt：债权融资概率			debt：债权融资金额		
	(1)	(2)	(3)	(4)	(5)	(6)
$G_i \times D_t$	0.036*** (0.013)	0.034*** (0.013)	0.004 (0.012)	0.721*** (0.115)	0.686*** (0.114)	0.605*** (0.108)
调整的 R 方	0.010	0.020	0.12	0.020	0.030	0.120

注：equity 表示被解释变量为股权融资概率和金额，debt 表示被解释变量为债权融资概率和金额。括号内为稳健标准误。* 表示 10% 显著性水平，** 表示 5% 的显著性水平，*** 表示 1% 显著性水平。

二　国际资本流动对上市小公司融资行为影响的实证分析

信息不对称使得金融机构难以了解上市小公司的真实财务和非财务信息，也难以真实评估上市小公司的信用和履约状况，而且即使符合金融机构准入门槛，上市小公司因自身较高风险难以找到符合担保条件的大公司为其提供担保。中国内地资本市场仍有待进一步完善，金融中介乃至资本市场的资源匹配能力仍存在缺陷，故无论是外国投资者还是本国投资者更偏向上市大公司，放大了上市小公司面临的融资困境。相较于上市小公司，上市大公司信用好，经营风险低，投资机会好，盈利能力强，因此公司规模会对沪港通的政策效应产生影响。国际资本流动虽能提高民营企业的投资效率，但影响机制是资本资源配置效率，而非融资约束机制。故与民营企业类似，如果外国投资者更偏向上市大公司，这种导向会影响本国投资者的投资偏向，进一步恶化上市小公司融资环境,不利于上市小公司进行融资活动。本书使用三重差分方法研究沪港通政策对上市小公司股权融资和债权融资的影响,并检验平行趋势是否满足三重差分估计一致性要求。

(一) 国际资本流动对上市小公司股权融资行为影响的实证分析

沪港通政策未提高上市公司股权融资积极性,但提高了股权融资规模。在沪港通的互联互通机制下,中国内地资本市场与中国香港资本市场双向开放的协同效应将逐渐显现,以机构投资者为主的中国香港投资者,投资重点聚焦于盈利能力稳健的蓝筹大公司,价值投资理念将有助于遏制内地资本市场炒作中小公司行为,降低投机行为。沪港通政策是中国资本市场上的双向改革开放,一方面吸引境外价值投资者投资蓝筹大公司;另一方面也增加了境内投资者海外投资渠道,资本的流入和流出均不利于改善上市小公司的融资环境。表5-5报告了逐渐加入控制变量的国际资本流动对上市小公司股权融资行为影响的回归结果。从实证结果来看,国际资本流动降低了上市小公司的股权融资积极性和融资规模。表中第(1)—(3)列为国际资本流动对上市小公司股权融资概率影响的回归结果:第(1)列为不加入控制变量的回归结果,$G_i \times D_t \times B_{it}$系数值为 -0.062,在1%显著性水平下显著,说明沪港通政策实施后,国际资本流动降低了上市小公司增发和配股的积极性,投资风格更为稳健的境外投资者偏好上市大公司,进而恶化了上市小公司股权融资环境。第(2)列为加入行业控制变量的回归结果,$G_i \times D_t \times B_{it}$系数值为 -0.062,仍在1%显著性水平下显著,说明加入行业控制变量后国际资本流动仍降低了上市小公司的股权融资概率。第(3)列为加入企业控制变量的回归结果,$G_i \times D_t \times B_{it}$系数值为 -0.061,在1%显著性水平下显著,说明在控制行业影响因素后沪港通政策仍降低了上市小公司的股权融资积极性。$cash$系数值为0.056,在1%显著性水平下显著,说明上市小公司持有的现金资产比率越高,股权融资概率越大,因为上市小公司持有现金及等价物越多,其资金链断裂风险越低,增发或配股的成本率较高,增加了上市小公司利用股权融资的信心和积极性。tan系数值为 -0.034,在5%显著性水平下显著,说明有形资产比率越高,上市小公司股权融资概率越小,因为有形资产越多,上市小公司可抵押资产越多,其能通过借债融资。$cross-listing$和$price$系数值分别为 -0.008和0,均在10%显著性水平下不显著,说明股票价格和交叉上市对上市小公司股权融资概率没有影响。profit 系数值为 -0.036，在 5% 显著性水平下显著，说明上市小公司盈利能力越强，股权融资概率越低，上市小公司盈利能力越强，内部筹资和借贷筹资能力也越强，无需为了融资而降低对企业的控制权。

表 5-5　　国际资本流动对上市小公司股权融资影响的实证分析

	Equity：股权融资概率			Equity：股权融资金额		
	（1）	（2）	（3）	（4）	（5）	（6）
$G_i \times D_t \times B_{it}$	-0.062***	-0.062***	-0.061***	-0.988***	-0.900***	-0.754**
	(0.015)	(0.015)	(0.014)	(0.336)	(0.334)	(0.320)
$G_i \times D_t$	0.066***	0.065***	0.067***	1.233***	1.143***	0.982***
	(0.013)	(0.013)	(0.014)	(0.256)	(0.253)	(0.216)
$G_i \times B_{it}$	0.007***	0.007***	0.005**	-0.119	-0.120	-0.085
	(0.002)	(0.002)	(0.002)	(0.126)	(0.122)	(0.132)
$D_t \times B_{it}$	0.024***	0.024***	0.020***	-0.167	-0.172	-0.143
	(0.004)	(0.004)	(0.004)	(0.125)	(0.122)	(0.131)
cash			0.056***			0.376*
			(0.012)			(0.220)
tan			-0.034**			0.162
			(0.015)			(0.229)
cross-listing			-0.008			0.726**
			(0.005)			(0.280)
price			0.000			-0.003***
			(0.000)			(0.001)
profit			-0.036**			-0.252
			(0.016)			(0.300)
行业效应	否	是	是	否	是	是
观测值	15384	15384	15376	378	378	378
调整的 R 方	0.010	0.010	0.013	0.401	0.420	0.494

注：被解释变量为股权融资概率和金额。括号内为稳健标准误。* 表示 10% 显著性水平，** 表示 5% 的显著性水平，*** 表示 1% 显著性水平。

表中第（4）—（6）列为国际资本流动对上市小公司股权融资金额影响的回归结果：第（4）列为不加入控制变量的回归结果，$G_i \times D_t \times B_{it}$

系数值为 -0.988，在1%显著性水平下显著，说明沪港通政策实施后，国际资本流动降低了上市小公司融资规模，上市小公司与投资者间存在的严重信息不对称增加了其融资难度，对风险更为敏感的国际资本会进一步放大上市小公司的股权融资难度。第（5）列为加入行业控制变量的回归结果，$G_i \times D_t \times B_{it}$系数值为 -0.900，在1%显著性水平下显著，说明加入行业控制变量后国际资本流动仍降低了上市小公司的股权融资规模。第（6）列为加入企业控制变量的回归结果，$G_i \times D_t \times B_{it}$系数值为 -0.754，在5%显著性水平下仍然显著，说明在控制行业和企业变量后沪港通政策仍降低了上市小公司的股权融资规模。cash 系数值为0.376，在10%显著性水平下显著，说明上市小公司持有的现金及等价物越多，企业生产经营风险也越低，有助于增加投资者对企业的信心。tan 系数值为0.162，在10%显著性水平下不显著，说明有形资产比率对上市小公司股权融资规模没有影响。cross - listing 系数值为0.726，在5%显著性水平下显著，说明交叉上市增加了上市小公司股权融资规模，交叉上市小公司一般是具有良好发展前景的公司，增加了对国际资本的吸引力。price 系数值为 -0.003，在1%显著性水平下显著，上市小公司股票价格越高，意味着投资者的投资成本也越高，降低了投资者参与上市小公司增发或配股的积极性。profit 系数值为 -0.252，在10%显著性水平下不显著，说明上市小公司盈利能力对股权融资金额没有影响，上市公司盈利能力越强，进行股权融资意愿越低。

（二）国际资本流动对上市小公司债权融资行为影响的实证分析

沪港通政策实施后，国际资本流动增加了资本市场流动性，促进了上市公司的股权和债权融资行为，但企业在利用股权融资时，企业经营者可能进行非生产性消费以损害股东利益而利己，管理层道德风险加剧了经营者与投资者的利益冲突，尤其是上市小公司信息不对称问题更加严重，进而降低了上市小公司股权融资规模。与此同时，上市小公司也缺少合格担保人或抵押品，降低了企业在资本市场持续进行债权融资的能力，因此沪港通政策带来的国际资本流动或许会激励上市小公司进行债权融资以降低融资约束难题对企业生产经营的影响，但信用风险较高很有可能限制上市小公司的债权融资能力。表5-6报告了逐渐加入控制变量的国际资本流动对上市小公司债权融资行为影响的回归结果。从实证结果来看，国际资本流动虽能提高上市小公司债权融资积极性，却降低了上市小公司的债权融资规模。表中第（1）—（3）列为国际资本流动对上市小公司债权融资概率影响的回归结果：第（1）列为不加入控制变量的回归结果，$G_i \times D_t \times B_{it}$系数值为 0.069，在 1% 显著性水平下显著，说明沪港通政策实施后，国际资本流动增加了上市小公司向金融结构借款融资的积极性，上市小公司面临的融资约束问题更加严重，债权融资积极性较高。第（2）列为加入行业控制变量的回归结果，$G_i \times D_t \times B_{it}$系数值为 0.066，仍在 1% 显著性水平下显著，说明加入行业控制变量后国际资本流动仍能提高上市小公司的债权融资概率。第（3）列为加入企业控制变量的回归结果，$G_i \times D_t \times B_{it}$系数值为 0.054，在 1% 显著性水平下显著，说明在控制行业和企业变量后沪港通政策仍能提高上市小公司债权融资积极性。$risk$ 系数值为 0.047，在 10% 显著性水平下不显著，说明非系统性风险不影响上市小公司债权融资概率。tan 系数值为 -0.251，在 1% 显著性水平下显著，说明有形资产比率越高，上市小公司债权融资概率越小，有形资产比率越高，公司可选的融资渠道越多。$cross-listing$ 值为 0.016，在 10% 显著性水平下不显著，说明交叉上市对上市小公司债权融资概率没有影响。$price$ 系数值为 -0.003，在 1% 显著性水平下显著，股票价格越高，上市小公司能以更低的成本进行股权融资，进而债权融资的积极性下降。$profit$ 系数值为 -0.146，在 1% 显著性水平下显著，说明上市小公司盈利能力越强，债权融资概率越低，盈利能力越强的上市小公司，内部筹资能解决上市小公司面临的融资约束问题。

表 5-6　国际资本流动对上市小公司债权融资影响的实证分析

	debt：债权融资概率			debt：债权融资金额		
	(1)	(2)	(3)	(4)	(5)	(6)
$G_i \times D_t \times B_{it}$	0.069*** (0.019)	0.066*** (0.019)	0.054*** (0.019)	-0.673*** (0.161)	-0.776*** (0.163)	-1.167*** (0.182)
$G_i \times D_t$	0.047*** (0.006)	0.046*** (0.006)	0.060*** (0.007)	1.329*** (0.140)	1.311*** (0.138)	1.563*** (0.152)
$G_i \times B_{it}$	-0.085*** (0.010)	-0.081*** (0.010)	-0.067*** (0.010)	-0.644*** (0.046)	-0.536*** (0.044)	-0.353*** (0.047)

续表

	debt：债权融资概率			debt：债权融资金额		
	（1）	（2）	（3）	（4）	（5）	（6）
$D_t \times B_{it}$	-0.159***	-0.155***	-0.129***	-0.653***	-0.522***	0.098
	(0.010)	(0.010)	(0.011)	(0.046)	(0.044)	(0.068)
risk			0.047			-2.435***
			(0.033)			(0.316)
tan			-0.251***			3.068***
			(0.028)			(0.302)
cross-listing			0.016			5.138***
			(0.011)			(0.534)
price			-0.003***			-0.015***
			(0.000)			(0.003)
profit			-0.146***			0.182
			(0.039)			(0.268)
行业效应	否	是	是	否	是	是
观测值	16461	16461	16306	13747	13747	13648
调整的 R 方	0.039	0.041	0.056	0.029	0.039	0.117

注：被解释变量为债权融资概率和金额。括号内为稳健标准误。*表示 10% 显著性水平，**表示 5% 的显著性水平，***表示 1% 显著性水平。

表中第（4）—（6）列为国际资本流动对上市小公司债权融资金额影响的回归结果：第（4）列为不加入控制变量的回归结果，$G_i \times D_t \times B_{it}$ 系数值为 -0.673，在 1% 显著性水平下显著，说明沪港通政策实施后，国际资本流动降低了上市小公司债权融资规模，上市大公司拥有更高的信用水平和偿债能力，故国际资本流动增加了上市大公司的债权融资规模，反而降低了上市小公司的债权融资规模。第（5）列为加入行业控制变量的回归结果，$G_i \times D_t \times B_{it}$ 系数值为 -0.776，在 1% 显著性水平下显著，说明加入行业控制变量后国际资本流动仍降低了上市小公司的债权融资规模。第（6）列为加入企业控制变量的回归结果，$G_i \times D_t \times B_{it}$ 系数值为 -1.167，在 1% 显著性水平下仍然显著，说明在控制行业和企业变量后沪港通政策仍降低了上市小公司的债权融资规模。risk 系数值为 -2.435，在 1% 显著性水平下显著，上市小公司个体风险虽不影响其债权融资积极性，但风险上升会使上市小公司违约风险增加。tan

系数值为 3.068，在 1% 显著性水平下显著，有形资产比率可为债权融资提供担保，进而提高了上市小公司债权融资金额。$cross\text{-}listing$ 系数值为 5.138，在 1% 显著性水平下显著，说明交叉上市增加了上市小公司的债权融资规模。$price$ 系数值为 -0.015，在 1% 显著性水平下显著，说明上市小公司股票价格上升降低了债权融资积极性和规模，股票价格上升有利于上市小公司进行股权融资。$profit$ 系数值为 0.182，在 10% 显著性水平下不显著，说明上市小公司盈利能力对债权融资金额没有影响。

综合来看，沪港通政策实施后国际资本流动对上市大公司和小公司的融资行为影响存在较大的差异：第一，上市公司股权融资的政策效应为正，即沪港通政策提高了上市公司股权融资概率和金额，但上市小公司股权融资的政策效应却为负，沪港通政策降低了上市小公司股权融资的概率和金额。相较于上市大公司，上市小公司的管理层与投资者间的信息不对称问题更加严重，投资者忌惮上市小公司现代管理制度缺失进而给予管理者进行非必要股权融资的机会，降低上市小公司在资本市场进行股权融资的能力，因此上市小公司股权融资能力差，也迫使管理层寄希望于债权融资。第二，上市公司债权融资的政策效应为正，但上市小公司债权融资的政策效应却为负，即沪港通政策提高了上市公司债权融资概率和金额，虽也能提高上市小公司的债权融资概率，却降低了上市小公司的债权融资金额。相较于上市大公司，上市小公司缺少合格的大公司给予其担保，也缺少诸如厂房、设备等大额抵押品，债务违约风险较大，故上市小公司管理层虽寄希望于通过债权融资来解决企业生产经营面临的融资约束问题，但沪港通政策反而降低了其债权融资金额，债权融资环境进一步恶化。

（三）平行趋势检验

与双重差分估计方法一致，本书也做了以下平行趋势检验，以验证三重差分估计一致性需要的平行趋势：

第一，比较各季度的交互项系数。借鉴双重差分估计方法的做法，本书将上市小公司实验组与各季度作交互项，并分别用该交互项与上市小公司股权融资和债权融资做回归分析，交互项系数季度变化值如图 5-6 所示。从左上图可知，沪港通政策实施前，该交互项系数基本显著为零，说明沪港通政策实施前对上市小公司股权融资概率没有影响，即无明显政策效应。但沪港通政策实施后，该交互项系数基本显著不为零,说明存在政策效应,平行趋势假设成立,右上图也可得出相似结论,即沪港通政策实施前没有政策效应,实施后能增加上市小公司股权融资金额,存在政策效应。从左下图和右下图可知,沪港通政策实施前,该交互项系数基本不显著,说明沪港通政策实施前对上市小公司债权融资概率和金额没有影响,即无明显政策效应。但沪港通政策实施后,该交互项系数基本显著增大,说明存在政策效应,实验组和控制组在沪港通政策实施前后存在明显的差异,平行趋势假设成立。而且同图5-5相比较,沪港通政策实施前,交互项系数基本显著为零,几乎不存在异常点,平行趋势质量更好,说明上市公司规模对公司融资行为具有重要影响,区分企业规模采用三重差分估计方法研究公司融资行为具有一定的合理性。

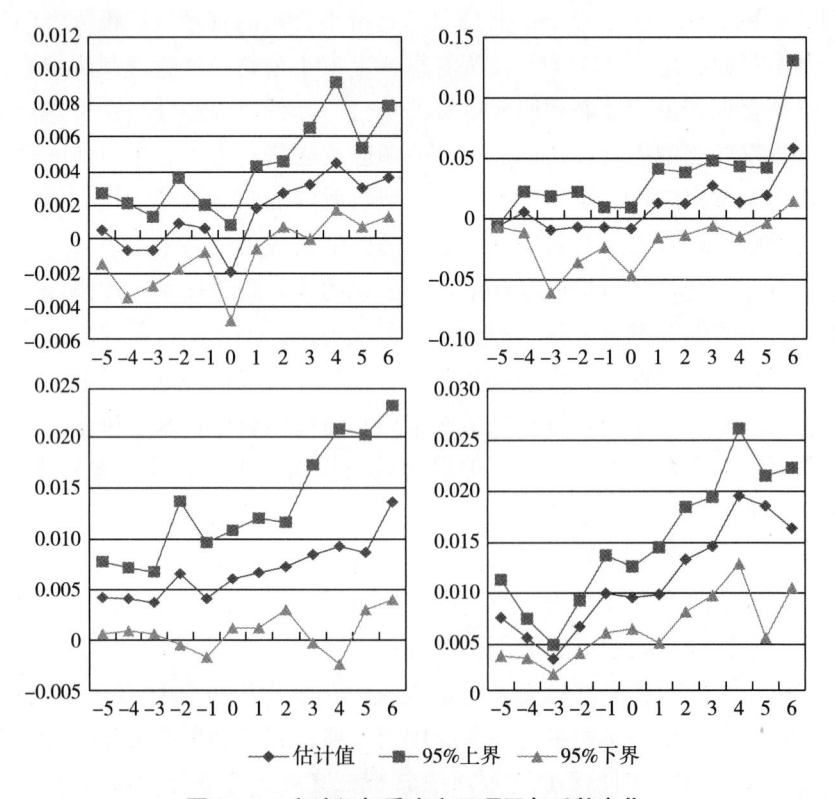

图 5-6 实验组与季度交互项回归系数变化

注:左上图被解释变量为上市小公司股权融资概率,右上图被解释变量为上市小公司股权融资金额,左下图被解释变量为上市小公司债权融资概率,右下图被解释变量为上市小公司债权融资金额。

第二，回归方程中加入时间趋势。为了降低时间趋势对实证结果的影响，表 5-7 报告了在回归方程（5-3）和（5-4）中加入季度趋势变量后的回归结果。对比表 5-5 和表 5-7 上半部分可知，表 5-7 上半部分中的 $G_i \times D_t \times B_{it}$ 系数绝对值均有所变化，（6）的 $G_i \times D_t \times B_{it}$ 系系数值显著性变大，在 1% 显著性水平下显著，说明即使加入时间趋势变量，国际资本流动仍能降低上市小公司股权融资概率和金额，时间趋势对实证结果影响有限，平行趋势假设成立，实证结果较为稳健。对比表 5-6 和表 5-7 下半部分可知，表 5-7 下半部分中的 $G_i \times D_t \times B_{it}$ 系数均在 1% 显著性水平下显著，说明即使加入时间趋势变量，国际资本流动虽显著提高了上市小公司债权融资积极性，却降低了债权融资金额，实证结果未发生较大改变，即时间趋势对实证结果影响有限，平行趋势假设成立，实证结果较为稳健。

表 5-7　　沪港通政策对上市小公司股权融资和债权融资影响的实证分析

	Equity：股权融资概率			Equity：股权融资金额		
	(1)	(2)	(3)	(4)	(5)	(6)
$G_i \times D_t \times B_{it}$	-0.042***	-0.041***	-0.041***	-1.064***	-0.988***	-0.830***
	(0.015)	(0.015)	(0.015)	(0.333)	(0.258)	(0.307)
调整的 R 方	0.011	0.012	0.014	0.403	0.424	0.496
	debt：债权融资概率			debt：债权融资金额		
	(1)	(2)	(3)	(4)	(5)	(6)
$G_i \times D_t \times B_{it}$	0.085***	0.081***	0.065***	-0.619***	-0.737***	-0.914***
	(0.020)	(0.020)	(0.020)	(0.152)	(0.155)	(0.158)
调整的 R 方	0.040	0.042	0.058	0.029	0.039	0.120

注：equity 表示被解释变量为股权融资概率和金额，debt 表示被解释变量为债权融资概率和金额。括号内为稳健标准误。* 表示 10% 显著性水平，** 表示 5% 的显著性水平，*** 表示 1% 显著性水平。

本章小结

国务院于 2017 年 1 月 17 日印发《关于扩大对外开放积极利用外资若干措施的通知》，指出利用国际资本是我国对外开放基本国策和开放型经济体制的重要组成部分，在经济发展和深化改革进程中发挥了积极作用。当前，全球跨国投资和产业转移呈现新趋势，我国经济深度融入世界经济，经济发展进入新常态，资本市场进一步开放以便充分利用外资面临新形势、新任务。资本市场开放消除了资本流动障碍，改善上市公司面临的融资环境，影响企业的融资行为。因此，本书利用沪港通政策这一近似自然实验，系统地探讨了沪港通政策实施后对上市公司融资行为的影响，尤其是对上市小公司融资行为的影响，以验证国际资本流动能通过融资约束机制影响企业的投资效率。

　　理论假设与实证结果一致表明：国际资本流动提高了上市公司股权融资和债权融资积极性，显著增加了股权融资和债权融资金额；相较于上市大公司，国际资本流动虽提高了上市小公司债权融资积极性，但上市小公司股权融资积极性显著下降了，而且股权融资和债券融资金额均显著下降了。这说明沪港通政策实施后，国际资本流动改善了上市大公司融资环境，但恶化了上市小公司融资环境。上市小公司与投资者间存在严重的信息不对称、缺乏合格担保方和抵押品导致缺乏专门服务小微企业的金融机构，难以破解小微企业融资贵、融资难等世界性难题，诸如沪港通政策等资本账户开放政策导致的国际资本流动也难以改变小微企业弱势融资地位。国际资本通过流向效率高的企业进而提高了企业投资效率，意味着当国际资本呈净流入时，上市大公司在资本市场融资能力更强进而能进行更有效率的投资，当宏观经济冲击导致国际资本呈净流出时，对风险担忧导致投资者更加减少对小微企业投资额，小微企业面临的融资约束环境会进一步恶化。也就是说，小微企业自身信用缺陷将导致国际资本流动加剧其面临的融资约束问题，进而不利于小微企业的生存与发展。

　　综上所述，沪港通等政策实施后，促进了中国资本市场的进一步开放，国际资本流动虽恶化了企业融资约束问题，但也促使资本从小公司流向大公司，增强了大公司融资能力，增加大公司的投资规模。从民营企业经营来看，国际资本流动虽恶化了民营企业的融资约束环境，但资本的流出导致原已产能过剩的生产行业进行优胜劣汰，市场的出清有利于优秀民营企业快速成长，资本资源配置效率提升对冲了融资约束问题的不利影响，进而能提高民营企业的投资效率。但小微企业与民营企业还稍有不同，大量的小微企业处于成长阶段，受融资约束问题影响普遍面临投资不足境况，国际资本流动恶化了小微企业的融资约束环境，将导致小微企业的萎缩，而小微企业作为中国经济的毛细血管，在解决就业、增加税收、经济增长中发挥了重要的作用，国际资本流动对小微企业不利影响将威胁到中国经济稳固的基石。因此中国内地资本市场制度与政策仍存在进一步改善的空间，信息不对称和监管成本放大了上市小公司投资风险，不利于上市小公司利用外资融资，需加强监管上市小公司的信息披露、治理结构、利润分红等行为。这表明"打铁还需自身硬"，改善上市小公司融资难问题，不能仅依靠国际资本，还需要加强中国内地资本市场制度改革，加强上市小公司信息披露和监管，降低上市小公司制度性交易成本和投资风险。各地区各部门要确保政策法规执行的一致性，按照统一标准审核外资企业业务牌照和资质申请，促进内外资企业公平对待，严格保护外资的产权。当然沪港通政策除便利外国投资者投资外，还能"以开放促改革"，帮助内地资本市场与国际接轨，改善内地资本市场运行质量，推动内地资本市场的国际化，便利更多内地上市企业的国际融资。

第六章　研究结论与政策探讨

　　中国金融体系的进一步改革，向外界释放了中国经济向好的强烈信号，有效对冲了新冠肺炎疫情和地缘政治恶化对中国经济的负面冲击。为了加快中国经济对外高质量开放，中国资本市场监管趋严，同时对外开放步伐也在加快，沪港通和深港通便利了资本的双向流动，债券通为国际投资者进入中国债市提供通道，放宽外资持股比例以增加金融业良性竞争等。为了应对新冠肺炎疫情，各国普遍采取了超常规的货币财政政策，加剧了国际金融市场的动荡，中国资本账户渐进式开放增加了应对外部输入性风险的难度，国际资本流动无论是规模还是波动幅度都将变大，改变了企业面临的融资环境，如国际资本持续流入，企业将能利用国际资本进行扩大投资，与此同时也改变了原有资本资源配置现状，使得具有发展前景而缺少资金的企业能通过国际资本市场融到资金，进而扩大有效投资。因此开放经济背景下，国际资本流动将通过改变融资约束环境和资本资源错配影响不同省份不同行业不同类型企业的投资额，从而影响不同省份不同行业的企业投资效率。故本书从微观企业视角研究国际资本流动对企业投资效率的影响，并从融资约束和资本错配视角揭示相关影响机制，具有重要的现实和理论意义。

　　就现实意义而言，资本账户开放等宏观政策加快了国际资本流动，影响企业所处的融资环境，对微观企业主体的投资产生重要影响。从国际经验来看，如果一国企业投资效率高，抗击风险能力强，资本账户开放进程和方式对经济的冲击较弱，资本账户开放带来的收益也越大。因此需要从微观视角研究分析资本账户开放导致的国际资本流动冲击对微观企业的影响，进而反思政策实施时机与路线是否恰当。而且中国资本市场仍需进一步完善，提高资本资源配置能力，降低投资者的非理性投机行为，发挥中介作用以解决实体企业以及小微企业的真实融资需求。因此本书研究分析国际资本流动对企业投资效率的影响及其背后的影响机制，可为促进优质企业扩大投资提供政策经验。已有文献主要从宏观视角研究国际资本流动对国家宏观经济增长和投资的影响，但由于宏观视角研究忽略了微观个体差异，实证中容易出现内生性问题，进而导致现有的实证结果难以指导资本账户改革开放政策的实施。本书在已有文献基础上，从微观视角研究国际资本冲击对企业投资效率的影响，能很好控制微观个体差异，进而削弱内生性问题对实证结果的影响。就理论意义而言，本书以企业投资效率为立足点，将国际资本流动置于现代企业投资理论分析中，创新构建多区域、多行业的国际资本流动对企业投资效率影响的理论框架，有助于打通宏观国际资本流动与微观企业投资效率间的研究机制。

第一节 研究结论、研究局限与展望

改革开放以来，中国经济增长迅速，贸易、跨境投资等对外经济交往增加了资本跨境流动的需求，在此背景下中国资本账户也进行了渐进式改革：在外汇市场上实施了市场化改革，让市场机制在人民币汇率形成过程中发挥基础性作用，提高人民币的自由使用程度；深化资本账户开放管理，先后建立上海自贸区、前海自贸区和海南自由贸易港，推进自由贸易港与境外资金的自由流动。从发达国家和发展中国家资本账户开放经验来看，资本账户开放历程和模式相差较大，但关键均在于资本账户开放能否与宏观经济目标相一致，能否强化政府对资本市场的监督管理能力，能否增强宏观经济调控能力以提高微观经济主体企业的全球竞争力和风险抵抗能力。依靠政府垄断优势构建的金融体系难以面对资本账户开放，势必会诱发金融乃至经济危机，故中国资本账户开放是渐进式的，且需要符合内外兼修，提高金融机构乃至国内资本市场的运转效率。但中国资本账户改革开放也不能畏缩不前，中国经济增长逐渐由追求高速增长转向追求高质量增长，经济新常态意味着中国需要寻找新的增长动力，在平衡机遇与风险基础上对资本账户开放提出了更高要求，需要在延续前期资本账户开放良好态势基础上进行深化开放改革。从上海自贸区和深圳前海自贸区的金融创新改革，到沪港通、深港通开通，再到沪伦通提上日程，都标志着中国资本市场正加速国际化，资本账户开放及自由化进程的不可逆。伴随资本账户开放，国际资本流动规模和波动幅度增大，对微观企业主体融资和投资产生巨大影响。本书以资本账户深化开放为背景，从融资约束和资本资源配置视角，通过历史解读、理论分析、实证分析、政策分析，研究国际资本流动对企业投资效率的影响及机制。

一 主要研究结论

随着中国经济的快速增长，国际收支常年维持较大规模的双顺差，而且中国外汇储备维持在3万亿美元左右，增加了中国国家信用，吸引国际资本流入。但受供给侧改革收紧融资环境以及"一带一路"倡议鼓励中国优势企业海外投资影响，中国国际资本流动呈快速流出状态，尤其是2014年以后，国际资本流出远超历史规模。国际资本流进流出，影响了国内资金池，改变了企业面临的融资环境，尤其是中部和西部地区企业、高技术制造业以及民营企业面临更加严重的融资约束问题。与此同时，专业化的国际资本与国内资本竞争会影响资本在不同行业和企业间的流向，导致资本资源配置效率也存在地区、行业、企业类型差异，如西部地区企业、高技术制造业以及国有企业资本资源配置效率较低。融资约束机制和资本资源配置机制使得企业所处区域、行业、企业类型不同，投资效率也存在较大差异，如东部地区企业、中技术制造业以及国有企业的投资效率相对较高。因此本书基于融资约束和资本资源配置机制，研究国际资本流动对中国上市公司投资效率的影响，定量分析资本账户开放政策的微观企业影响。综合上述理论和实证分析，本书的主要结论有：

第一，面对国际资本流动的新现象和新问题，国际资本流动理论着重对国际资本流动的突发性进行研究，但该理论从宏观国家视角出发，鲜有从微观个体视角出发研究国际资本流动的影响。而公司治理框架下的现代企业投资理论克服行业、企业同质假设的缺陷，细致研究了企业投资效率。因此本书结合国际资本流动理论和现代企业投资理论，构建多区域、多行业的国际资本流动对企业投资效率影响及机制的理论模型，并发现国际资本流动会影响企业面临的融资约束和资本资源配置环境，进而影响企业的投资效率，且在该过程中，企业所处区域、行业和企业类型不同，影响效果也不同。

第二，中国国际资本流动从改革开放后的相对稳定流入阶段，经历过了相对稳定流出阶段，再到快速流入阶段，2010年以后，我国国际资本才呈快速流出状态。国际资本流动变化反映了我国外汇改革和资本账户开放历程。我国外汇制度经历了汇率双轨期、银行结售汇制、汇率并轨期、汇率市场化四个变革期。与此同时，自改革开放以来，中国政府一直秉持渐进式改革路径，资本账户开放由"宽进严出"，到对中长期资本流动进行管制，再到放开短期资本流动管制，然后实行试点推广政策，直至最终实现资本账户的完全开放。从国际经验来看，无论是发达国家还是发展中国家，资本账户开放成功与开放时间、开放策略无关，关键在于其对微观实体企业的冲击，国际资本流动如能促进优秀企业投资，进而淘汰落后产能、落后企业，则资本账户改革开放导致的国际资本流动波动难以构成风险。从季度数据图表可以直观看出，我国国际资本流动与企业投资效率值呈反向关系，说明国际资本流入能降低企业投资不足或过度投资现象，进而提高企业的投资效率。

第三，随着中国经济逐渐融入世界经济，中国资本账户渐进式改革开放为大势所趋，资本市场竞争程度增加将影响企业生产经营环境，故利用系统广义矩估计方法对微观企业数据进行回归分析，实证结果显示，国际资本流动有助于提高企业的投资效率，国际资本流入能增加中国资本存量进而有助于缓解企业面临的融资约束问题，国际资本流出有助于促进落后产能出清，调动资本市场发挥资源配置功能。而且国际资本流动对企业投资效率影响也存在区域效应、行业效应和企业类型效应：国际资本流动均有助于提高东部、中部、西部地区的企业投资效率，但国际资本流动对东部地区企业的影响低于对中部和西部地区企业的影响，东部地区经济和海外贸易发达，东部地区企业更有机会接触到国外资本，东部地区的企业对资本账户开放导致的国际资本流动波动有一定的应对能力；国际资本流动提高了中技术和低技术制造业的企业投资效率，降低了高技术制造业的企业投资效率，且对高技术制造业的冲击最大，高技术制造业投资存在较大不确定性和风险，长期投资风格稳健的国际资本未必会流向高技术制造业，而且前期高额投资成本以及良好的行业发展前景，均使得企业所有者和管理者选择维持企业生产经营，而非退出生产，进而导致具有成长性但风险和不确定性大的企业因融资约束问题而投资不足，具有成长性但技术落后的企业因沉没成本和投机心理而投资过度；国际资本流动对国有企业投资效率没有影响，但有助于民营企业和外资企业投资效率的提升,不利于公众企业投资效率的提升,民营企业普遍存在融资约束难题,资本市场的充分竞争可驱使资本离开舒适区,寻找更具投资价值的标的,以充分发挥金融中介资本资源配置的作用,促进优秀民营企业扩大生产规模,同时淘汰经营管理不佳的民营企业,实现资本资源的最优化配置。从实证结果来看,国际资本流动既能提高欠发达地区企业的投资效率,促进区域均衡发展,还能提高民营企业的投资效率,促进民营经济发展。

第四,国际资本流动是通过资本流入解决企业面临的融资约束问题,还是通过资本竞争提高资本市场配置效率,进而影响企业的投资效率,故利用系统广义矩估计方法和贝叶斯估计方法对微观企业数据进行回归分析,实证结果显示,国际资本流动恶化了企业融资约束环境,进而加剧了企业投资非效率问题,即对融资约束机制产生了不利影响,但有助于资本从低效率行业流向高效率行业,进而增加高效率企业投资而遏制低效率企业投资,对资本资源配置效率产生了有利影响,资本资源配置机制的有利作用大于融资约束机制的不利作用,综合作用下提高了企业的投资效率。资本资源配置和融资约束机制间也存在区域差异、行业差异、企业类型差异,导致了国际资本流动对企业投资效率的区域效应、行业效应和企业类型效应:国际资本流动通过融资约束和资本资源配置机制提高了企业的投资效率,且对东部地区企业的影响要小于对中部和西部地区企业的影响,国际资本流入流出导致国内资本流动波动增加,宏观融资环境波动加大了企业经营难度,能在一定程度上实现优胜劣汰,淘汰落后产能促进行业的健康发展,中部和西部地区的资本资源配置效率提升对冲了融资约束机制的不利影响;国际资本流动通过融资约束和资本资源配置机制提高了中技术和低技术制造业企业的投资效率,但降低了高技术制造业企业的投资效率,中技术制造业由于技术门槛不高,市场竞争较为充分,国际资本流出会显著降低中技术制造业可贷资本,进而使得融资约束机制对中技术企业的影响最大,与此同时宏观经济环境变化会瞬间改变中技术制造业的盈亏平衡点,促使企业要么扩大生产规模以发挥规模经济效应,降低产能以减少生产经营亏损,资本资源配置效率得到大幅提高;国际资本流动通过融资约束和资本资源配置机制提高了民营企业和外资企业的投资效率,降低了公众企业的投资效率,没有影响国有企业的投资效率,国际资本流动虽提高了民营企业的投资效率，却恶化了民营企业的融资环境，使得民营企业头部效应更加明显，民营企业的老化和固化将降低中国经济增长质量和发展动力。从实证结果来看，国际资本流动均恶化了高技术制造业和民营企业的融资环境，与中国支持高技术制造业和民营企业发展的相关政策背道而驰。

第五，国际资本通过流向效率高的企业进而提高了企业投资效率，意味着当国际资本呈净流出时，高效率企业在资本市场融资能力更强进而投资更有效率。企业资产规模能促进企业投资效率的提高，说明大企业效率更高，在资本市场融资能力更强。与民营企业类似，国际资本流动也将恶化小微企业的融资环境。故利用沪港通政策这一近似自然实验，系统地探讨了沪港通政策实施后对上市公司融资行为的影响，尤其是对上市小公司融资行为的影响，以验证国际资本流动能通过融资约束机制影响企业的投资效率。实证结果显示，国际资本流动提高了上市公司股权融资和债权融资积极性，显著增加了股权融资和债权融资金额，相较于上市大公司，国际资本流动虽提高了上市小公司债权融资积极性，但上市小公司股权融资积极性显著下降了，而且股权融资和债券融资金额均显著下降了。上市小公司与投资者间存在严重的信息不对称、缺乏合格担保方和抵押品导致缺乏专门服务小微企业的金融机构，难以破解小微企业融资贵、融资难等世界性难题，诸如沪港通政策等资本账户开放政策导致的国际资本流动也难以改变小微企业弱势融资地位。国际资本通过流向效率高的企业进而提高了企业投资效率，意味着当国际资本呈净流入时，上市大公司在资本市场融资能力更强进而能进行更有效率的投资，当宏观经济冲击导致国际资本呈净流出时，对风险担忧导致投资者更加减少对小微企业的投资额，小微企业面临的融资约束环境会进一步恶化。沪港通等政策实施，促进了中国资本市场的进一步开放，国际资本流动虽恶化了企业融资约束问题，但促使资本由低效率的小公司流向高效率的大公司，增强了大公司融资能力，促进其进行有效投资，该实证结果与国际资本流动通过引导资本配置进而提高企业投资效率的结论相一致。

二　不足之处与进一步研究展望

本书梳理国际资本流动和企业投资效率的联系，从融资约束和资本资源配置机制视角，研究国际资本流动对中国企业投资效率的影响及影响路径，虽对已有研究进行了拓展并为应对国际资本流动冲击提供了政策参考，但本研究也存在以下不足之处。

第一，国际资本流动对企业投资效率影响研究，难点在于怎样将宏观冲击与微观个体相结合，并进行实证分析。但国际资本流动导致的宏观经济波动具有突发性，很难及时准确进行预测，再者，不同微观主体在面对国际资本流动冲击时也存在较大差异，故已有文献主要集中于总量研究，难以进一步深入分析国际资本流动的微观影响。本书在已有研究基础上，构建了多区域多行业的理论模型，虽在一定程度上揭示了国际资本流动的微观基础，并进行了相关实证分析，但还有较大的完善空间。

第二，国际资本流动相关研究虽较为丰富，但计算国际资本流动的统计口径有差异，且优缺点各异。直接法将国际收支平衡表中项目直接相加，虽计算简单直接，由于存在统计误差与遗漏，往往低估国际资本流动规模；间接法用外汇储备增量扣减国际收支平衡表中与国际资本流动不相关的项目，往往容易高估国际资本流动规模。本书也采用间接法来衡量国际资本流动规模，受指标衡量和可得数据限制，未细分国际资本流动类型，也未根据不同类型的国际资本流动设计不同的理论模型和实证计量模型，来论证不同类型国际资本流动的微观影响。

基于上述研究不足，未来可以沿着如下方向进一步展开研究。

第一，本书构建了多区域多行业的动态理论模型，为实证研究奠定了理论基础，但该动态理论模型并未能模拟出具体的理论解，因此需要继续研究宏观国际资本流动冲击与微观企业投资效率间的衔接"桥梁"。动态随机一般均衡模型在微观和宏观经济理论基础上，采用动态优化方法来考察微观个体在面对宏观经济冲击时的行为决策，并通过模拟寻找政策实施后微观个体的反应，以分析政策实施效果及政策优化。利用动态随机一般均衡模型具有的动态、随机、均衡解的优点，可建立综合且更加符合国际资本流动特点的理论模型，来模拟不同类型企业在面临国际资本流动冲击时的行为决策。但国际资本流动冲击与技术性冲击、货币政策冲击或偏好冲击不同，其易受突发性事件影响，难以在动态随机一般均衡模型中引入国际资本流动冲击和风险，是未来进一步进行理论研究的重点。

第二，国际资本流动一般可分为外国直接投资流、私人借贷流和证券流，外国直接投资因存在厂房、设备等固定设施投入，在资本流动中属于较为稳定的一种，主要受长期预期盈利影响，只要一国经济发展趋势长期稳定，不会发生外国直接投资流的大幅外逃。随着资本账户逐渐开放，外国投资者可以更容易进入本国证券市场，不仅放大了本国证券市场波动性，还影响了股权融资成本。私人借贷包括银行和非金融机构的借贷，如金融租赁、回购协议等，私人借贷流虽只占国际资本流动的一部分，但私人信贷一般是有抵押借贷，其流动性相对较差，故私人借贷波动介于外国直接投资流和证券流波动之间。但一旦一国宏观经济出现较大波动，私人借贷流和证券流都会有大规模出逃迹象，严重影响企业的融资环境。目前国际资本流动以短期国际资本流动为主，而且相较于外国直接投资等长期国际资本流动，短期国际资本具有波动性强、流动规模变化更大、流动方向易变化等特点，对企业投资造成的冲击也更大。外国直接投资流、私人借贷流和证券流对企业生产经营影响存在较大差异，故需要进一步收集全面、翔实、可靠、跨期长的面板数据，改进国际资本流动指标测算方法，将国际资本流动分为外国直接投资流、私人借贷流和证券流，并分别研究外国直接投资流、私人借贷流通过影响上市公司融资约束环境间接影响上市公司的投资行为，以及证券流通过影响上市公司股权收益间接影响上市公司的投资行为。

第二节 政策探讨

从国际经验来看，资本账户开放的成功取决于其对微观企业主体的积极影响，即促进优势企业增加投资，带动产业结构转型升级，提高经济发展质量以应对经济金融波动风险。虽然国际资本流动能提高企业的投资效率，但也存在地区、行业、企业类型差异，尤其是近年来我国国际资本呈净流出状态，恶化了民营企业和小微企业的融资环境。因此我国在资本账户渐进式开放过程中，需要加强监管以防止资本外逃，同时增强国有企业活力，遏制高技术企业非效率投资，促进区域经济的均衡发展。

一 严防资本外逃，构建资本账户管制与经济、金融协调的防控体系

从国家层面上来看，中国应该严防资本外逃，促进区域经济均衡发

展。中国政府力推亚投行和"一带一路"倡议，促进优秀企业"走出去"，以增强中国企业的国际竞争力和抵御风险能力。再者人民币的国际化也意味着我国资本账户开放进程不可逆，随着开放进程推进，国际资本流动的波动幅度将更大，对宏观经济冲击也更强。由实证结果可知，国际资本外流将恶化上市企业的融资环境，融资约束问题将限制优秀企业投资，降低企业投资效率，尤其是对中国经济重要组成部分的民营企业和小微企业冲击更大，将进一步加大经济下行压力。如果政策管控不力，将出现非理性大幅资本流出，甚至产生严重的资本外逃，危及中国经济高质量发展的基石。这意味着，资本账户开放存在国际资本外逃的风险，中国需提前应对资本外逃风险。但对资本项目管制与资本账户改革开放要求相违背，且对资本项目的有限管制措施只能治标，不能治本，需要构建资本账户管制与经济、金融相协调的防控体系。

第一，在资本管制方面，中国应合理引导资本流动，实施分层资本账户管制措施，严厉管控境内个人和企业非理性投资。首先，针对海外买房、逃税、转移资产等非理性或非法海外投资活动，中国政府应在已有政策基础上，继续加大管控力度。中国国家外汇管理局规定，自2017年1月1日起，每人每年购汇额度为5万美元，且不得用于境外买房、证券投资、购买投资性分红保险等尚未开放的资本项目。而自2017年7月1日起，国家外汇管理局加强了外汇管制，每人每天只能等额换汇5万人民币的美元和其他外币，且跨境汇款1万美元及等值外币均需申报。为了规范跨境投资，2017年下半年，我国密集出台了系列境外投资政策，如2017年8月4日出台的《关于进一步引导和规范境外投资方向的指导意见》将境外投资明确为鼓励类、限制类和禁止类三种类别；2017年12月18日出台的《民营企业境外投资经营行为规范》从经营管理、合规诚信、社会责任、环境保护、风险防控等方面引导民营企业境外投资；2017年12月26日出台的《企业境外投资管理办法》强化了对境外投资的事前、事中、事后全覆盖监管。中国政府通过出台严厉的管控政策，有效遏制了国际资本非理性外流，有利于促进境外投资健康发展，降低对海外房地产、影视娱乐业、足球等非效率投资，减少通过走私、低报出口和高报进口、地下钱庄等方式出现的资本外逃。其次，完善资本监管方法与手段，加重非法资本外逃的处罚力度，面对不断的金融创新以及资本流动方式变化，需要加强外汇、海关、银行以及税务部门的协调配合，加强企业利润汇出监管，防止虚假利润和重复利润汇出，加强境内外母子公司间经济往来监管，防止利用虚假业务往来进行非法资本外逃。另外，我国虽然未完全放开居民的资本项目，但也容易出现以"分拆结售汇""蚂蚁搬家"等方式来规避结售汇额度限制的违规情况。中国应制定有关资本外逃处罚的规章制度，使监管人员执法有依据，强化监管力度以震慑企图将资本通过非法渠道外逃的企业和居民。最后，中国政府应鼓励具有比较优势的企业和转型升级产业在全球展开并购，提高优秀企业在全球的资源配置能力，引导高技术企业通过并购和海外研发等投资形式学习海外先进的技术和管理经验。随着中国"一带一路"倡议的推进，具有比较优势的企业合理利用全球资源、增强企业竞争力的境外投资活动仍会较为活跃，如2016年中国在"一带一路"沿线国家直接投资达到145亿美元，中国企业已经在沿线20多个国家建立了56个经贸合作区，累计投资超过185亿美元。① 因此中国资本管控目的不在于左右国际资本流动方向和规模，而是降低企业或居民的非理性和非法境外活动，在维持宏观经济稳定的前提下，鼓励风险承受能力较强的优秀企业融入全球产业链中，并争取提高企业在产业链中的地位。

第二，在经济体系方面，中国政府应改善经济发展质量，由之前低效的投资增量增长转向高效的投资效率增长，促进经济转型升级，维持经济稳健可持续发展。截至2016年年底，中国总债务255万亿元，总负债率为342.7%，非金融企业总负债率超过250%。② 实体企业举债投资如不能带动经济的快速增长，则中国经济仍有下行风险。因此中国经济必须改变增长方式，维持经济稳定可持续发展，中国经济发展质量越高，大规模资本外逃的可能性就越低。党的十九大报告明确提出，中国经济已由高速增长阶段转向高质量发展阶段，在"中国速度"向"中国质量"的跨越阶段，中国经济需要转变发展方向，优化产业结构，由原先的粗放型产业结构向互联网、人工智能、大数据等创新产业结构转型，在中高端消费、绿色低碳、共享经济、人力资本服务等领域

---

① 数据来源于2017年3月11日，十二届全国人大五次会议记者会上商务部部长钟山答记者问。
② 数据来源于中国人民银行资产负债表。

培育新的增长点和增长动能。虽然产业结构转型会导致原先低效率的劳动、资源密集型产业纷纷转移到东南亚等国家，造成部分国际资本外流，如日资企业日东电工关闭苏州工厂，富士康在印度投资建厂等。但只要能培育出新的增长点，中国庞大的消费市场仍有足够的吸引力促使国际资本回流，投资新兴技术产业，形成良性循环。

第三，在金融方面，中国政府应该去杠杆、稳外汇，抑制资产泡沫，防范系统性金融风险。由外汇管理和资本账户管理体制变迁经验以及国际经验可知，资本账户管制措施要与金融发展水平相适应。目前我国正处于由"中国速度"向"中国质量"转型的关键期，需要稳定的金融环境。金融和汇率体系不稳，将加速资本外流，甚至导致资本外逃。因此为了增加金融系统的稳定性，自2017年以来中国加强了金融监管，努力降企业杠杆、挤资产泡沫，如2017年11月出台的《关于规范金融机构资产管理业务的指导意见（征求意见稿）》旨在"破刚兑、降杠杆、去通道、去嵌套、禁资金池"，紧随其后相继出台了《商业银行股权管理暂行办法》《商业银行委托贷款管理办法》《关于规范银信类业务的通知》等文件。系列监管政策剑指金融去杠杆，引导资金由房地产流向实体制造业。与此同时，监管部门也在降低个人和非金融企业的杠杆，如通过明确单家银行对单个企业或集团的授信总量上限，有助于改变企业过度融资现象，助推实体企业去杠杆，限制消费贷、现金贷资金流入楼市，防止进一步吹大资产泡沫。金融和外汇系统稳定不仅能降低国际资本流动的波动幅度，还能助推中国经济转型升级，增强中国企业抵抗国际资本流动冲击的能力。

第四，在区域经济平衡发展方面，中西部地区应继续加大吸引和利用外资的力度，引导外资进入实业，稳固实业发展基础。由实证结果可知，国际资本流动对中部和西部地区企业的投资效率影响要大于其对东部地区企业的影响，中部和西部地区金融发展水平低，当引入的国际资本与国内资本竞争加强将能提高资本资源配置效率，促进中西部地区有竞争力的优势产业发展。中部和西部地区与东部地区在经济发展、财政收入、居民累积等方面均存在一定差距，需要通过引进国际资本、技术和管理经验来降低区域发展差距。首先，中部和西部地区引入国际资本，需要有良好的制度环境，中部和西部地区在市场机制、市场秩序等方面仍存在较多缺陷，地方保护主义思想和官僚作风均会影响企业正常生产经营，需要降低区域市场分割，改善中部和西部地区的营商环境。其次，随着东部地区经济发展和产业结构调整，国际资本投资的产业已不能适应东部地区经济发展环境，而中部和西部地区也存在巨大的消费市场和劳动力成本优势，为了增加对国际资本的吸引能力，中部和西部地区应完善交通、电力等生产生活基础设施，更应加强金融、税收、政务服务等软环境建设。最后，中部和西部地区应借鉴东部地区经验，在征地、简化投资手续等方面给予国际资本一定的优惠条件，吸引国际资本投资当地具有比较优势的产业，鼓励外资企业引进最新技术以促进资本和知识密集型企业快速发展，缩小与东部地区的经济发展差距。

从国家层面来看，中国政府应在继续加大资本账户对外开放基础上，实施去杠杆、稳外汇等宏观经济政策，抑制资产泡沫，防范系统性金融风险，为经济发展奠定稳定的金融环境。中国政府还应改善经济发展质量，促进经济转型升级，为进一步开放奠定良好的经济环境。与此同时，为了抑制短期国际资本快速流出，中国政府还应实施分层资本账户管制措施，加强监管境内个人和企业的非理性投资。东部和西部地区应抓住东部地区产业转移机会，加大吸引利用外资力度，引导外资进入生态环境保护、农牧业产品加工等民生行业以及外贸、运输、金融、医疗等高端服务业，夯实实业发展的基础。因此，中国政府只有协调好资本账户管制与经济、金融政策，构建立体防控体系才能有效预防严重的资本外逃现象发生，实现区域协调可持续发展。

二 疏通资本配置效率机制，提升高技术企业的投资效率

中国政府提高经济发展质量的核心在于提高高技术产业投资效率、培育新的增长点和增长动力。高新技术企业指利用高新技术研究、开发、生产高新技术的企业。这类企业研发建立在基础研究上，创新开发难度极大，需要源源不断的高投入，且失败风险极大，因此往往高技术企业存在严重的投资不足问题。为了促进产业转型升级，形成新的增长点和支柱产业，政府也会密集出台高技术产业扶持政策，但高新技术企业成长需要时间和技术积累，而短期产业政策大部分通过补贴形式降低产品成本，从而吸引大量企业和资金蜂拥进入，而非进入基础研究领域。企业和资本蜂拥进入某个产业领域，不仅造成该领域过度竞争，导致资本资源浪费，还挤占了其他高技术领域的资本投资。如果资本能从过度投资领域流向投资不足领域，将能有效化解高技术企业投资效率较

低的问题,促进中国产业结构升级,为经济高质量发展提供新的增长动力。由实证结果可知,国际资本流动虽然能通过提高资本配置效率的机制提高企业投资效率,但国际资本流动反而降低了高技术企业的投资效率,主要在于资本配置效率机制无法发挥作用,且融资约束机制恶化了高技术制造业的融资环境。因此为了解决高技术企业投资效率较低问题,中国需要疏通国际资本流动的资本资源配置机制。

第一,针对高新技术领域的产业政策,政府和市场应严守职责,不越界,政府发挥精准引导功能,使市场发挥出主体内生激励作用。高技术产业发展初期,技术和产业模式均不成熟,企业和资本处于观望期,需要产业政策将政策资源导向通用技术和技术融合领域,引导企业和资本投向创新领域。产业政策只能发挥引导作用,即产业政策实施领域需要具有普惠性,重点完善公共服务体系和技术创新体系,切实提高行业合作创新和开放创新能力。同时,产业政策退出时点要精准,否则过度的产业政策保护反而会削弱行业竞争力,如新能源汽车大规模骗补事件不仅浪费了资本资源,还降低了行业的创新动能。市场内生激励机制能发挥优胜劣汰的有效资源配置作用,减少高技术企业非理性投资行为,从而发挥国际资本流动的资本资源配置机制,进而提高高技术企业的投资效率。高技术产业代表了未来发展趋势,能够带动国家乃至更大范围内的行业技术革新,提升产业链位置并增加国家整体福利,故具有资源调配能力的政府应适当利用产业政策缩小与发达国家间的技术差距。但产业政策在实践过程中往往面临退出难题,政府在运用产业政策时,受到客观制约因素影响较多,信息收集的及时性和准确性比自由市场竞争中的企业要差,存在一定的寻租行为,且产业政策改进调整较慢,调整成本也较高,故在制定促进高技术制造业发展政策时,产业政策应作为市场调节的补充手段,产业政策应更加重视资源引导能力,并加大基础科学研究投入,为企业的创新提供基础技术支撑,强化市场的自我调节能力,在市场与产业政策间寻找最优的资源分配均衡点。

第二,针对企业投资行为,政府应引导企业进行价值投资,严厉打击投机炒作行为。政府希望通过产业政策引导具有一定技术、资金优势的企业进入该高新技术领域,但很多小公司只是蹭热点吸引资本关注,往往没有优势资源而强行进入该行业。企业管理者投资的羊群效应放大了产业政策扭曲资源配置作用,造成资源的极大浪费。作为现代信息时代和信息社会的根基，集成电路被喻为现代工业的"粮食"，全产业链正沿着"专业化分工、上下游绵长、技术分层明显"的路径演进，也越来越呈现出技术引领与需求驱动交互作用的"双引擎"特征。集成电路高端领域具有"高投入、高风险、高收益"特征，前期有赖于产业政策乃至政府进行"固定投入"来消化成本，降低产品设计和技术开发的市场风险，故各地政府均出台了扶持集成电路产业发展的补贴政策。在密集的产业政策下，多地不少百亿级甚至千亿级芯片项目烂尾停摆，如武汉弘芯半导体千亿项目、成都格芯百亿项目等。因此，为了引导企业理性长远价值投资，产业政策制定者在制定鼓励政策时应设置相应的合理门槛，加强对重大项目建设的服务和指导，有序引导和规范高技术产业的发展秩序，做好规划布局，并按照"谁支持、谁负责"的原则，对造成重大损失或引发重大风险的地方政府官员予以通报问责。同时，证监会、银监会等监管机构应严厉打击虚假信息等具有误导性信息披露行为，增加具有投机动机的企业的投机成本。企业非理性投资行为减少，将促使国际资本考虑具有长远价值的投资，有助于疏通国际资本流动的资本资源配置功能。

从行业层面来看，为了引导国际资本流入高技术企业，解决高技术企业融资约束问题，同时发挥资金引导作用，将稀缺资本资源导入具有发展前景的高效率企业，提高高技术企业的投资效率。高技术制造业属于资本和技术密集型产业，前期研发成本高且不确定性较大，需要具有一定风险承担能力的风险投资机构来满足高技术制造业的融资需求，故政府应该制定系列优惠政策来引导其他市场主体参与高技术制造业的发展。但引导并非意味着对投机行为的容忍，中国政府应严厉打击投机炒作行为，引导投资者进行长期价值投资，降低因羊群效应导致的资本非理性流动。与此同时，中国政府还应谨慎运用产业政策，并重点关注基础科学研究，为企业技术创新提供基础条件。

三　增强国有企业活力，推动国有企业增效减负和混合所有制改革

中国政府应加大国有企业改革，增强国有企业活力。国有企业是中国特色社会主义的重要物质基础和政治基础，是国民经济的支柱。国有企业能否稳健发展决定了我国经济运行是否稳定，而国有企业能否进行有效投资，很大程度上决定了国有企业盈利能力和活力。目前中国资本账户开放改革，丰富了企业融资渠道，有助于提高企业的投资效率。但

实证结果表示，国际资本流动对国有企业投资效率没有影响，因为国际资本流动的融资约束机制和资本资源配置机制均不起作用。有政府加持的国有企业能以较低成本获得优质的贷款资源，国际资本流出冲击产生的融资约束机制对国有企业影响最小。国有企业体制僵硬，缺乏活力，资本资源在国有企业间流通不畅，资本资源配置效率低下，无法发挥国际资本流动的资本资源配置功能。但随着中国资本账户进一步开放，国有企业将面临更严重的来自全球经济波动的冲击。为了提高国有企业抵抗风险能力，国有企业需要加快转型升级，并增强企业活力。

第一，优化国有企业结构布局，提高资本资源配置效率。2017年我国有16万多家的国有企业，基本涵盖了全部经济门类，但能源、化工等传统高污染行业占比较大，人工智能、互联网、大数据等高技术企业占比较小。传统基础行业属于重资产行业，资本资源流向这些行业将挤压高技术国有企业转型升级所需的资本资源。2012年以后，中国经济增速开始放缓，煤炭、钢铁等产能过剩问题逐渐突出，故中央政府推动供给侧结构性改革，国有企业也加快产业调整步伐，积极压缩和淘汰钢铁、煤炭等落后产能，并积极妥善处理"僵尸企业"，对"僵尸企业"采用高压的经济手段和法治手段，坚决关闭亏损严重、资不抵债、缺乏竞争力的"僵尸企业"。与落后产能相比，5G基建、大数据中心、人工智能等领域的新兴战略性产业，能促进经济的高质量发展，但该类产业投资规模大、投资风险高且受经济周期影响较大，而国有企业应充分发挥其融资成本低、信用水平高、抵抗经济周期能力强特点，加大对高新技术产业的投资，并建立与之相配套的业绩考核体系。基于国有经济的功能定位，中国政府已明确将国有企业分为公共政策性、特定功能性和一般商业性企业三类，一般商业性的国有企业应抓住国有企业改革良机，优化产业结构布局，将稀缺资本资源由低效率行业流向高效率行业，增强应对国际资本流动冲击的能力。

第二，减员增效，提高企业的运行效率。国有企业普遍存在管理层级臃肿，人员工作效率低下等问题。体制臃肿僵硬，必然造成企业决策程序烦琐、管理传递层层衰减、市场反应迟钝，资本资源配置效率机制弱化，导致资本资源留在低效率的国有企业，浪费资本资源。随着全球科学技术水平的持续提升，高新技术产业已然成为全球经济发展增长点，面临较为激烈的全球竞争，而且高技术的不确定性也需要企业具备完善的现代企业管理制度，灵活运用激励政策提高员工的自主性与创新性，强化不同部门间的协同能力，降低行政管理层次，构建扁平化组织结构。因此国有企业改革要有效压缩管理层级，科学设置管理层级和职能部门，精简管理机构，缩短管理链条。同时，要聚焦发展主业，坚决砍掉没有竞争优势的非主业业务，解决国有企业"大而全、小而全"等问题，增强国有企业主业核心竞争力。国有企业运行效率的提升，能增强其对市场的反应和活力。国际资本流动引起的融资环境变化，能改变企业的生产经营行为，促使稀缺的资本流向更高效率的国有企业，增加资本资源配置机制对融资约束机制的纠正能力，进而提高企业的投资效率。

第三，推动有条件的国有企业进行混合所有制改革，增强国有企业活力。2017年8月联通集团的混改拉开了国有企业混改、重组的序幕。国有企业混改不是简单的私有化，而是通过引入多种所有制资本完善国有企业现代企业制度，健全公司法人治理结构，做强、做大国有资本。联通等具有优势技术、资源的国有企业，通过引入多种资本，有助于利用民营企业管理技术上的灵活性，增强企业活力，为国有企业加强关键技术研发奠定制度基础，促进国有企业转型升级。同时，国有企业通过混合所有制改革引入具有市场力量的民营企业，能增加国有企业对国际资本变化的感应度，增强国有企业应对宏观经济波动的能力，并通过资本资源配置机制加快企业的转型升级。也就是说，国有企业混合所有制改革，不仅是引入民营资本实现"混"，更要推进生产要素市场化配置实现"改"，因此在改革过程中需要实现更大力度的开放以倒逼国有企业进行混合所有制改革，加大航空航天、金融证券、教育医疗等领域内的开放力度，市场竞争会促使国有企业改革，增强国有企业乃至行业的国际竞争能力。

从企业层面来看，中国政府需要优化国有企业的产业结构布局，鼓励有条件的国有企业尽快推动混合所有制改革，利用民营企业现代化企业管理经验，实现国有企业减员增效，提高国有企业的运作效率，增强对外部环境的感知能力，达到增强国有企业活力的目的。与此同时民营企业或小微企业参与国有企业改革，有助于增加这些处于融资弱势地位的企业的信用水平，改善融资环境。由于存在信息不对称，对风险更为敏感的国际资本偏好国有企业和大公司，资本的羊群效应导致头部企业优势更加明显,不利于增加民营企业和小微企业的融资行为。民营企业和小微企业参加国有企业混合所有制改革,能向投资者传递该类企业生产经营良好,有能力参与国有企业改革的信息,也就能降低投资者的投资风险,改善该类企业的融资环境。由于民营企业和小微企业是国民经济的重要组成部分,在促进就业、增加财政收入、提高经济韧性方面均具有重要的作用,政府还应该加大对民营企业和小微企业的支持力度,增加金融中介机构对民营企业和小微企业的信贷引导,促进民营企业和小微企业的良性发展。

参考文献

陈创练、庄泽海、林玉婷：《金融发展对工业行业资本配置效率的影响》，《中国工业经济》2016 年第 11 期。

陈德球、李思飞、钟昀珈：《政府质量、投资与资本配置效率》，《世界经济》2012 年第 3 期。

陈艳利、乔菲、孙鹤元：《资源配置效率视角下企业集团内部交易的经济后果——来自中国资本市场的经验证据》，《会计研究》2014 年第 10 期。

陈雨露：《国际资本流动的经济分析》，中国金融出版社 1997 年版。

戴淑庚、胡逸闻：《资本账户开放风险指数的构建与测度》，《经济与管理研究》2016 年第 1 期。

邓可斌、曾海舰：《中国企业的融资约束：特征现象与成因检验》，《经济研究》2014 年第 2 期。

范学俊：《金融政策与资本配置效率——1992～2005 年中国的实证》，《数量经济技术经济研究》2008 年第 26 期。

冯宝军、陈艳、孙丕海：《预算软约束下金字塔结构对企业投资效率影响——基于中国国有上市公司的实证研究》，《财贸经济》2013 年第 34 期。

郭斐、王崇锋、郭鸿帅等：《我国资本账户开放现状及国际经验借鉴》，《江苏商论》2016 年第 4 期。

韩剑：《国际资本流入的易变性及其对策研究》，《国际金融研究》2012 年第 5 期。

韩琳：《上市公司债权融资与股权融资的财务效应比较分析》，《财会研究》2011 年第 16 期。

韩乾、袁宇菲、吴博强：《短期国际资本流动与我国上市企业融资成本》,《经济研究》2017年第6期。

韩旺红、马瑞超:《FDI、融资约束与企业创新》,《中南财经政法大学学报》2013年第2期。

江剑、官建成:《中国中低技术产业创新效率分析》,《科学学研究》2008年第26期。

蒋琰、陆正飞:《公司治理与股权融资成本——单一与综合机制的治理效应研究》,《数量经济技术经济研究》2009年第2期。

靳庆鲁、孔祥、侯青川:《货币政策、民营企业投资效率与公司期权价值》,《经济研究》2012年第5期。

赖明勇、包群、彭水军等:《外商直接投资与技术外溢:基于吸收能力的研究》,《经济研究》2005年第8期。

雷文妮、金莹:《资本账户开放与经济增长——基于跨国面板数据的研究》,《国际金融研究》2017年第1期。

李芳、卢璐:《资本流动突然中断对不同负债结构国家的经济影响》,《国际金融研究》2017年第3期。

李俊江、于众:《政府如何化解小企业融资难题——基于信息不对称的视角》,《财政研究》2015年第6期。

李蕾、韩立岩:《价值投资还是价值创造?——基于境内外机构投资者比较的经验研究》,《经济学(季刊)》2014年第1期。

李伟、成金华:《基于信息不对称的中小企业融资的可行性分析》,《世界经济》2005年第11期。

李扬:《中国经济对外开放过程中的资金流动》,《经济研究》1998年第2期。

连玉君、苏治、丁志国:《现金—现金流敏感性能检验融资约束假说吗?》,《统计研究》2008年第10期。

林毅夫、李志赟:《政策性负担、道德风险与预算软约束》,《经济研究》2004年第2期。

刘莉亚:《境外"热钱"是否推动了股市、房市的上涨?——来自中国市场的证据》,《金融研究》2008年第19期。

陆桂贤、许承明、许凤娇:《金融深化与地区资本配置效率的再检验:1999—2013》,《国际金融研究》2016年第3期。

陆正飞、叶康涛:《中国上市公司股权融资偏好解析——偏好股权融资就是缘于融资成本低吗?》,《经济研究》2004年第4期。

马亚军、刘丽芹:《信息不对称、管理者内生偏好与上市公司股权融资偏好》,《中国软科学》2004年第3期。

牟小丽、杨孝安:《投资效率文献综述》,《中国证券期货》2012年第7期。

倪中新、武凯文、周亚虹等:《终极所有权视角下的上市公司股权融资偏好研究——控制权私利与融资需求分离》,《财经研究》2015年第1期。

覃家琦、邵新建:《交叉上市、政府干预与资本配置效率》,《经济研究》2015年第6期。

邱兆祥、史明坤、安世友:《人民币资本账户逐步开放的顺周期性问题研究》,《国际金融研究》2013年第5期。

束景虹:《机会窗口、逆向选择成本与股权融资偏好》,《金融研究》2010年第4期。

王成岐、张建华:《外商直接投资、地区差异与中国经济增长》,《世界经济》2002年第4期。

王成秋:《对投资效率的界定》,《生产力研究》2006年第9期。

王世华、何帆:《中国的短期国际资本流动:现状、流动途径和影响因素》,《世界经济》2007年第7期。

王卫星、张佳佳:《地区竞争压力、要素配置扭曲与企业投资效率》,《审计与经济研究》2017年第6期。

王信、林艳红:《90年代以来我国短期资本流动的变化》,《国际金融研究》2005年第12期。

王子博:《国际资本流动冲击有利于经济增长吗》,《统计研究》2015年第7期。

魏志华、王贞洁、吴育辉等:《金融生态环境、审计意见与债务融资成本》,《审计研究》2012年第3期。

魏志华、曾爱民、李博:《金融生态环境与企业融资约束——基于中国上市公司的实证研究》,《会计研究》2014年第5期。

武力超、翟光宇、陈熙龙:《国外资本流入与空间集聚:基于经济自由程度差异的分析》,《当代经济科学》2013年第3期。

肖涵、刘芳:《资本账户开放政策对公司融资行为的影响——基于沪港通政策的实证研究》,《经济经纬》2019年第3期。

谢军、黄志忠:《区域金融发展、内部资本市场与企业融资约束》,《会计研究》2014年第7期。

徐一民、张志宏:《产品市场竞争、政府控制与投资效率》,《软科学》2010年第12期。

喻坤、李治国、张晓蓉等:《企业投资效率之谜:融资约束假说与货币政策冲击》,《经济研究》2014年第5期。

余子良、佟家栋:《所有制、出口行为与企业融资约束》,《世界经济》2016年第3期。

曾鸿志:《信息不对称与上市公司股权融资偏好的实证检验》,《统计与决策》2010年第17期。

张彬、葛伟:《总投资和未来收益率的长期关系及影响机制:基于贝叶斯估计方法的实证分析》,《经论与经济管理》2017年第7期。

张明:《中国面临的短期国际资本流动:不同方法与口径的规模测算》,《世界经济》2011年第2期。

张明、肖立晟:《国际资本流动的驱动因素:新兴市场与发达经济体的比较》,《世界经济》2014年第8期。

郑璇:《流入驱动型与流出驱动型国际资本流动突然中断的影响因素分析——以新兴市场国家为例》,《国际金融研究》2014年第1期。

智琨、傅虹桥:《不同类型资本账户开放与经济增长:来自中低收入国家的证据》,《经济评论》2017年第4期。

中国科学院大学国际资本流动与金融稳定研究课题组:《国际资本流动新特点》,《中国金融》2017年第2期。

钟田丽、弥跃旭、王丽春:《信息不对称与中小企业融资市场失灵》,《会计研究》2003年第8期。

朱伟骅、张宗新:《投资者情绪、市场波动与股市泡沫》,《经济理论与经济管理》2008年第2期。

[英]彼罗·斯拉法:《李嘉图著作和通信集:政治经济学及赋税原理》,郭大力、王亚南译,商务印书馆1962年版。

Aggarwal R, Klapper L and Wysocki P, "Portfolio Preferences of Foreign Institutional Investors", *Journal of Banking and Finance*, Vol. 29, 2005.

Aguiar M, Amador M, "Growth in the Shadow of Expropriation", *The*

Quarterly Journal of Economics, Vol. 126, No. 2, 2011.

Almeida H, Campello M, Weisbach M S, "The Cash Flow Sensitivity of Cash", *The Journal of Finance*, Vol. 59, No. 4, 2004.

Arellano M, Bond S, "Some Tests of Specification for Panel Data: Monte Carlo Evidence and an Application to Employment Equations", *The Review of Economic Studies*, Vol. 58, No. 2, 1991.

Asker J, Farre-Mensa J, Ljungqvist A, "Comparing the Investment Behavior of Public and Private Firms", *Social Science Electronic Publishing*, 2011.

Bai J, Carvalho D R, Phillips G M, "The Impact of Bank Credit on Labor Reallocation and Aggregate Industry Productivity", *Social Science Electronic Publishing*, 2015.

Baxter N D, "Leverage, Risk of Ruin and the Cost of Capital", *The Journal of Finance*, Vol. 22, No. 3, 1967.

Bebchuk L A, Stole L A, "Do Short-term Objectives Lead to Underor Overinvestment in Long-term Projects?" *The Journal of Finance*, Vol. 48, No. 2, 1993.

Beck T, Demirguec-Kunt A, Maksimovic V, "Financial and Legal Constraints to Growth: Does Firm Size Matter?" *The Journal of Finance*, Vol. 60, No. 3, 2005.

Bekaert G, Harvey C R, Lumsdaine R L, "The Dynamics of Emerging Market Equity Flows", *Journal of International Money & Finance*, Vol. 21, No. 3, 2002.

Bekaert G, Harvey C R, Lundblad C, "Does Financial Liberalization Spur Growth?" *Journal of Financial Economics*, Vol. 77, No. 1, 2005.

Bekaert G, Harvey C R, Lundblad C, "Financial Openness and Productivity", *World Development*, Vol. 39, No. 1, 2011.

Bergin P R, Sheffrin S M, "Interest Rates, Exchange Rates and Present Value Models of the Current Account", *Economic Journal*, Vol. 110, No. 463, 2000.

Bonfiglioli A, "Financial Integration, Productivity and Capital Accumulation", *Journal of International Economics*, Vol. 76, No. 2, 2008.

Brandt L, Zhu X, "Redistribution in a Decentralized Economy: Growth and Inflation in China under Reform", *Journal of Political Economy*, Vol. 108, No. 2, 2000.

Cai F, Warnock F E, "International Diversification at Home and Abroad", *National Bureau of Economic Research*, 2006.

Calvo G A, Mendoza E G, "Capital – Markets Crises and Economic Collapse in Emerging Markets: An Informational – Frictions Approach", *American Economic Review*, Vol. 90, No. 2, 2000.

Cameron A C, Trivedi P K, "Microeconometrics Using Stata, Revised Edition", Stata Press, 2010.

Chen S, Sun Z, Tang S, et al., "Government Intervention and Investment Efficiency: Evidence from China", *Journal of Corporate Finance*, Vol. 17, No. 2, 2011.

Chhibber B P K, Majumdar S K, "Foreign Ownership and Profitability: Property Rights, Control and the Performance of Firms in Indian Industry", *Journal of Law & Economics*, Vol. 42, No. 1, 1999.

Claessens S, Laeven L, "Financial Development, Property Rights, and Growth", *The Journal of Finance*, Vol. 58, No. 6, 2003.

Clark J M, "Business Acceleration and the Law of Demand: A Technical Factor in Economic Cycles", *Journal of Political Economy*, Vol. 25, No. 3, 1917.

Cleary S, "The Relationship Between Firm Investment and Financial Status", *Journal of Finance*, Vol. 54, No. 2, 1999.

Crescenzio A D, Golin M, Molteni F, "Have Currency – based Capital Flow Management Measures Curbed International Banking Flows?" *Oecd Working Papers on International Investment*, 2017.

Cuddington J T, *Capital Flight: Estimates, Issues, and Explanations*, New York: Princeton University, 1986.

Cudré S, Hoffmann M, "A Provincial View of Global Imbalances: Regional Capital Flows in China", *Review of World Economics*, 2014.

Cull R, Davis L E, Lamoreaux N R, et al, "Historical Financing of Small – and Medium – size Enterprises", *Journal of Banking & Finance*, Vol. 30, No. 11, 2006.

Dahlquist M, Robertsson G, "Direct Foreign Ownership, Institutional Investors, and firm Characteristics", *Journal of Financial Economics*, Vol. 59, No. 3, 2001.

Dechow P M, Richardson S A, Sloan R G, "The Persistence and Pricing of the Cash Component of Earnings", *Journal of Accounting Research*, Vol. 46, No. 3, 2008.

Diamond D W, Dybvig P H, "Bank Runs, Deposit Insurance, and Liquidity", *Journal of Political Economy*, Vol. 91, No. 3, 1983.

Dimirguc-Kunt A, "Law, Finance, and Firm Growth", *Journal of Finance*, Vol. 53, No. 6, 1998.

Edison H J, Klein M W, Ricci L A, et al., "Capital Account Liberalization and Economic Performance: Survey and Synthesis", *IMF Staff Papers*, Vol. 51, No. 2, 2004.

Edison H J, Warnock F E, "U. S. Investors Emerging Market Equity Portfolios, A Security-Level Analysis", *The Review of Economics and Statistics*, Vol. 86, No. 3, 2004.

Edwards S, "Capital Mobility and Economic Performance: Are Emerging Economies Different?" *National bureau of economic research*, No. w8076., 2001.

Eun C S, Claessens S, Jun K W, "Pricing Externalities in the World Financial Markets: Theory and Policy Implications", *Pacific-Basin Finance Journal*, Vol. 3, No. 1, 1995.

Fazzari S, Hubbard R G, Petersen B, "Investment, Financing Decisions, and Tax Policy", *The American Economic Review*, Vol. 78, No. 2, 1988.

Fernandez-Arias E, "The new Wave of Private Capital Inflows: Push or Pull?" *Journal of Development Economics*, Vol. 48, No. 2, 1996.

Flood, R P, Garber P M, "Collapsing Exchange-rate Regimes: Some Linear Examples", *Journal of International Economic*, Vol. 17, No. 1, 1984.

Forbes K J, Warnock F E, "Capital Flow Waves: Surges, Stops, Flight, and Retrenchment", *Journal of International Economics*, Vol. 88, No. 2, 2012.

Fratzscher M, "Capital Flows, Push Versus Pull Factors and the Global Financial Crisis", *Journal of International Economics*, Vol. 88, No. 2, 2012.

Galindo A, Schiantarelli F, Weiss A, "Does Financial Liberalization Improve the Allocation of Investment? Micro – evidence From Developing Countries", *Journal of Development Economics*, Vol. 83, No. 2, 2007.

Ghosh A R, Qureshi M S, Kim J I, Zalduendo J, "Surges", *Journal of International Economics*, Vol. 92, No. 2, 2014.

Goldberg L S, Krogstrup S, "International Capital Flow Pressures", National Bureau of Economic Research, No. 24286, 2018.

Gopinath G, Kalemliozcan S, Karabarbounis L, et al., "Capital Allocation and Productivity in South Europe", *Social Science Electronic Publishing*, 2015.

Gourinchas P O, Jeanne O, "Capital Flows to Developing Countries: The Allocation Puzzle", *The Review of Economic Studies*, Vol. 80, No. 4, 2013.

Gourio F, Siemer M, Verdelhan A, "International Risk Cycles", *Journal of International Economics*, Vol. 89, No. 2, 2013.

Griffin, J M, Nardari F, Stulz R M, "Are Daily Cross – border Equity Flows Pushed or Pulled?", *Review of Economics and Statistics*, Vol. 86, No. 3, 2004.

Gupta N, Yuan K, "On the Growth Effect of Stock Market Liberalizations", *Review of Financial Studies*, Vol. 22, No. 11, 2009.

Hadlock C J, Pierce J R, "New Evidence on Measuring Financial Constraints: Moving Beyond the KZ Index", *Review of Financial Studies*, Vol. 23, No. 5, 2010.

Harrison A E, Love I, Mcmillan M S, "Global Capital Flows and Financing Constraints", *Journal of Development Economics*, Vol. 75, No. 1, 2004.

Henry P B, "Stock Market Liberalization, Economic Reform, and Emerging Market Equity Prices", *Journal of Finance*, Vol. 55, No. 2, 2000.

Henry P B, "Do Stock Market Liberalization Cause Investment Booms?" *Journal of Financial Economics*, Vol. 58, No. (1 – 2), 2000.

Hoffmann M, "What drives China's Current Account?" *Journal of International Money & Finance*, Vol. 32, No. 1, 2013.

Holmstrom B, Costa J R I, "Managerial Incentives and Capital Management", *The Quarterly Journal of Economics*, Vol. 101, No. 4, 1986.

Hubbard R G, "Capital – Market Imperfections and Investment", *Journal of Economic Literature*, Vol. 36, No. 1, 1998.

Jensen F H, "Recent Developments in Corporate Finance", Cambridge University Press, 1986.

Jensen M C, "Agency Costs of Free Cash Flow, Corporate Finance, and Takeovers", *American Economic Review*, Vol. 76, No. 2, 1986.

Johnson S, Woodruff C, "Property Rights and Finance", *Social Science Electronic Publishing*, Vol. 92, No. 5, 2002.

Jorgenson D W, Siebert C D, "A Comparison of Alternative Theories of Corporate Investment Behavior", *The American Economic Review*, Vol. 58, No. 4, 1968.

Jotikasthira C, Lundblad C, Ramadorai T, "Asset Fire Sales and Purchases and the International Transmission of Funding Shocks", *Journal of Finance*, Vol. 67, No. 6, 2012.

Kano T, "A Structural VAR Approach to the Intertemporal Model of the Current Account", *Journal of International Money & Finance*, Vol. 27, No. 5, 2008.

Kaplan S N, Zingales L, "Do Financing Constraints Explain Why Investment is Correlated with Cash Flow?" *Quarterly Journal of Economics*, Vol. 112, No. 1, 1997.

Kaplan S N, Zingales L, "Investment – Cash Flow Sensitivities are not Valid Measures of Financing Constraints", *Quarterly Journal of Economics*, Vol. 115, No. 2, 2000.

Khurana I K, Martin X, Pereira R, "Financial Development and the Cash Flow Sensitivity of Cash", *Journal of Financial and Quantitative Analysis*, Vol. 41, No. 4, 2006.

Knill A M, "Does Foreign Portfolio Investment Reach Small Listed Firms?" *European Financial Management*, Vol. 19, No. 2, 2013.

Knill A, Lee B S, "The Volatility of Foreign Portfolio Investment and the Access to Finance of Small Listed Firms", *Review of Development Economics*, Vol. 18, No. 3, 2014.

Krugman P, "A Model of Balance - of - payments Crises", *Journal of Money, Credit and Banking*, Vol. 11, No. 3, 1979.

Lamont O, Polk C, "Saá - Requejo J Financial Constraints and Stock Returns", *Review of Financial Studies*, Vol. 14, No. 2, 2001.

Lang L H P, Litzenberger R H, "Dividend Announcements: Cash flow Signalling vs. free Cash flow Hypothesis?" *Journal of Financial Economics*, Vol. 24, No. 1, 1989.

Larrain M, Stumpner S, "Capital Account Liberalization and Aggregate Productivity: The Role of Firm Capital Allocation", *The Journal of Finance*, Vol. 72, No. 4, 2017.

Lee J Y and Mansfield E, "Intellectual Property Protection and US Foreign Direct Investment", *The Review of Economics and Statistics*, Vol. 78, 1996.

Leuz C, Lins K and Warnock F, "Do Foreigners Invest Less in Poorly Governed Firms?" *Review of Financial Studies*, Vol. 22, 2009.

Levchenko A A, Rancière R, "Thoenig M Growth and Risk at the Industry Level: The Real Effects of Financial Liberalization", *Journal of Development Economics*, Vol. 89, No. 2, 2009.

Levine R, "International Financial Liberalization and Economic Growth", *Review of International Economics*, Vol. 9, No. 4, 2001.

Love I, "Financial Development and Financing Constraints: International Evidence from the Structural Investment Model", *Review of Financial Studies*, Vol. 16, No. 3, 2003.

Markowitz H, "Portfolio Selection", *The Journal of Finance*, Vol. 7, No. 1, 1952.

Miller D and Puthenpurackal J, "The costs, wealth effects, and determinants of international capital raising: evidence from public yankee bonds", *Journal of Financial Intermediation*, Vol. 11, 2002.

Milesi - Ferretti G M, Tille C, "The Great Retrenchment: International

Capital Flows During the Global Financial Crisis", *Economic Policy*, Vol. 26, No. 66, 2011.

Mishkin F S, "Lessons From the Asian Crisis", *Journal of International Money and Finance*, Vol. 18, No. 4, 1999.

Modigliani F, Miller M H, "The Cost of Capital, Corporation Finance and the Theory of Investment", *American Economic Review*, Vol. 49, No. 4, 1958.

Mortal S, Reisel N, "Capital Allocation by Public and Private Firms", *Journal of Financial & Quantitative Analysis*, Vol. 48, No. 1, 2013.

Mundell R A, "The Pure Theory of International Trade", *The American Economic Review*, Vol. 50, No. 1, 1960.

Myers S C, "Determinants of Corporate Borrowing", *Journal of Financial Economics*, Vol. 5, No. 2, 1977.

Myers S C, Majluf N S, "Corporate Financing and Investment Decisions when Firms Have Information that Investors do not have", *Journal of Financial Economics*, Vol. 13, No. 2, 1984.

Obstfeld M, "Models of Currency Crises with Self-fulfilling Features", *European Economic Review*, Vol. 40, No. 3, 1996.

Obstfeld M, "Financial Flows, Financial Crises, and Global Imbalances", *Journal of International Money & Finance*, Vol. 31, No. 3, 2012.

Ouyang Z, Xue L, "Monetary Policy, Financing Constraints, and Investment Efficiency of Small and Medium Enterprises", *Securities Market Herald*, 2016.

Popov A, "Credit Constraints, Equity Market Liberalization, and Growth Rate Asymmetry", *Journal of Development Economics*, Vol. 107, No. 1, 2014.

Quinn D, "The Correlates of Change in International Financial Regulation", *American Political Science Review*, Vol. 91, No. 3, 1997.

Radelet S, Sachs J D, Cooper R N, "The East Asian Financial Crisis: Diagnosis, Remedies, Prospects", *Brookings Papers on Economic Activity*, Vol. 1998, No. 1, 1998.

Rajan R G, Zingales L, "Financial Dependence and Growth", *American Economic Review*, Vol. 88, No. 3, 1998.

Richardson S, "Over-investment of Free Cash Flow", *Review of Accounting Studies*, Vol. 11, No. (2-3), 2006.

Rodrik D, "Why is there Multilateral Lending?", National Bureau of Economic Research, No. 5160, 1995.

Shleifer A, Vishny R W, "Value Maximization and the Acquisition Process", *Journal of Economic Perspectives*, Vol. 2, No. 1, 1988.

Song Z K, Storesletten K, Zilibotti F, "Growing Like China", *American Economic Review*, Vol. 101, No. 1, 2011.

Su C W, Wang Z F, Rui N, et al., "Does International Capital Flow Lead to A Housing Boom? A Time-varying Evidence From China", *Journal of International Trade & Economic Development*, Vol. 26, No. 2, 2017.

Tang X, Xie M, Xu L, "Equity Incentive, Institutional Environment and Corporate Capital Investment Efficiency", *Financial Economics Research*, 2017.

Taylor M P, Sarno L, "Capital Flows to Developing Countries: Long- and Short-term Determinants", *The World Bank Economic Review*, Vol. 11, No. 3, 1997.

Tobin J, "Monetary Policies and the Economy: the Transmission Mechanism", Southern Economic Journal, Vol. 44, No. 3, 1978.

Varela L, "Reallocation, Competition and Productivity: Evidence from a Financial Liberalization Episode", *Social Science Electronic Publishing*, 2015.

Wurgler J, "Financial Markets and the Allocation of Capital", *Journal of Financial Economics*, Vol. 58, 2000.

Whited T M, Wu G, "Financial Constraints Risk", *Review of Financial Studies*, Vol. 19, No. 2, 2006.

Zhu M, Yan S, "Short-term International Capital Flow and Asset Price-Based On Heterogonous Investment", *Studies of International Finance*, 2017.

后　记

本书是在我 2018 年博士毕业论文基础上进行的修改和丰富。2007 年美国次贷危机和 2010 年欧债危机对世界经济产生了深远影响，主要发达经济体经济增长速度放缓。为了应对危机，2010 年以来，中国政府深化资本账户开放改革，在推动人民币国际化基础上，积极渐进式放开对资本项目的管制，如在上海自贸区和前海自贸区试点人民币自由兑换、开通沪港通和深港通、展望沪伦通等。同时，中国政府力推亚投行和"一带一路"倡议，促进企业开展国际产能合作。随着经济开放深入，国际资本流动从改革开放后的相对稳定流入阶段，经过了相对稳定流出阶段，再到快速流入阶段，到 2010 年以后，中国的国际资本流动呈快速流出状态。2010 年前后中国的国际资本净流动方向发生了逆转，严重恶化了企业融资环境。本书主要研究中国的国际资本流动，能否在恶化企业融资约束环境的同时，改善资本资源配置效率，进而提高中国企业投资效率。

受数据和研究方法限制，研究主要从宏观视角分析国际资本流动对经济和投资的影响。但随着国际资本流动理论和现代企业投资理论融合发展，从微观企业主体视角分析国际资本流动对企业投资影响的文献越来越多。本书以经济深化开放为背景，从融资约束和资本资源配置效率视角，通过历史解读、理论分析、实证分析、政策分析，研究国际资本流动对企业投资效率的影响。本书不仅为在资本账户开放背景下提高企业投资效率提供了理论和经验基础，也为评价资本账户开放政策提供了微观视角。

本书的主要结论有：第一，理论研究方面，本书在国际资本流动理论和现代企业投资理论基础上，构建多区域、多行业的国际资本流动对企业投资效率影响的理论模型，并发现国际资本流动降低了企业面临的融资约束和资本资源错配问题，改善了企业融资环境，提高了企业投资效率。第二，历史解读方面，中国外汇改革制度经历了汇率双轨期、银行结售汇制、汇率并轨期、汇率市场化改革演进变革。与此同时，自改革开放以来，中国政府一直秉持渐进式改革路径，资本账户开放由"宽进严出"，到对中长期资本流动进行管制，再放开短期资本流动管制，然后实行试点推广政策，直至最终实现资本账户的完全开放。2010年前，国际资本不断流入我国，我国外汇储备规模不断增加。但2010年后，国际资本呈现净流出态势。第三，国际资本流动影响的实证分析发现，国际资本流动能促进企业投资效率的提升，但存在区域效应、行业效应、企业类型效应：国际资本流动对东部企业的影响低于对中部和西部企业的影响；国际资本流动促进中技术企业和低技术企业投资趋于合理，但恶化了高技术企业投资过热和投资不足冰火两重天问题；国际资本流动能促进民营企业和外资企业投资趋于合理，但不利于公众企业投资效率改善，对国有企业投资效率没有影响。第四，国际资本流动影响机制的实证分析发现，国际资本流动能促进企业投资效率提升的机制在于，国际资本流动能通过增强资本配置效率而提高企业投资效率，且资本资源配置机制有利作用大于融资约束机制不利作用。而且资本资源配置机制和融资约束机制间的区域差异、行业差异、企业类型差异导致了国际资本流动对企业投资效率的区域效应、行业效应、企业类型效应。第五，企业融资行为视角的实证分析发现，沪港通政策实施后，国际资本流动改善了上市大公司融资环境，但恶化了上市小公司融资环境。沪港通等政策实施，促进了中国资本市场的进一步开放，国际资本流动虽恶化了企业融资约束问题，但也促使资本由低效率的小公司流向高效率的大公司，增强了大公司融资能力，促进其进行有效投资。国际资本通过流向效率高的企业进而提高了企业投资效率，意味着当国际资本呈净流出时，高效率企业在资本市场融资能力更强进而投资更有效率。而且企业资产规模能促进企业投资效率的提高，也说明大企业效率更高，在资本市场融资能力更强。

  本书研究结论表明，国际资本流动能促进企业投资效率提升的机制在于，国际资本流动能通过增强资本配置效率进而提高企业投资效率，且资本配置效率机制有利作用大于融资约束机制不利作用。而且资本配置效率机制和融资约束机制间的区域差异、行业差异、企业类型差异，导致了国际资本流动对企业投资效率的区域效应、行业效应、企业类型效应。因此中国需要在宏观层面上,严防资本外逃,构建资本账户开放体系;在微观层面上,疏通国际资本流动的资本配置机制,解决高技术企业非效率投资难题,并加强国有企业改革,增强国有企业活力。

在书稿撰写过程中,得到了兰州大学政治与国际关系学院肖涵副教授的鼓励和支持,在此说明并致谢。